"马克思主义理论学科引领哲学社会科学其他学科发展研究"（课题编号：L21ZD043）的研究成果

马克思主义理论学科
引领哲学社会科学学科
发展研究

孙士国　谢晓娟 / 主　编

高　祥　张怡婷 / 副主编

辽宁人民出版社

ⓒ孙士国　谢晓娟　2025

图书在版编目（CIP）数据

马克思主义理论学科引领哲学社会科学学科发展研究 /
孙士国 , 谢晓娟主编 . -- 沈阳 : 辽宁人民出版社 ,
2025. 3. -- ISBN 978-7-205-11517-3

Ⅰ . C12

中国国家版本馆 CIP 数据核字第 2025LP7254 号

出版发行：辽宁人民出版社
　　　　　地址：沈阳市和平区十一纬路 25 号　邮编：110003
　　　　　电话：024-23284325（邮　购）　024-23284300（发行部）
　　　　　http://www.lnpph.com.cn
印　　刷：辽宁新华印务有限公司
幅面尺寸：160mm×240mm
印　　张：15.25
字　　数：240 千字
出版时间：2025 年 3 月第 1 版
印刷时间：2025 年 3 月第 1 次印刷
责任编辑：李翘楚
装帧设计：留白文化
责任校对：吴艳杰
书　　号：ISBN 978-7-205-11517-3

定　　价：80.00 元

自　序

习近平总书记在哲学社会科学工作座谈会上指出："我国广大哲学社会科学工作者要自觉坚持以马克思主义为指导，自觉把中国特色社会主义理论体系贯穿研究和教学全过程，转化为清醒的理论自觉、坚定的政治信念、科学的思维方法。"这既为我国哲学社会科学的繁荣和发展指明了方向，也对哲学社会科学发展提出了具体要求。

我国哲学社会科学的发展有着悠久的历史传统和厚重的历史积淀。在长期的发展过程中，我国哲学社会科学以马克思主义为根本指导，既扎根中华优秀传统文化的土壤，又广泛吸纳世界各国的哲学社会科学研究成果，形成了丰富的理论研究成果，以及科学规范的研究体系和话语体系。哲学社会科学的发展与繁荣既是对我国社会主义发展伟大历史成就的全方位的提炼和总结，尤其是对新时代以来中国特色社会主义伟大成就的总结与概括，同时也为中国特色社会主义发展与建设提供理论指导和实践指南。因此，哲学社会科学的发展与繁荣就成为社会发展与进步的风向标。当前，哲学社会科学的发展与繁荣受到很多方面的影响和制约，也出现了很多新问题、面临着很多新挑战。这主要表现在：哲学社会科学的发展在某种程度上滞后于中国特色社会主义取得的举世瞩目的伟大成就，一些学科的理论体系、学术体系和话语体系显得陈旧，无法解释和说明中国式现代化的伟大实践。

受改革开放以来西方哲学社会科学的深刻影响，在一些哲学社会科学领域，"西方话语""西方逻辑"依然占据主导，被一些研究者奉为圭臬。伴随着意识形态领域的较量与斗争，各种错误思潮渗透在哲学社会科学领域，并产生持续的影响。"历史虚无主义""宪政民主""普世价值""新自由主义"在各个学科领域都有不同程度的表现和影响。这些错误思潮又通过网络和自媒体等形式得到广泛的传播。各种错误思潮以报告、学术讲座、论坛、著作等作为传播的载体，诋毁、攻击或者淡化中国共产党的领导地位、中国特色社会主义制度、马克思主义指导思想。对此，我们必须高度重视，并给予坚决反击和斗争。

面对哲学社会科学领域存在的复杂局面和面临的严峻挑战，我们必须站在中华民族伟大复兴千秋伟业的高度，站在开创人类文明新形态的宏大视角，以推动中国式现代化历史进程为出发点，坚决拥护中国共产党的领导，坚定不移走中国特色社会主义道路，坚决捍卫马克思主义在意识形态领域的指导地位。因此，本书以政治学、哲学、法学、历史学、教学学、社会学、新闻学、纪检监察学、心理学等学科作为研究视角，试图在介绍马克思主义学科现有研究成果的基础上，分析其目前存在的薄弱环节，提出以马克思主义理论学科指导哲学社会科学学科发展的对策和建议。马克思主义是我们立党立国、兴党兴国的根本指导思想，其主要学科依托是马克思主义理论学科。马克思主义理论学科既需要不断在实践中与时俱进，不断为推动马克思主义中国化、时代化、大众化作出贡献，同时又需要从其他哲学社会科学的研究中汲取最新理论成果和有益的研究方法。我们希望在学界同仁的共同努力下，以马克思主义为根本指导，打破学科之间的壁垒，推动学科之间的交流互鉴，不断消除各种错误思想的影响，推动哲学社会科学学科的发展和繁荣，为中国特色社会主义伟大实践构筑起坚实的思想基础、理论支撑和提供强大的精神力量。

作者

2024 年 6 月

目　录

第一篇

新时代马克思主义理论学科发展历程与成就

党的十八大以来，习近平总书记围绕马克思主义理论学科建设，提出了一系列重要论述，推动马克思主义理论学科在理论创新与实践创新的良性互动中不断发展。习近平总书记强调，高校马克思主义学院就是要坚持"马院姓马，在马言马"的鲜明导向和办学原则，为巩固马克思主义在意识形态领域的指导地位，推动马克思主义进校园、进课堂、进学生头脑，发挥应有作用。[①]2019 年 3 月 18 日，习近平总书记作出了以"思政课是落实立德树人根本任务的关键课程"为主题的重要讲话。在党的二十大报告中，习近平总书记阐述了新时代十年间我国取得的历史性成就与根本性变革，为马克思主义理论学科体系建设和实现高质量发展提供了根本遵循。对于致力于党的思想理论创新的马克思主义理论学科而言，如何在历史的新起点上实现高质量发展，关键在于持续深化理论创新，加强学科建设，为以中国式现代化全面推进中华民族伟大复兴提供更为坚实有力的理论支撑和智力支持。

一、新时代马克思主义理论学科发展的时代背景

（一）服务大局的战略要求

马克思主义理论学科是从整体上研究马克思主义基本原理和科学体系的学科，在我国学科建设中发挥着不可替代的重要作用。胸怀中华民族伟大复兴战略全局和世界百年未有之大变局，是新发展阶段我们谋划一切工作的基本出发点。从"两个大局"的长远眼光和宽广视野来看，马克思主义理论学科只有在主动融入大局、积极服务大局的过程中才能实现高质量发展。

[①]《习近平在北京大学考察时强调：抓住培养社会主义建设者和接班人根本任务　努力建设中国特色世界一流大学》，《人民日报》2018 年 5 月 3 日第 1 版。

1. 中华民族伟大复兴战略全局

马克思主义理论学科均因时而生、因势而兴。马克思主义理论学科从诞生时的二级学科，后升格为一级学科，都体现着时代的呼唤和事业的重托。进入新时代，面对中华民族伟大复兴进入关键时期，面对开启全面建设社会主义现代化国家新征程的伟大实践，必然面临重大理论问题、重大实践问题和重要经验总结问题，这是时代赋予马克思主义理论学科的使命，马克思主义理论学科应当明确使命，勇于担当。马克思主义理论学科不仅提供了科学的世界观和方法论，而且为中国特色社会主义的发展指明了方向，具有不可替代的重要作用。

第一，提供理论指导。马克思主义理论学科是中国特色社会主义理论体系的基础，它通过对马克思主义基本原理的研究和发展，为中华民族伟大复兴提供了科学的理论指导。特别是新时代中国特色社会主义思想，为解决中国发展过程中的实际问题提供了基本遵循。第二，增强思想自觉。在中华民族伟大复兴的过程中，马克思主义理论学科通过培养人们的思想自觉和理论自信，增强了全民族团结奋斗的共同思想基础。这种思想自觉是推动社会主义现代化建设、实现中华民族伟大复兴的精神动力。第三，培育社会主义核心价值观。马克思主义理论学科强调人的全面发展和自由平等的价值追求，有助于培育和践行社会主义核心价值观，促进社会主义文化的繁荣发展，为构建和谐社会提供精神支撑和价值引导。第四，指导实践创新。面对新时代的发展要求和时代挑战，马克思主义理论学科的发展能够指导实践创新，解决发展中的矛盾和问题。通过理论创新，马克思主义理论学科不断适应和引领经济社会发展的新实践，推动中国特色社会主义事业不断前进。

2. 世界百年未有之大变局

世界正处于百年未有之大变局，国际力量对比深刻调整、新一轮科技革命和产业变革带来的激烈竞争前所未有，各种政治力量、社会思潮相互激荡，不同文明文化交流、交融、交锋更加频繁，我们要在迅速变化的世界中赢得主动、赢得未来，不仅是比拼物质，更深层次的是思想文化的较量。科学理论总是在实践的变局中展现其深邃和稳定的品质。马克思主义理论学科不仅遵循着学科发展的一般规律，还展现出解答当代中国和当今世界发展问题的独特品貌。新时代马克思主义理论学科在世界百年未有之大变局中服务的方式，既体现在其理论的深化和创新上，也体现在对国内外形势的准确解读和有效应对上。

第一，理论创新与时代融合。面对世界格局的深刻变化，新时代马克思主义理论学科不断推进理论创新，使马克思主义理论与时代发展相融合。通过深入研究全球化、信息化、生态文明等现代问题，马克思主义理论学科能够为理解和应对这些变化提供新的理论视角和思想武器。第二，促进全球公平正义。在当前国际力量对比和全球治理体系发生变化的背景下，新时代马克思主义理论学科强调构建人类命运共同体，倡导更加公平合理的国际秩序。通过研究和宣传马克思主义关于公平、正义、共同发展的理念，推动国际关系民主化，为解决全球性问题提供中国智慧和中国方案。第三，应对全球性挑战。面对气候变化、环境污染、疫情流行等全球性挑战，新时代马克思主义理论学科强调人与自然的和谐共生，倡导绿色发展理念，通过深入研究和实践马克思主义生态观，为全球生态治理和全球可持续发展贡献中国方案。第四，促进世界和平与发展。在维护世界和平与促进共同发展方面，新时代马克思主义理论学科提出通过和平发展、合作共赢的方式处理国与国之间的关系。针对国际社会的热点问题，新时代马克思主义理论学科主张通过对话和协商来解决争端，反对一切形式的霸权主义和强权政治。第五，增强文化自信与交流。新时代马克思主义理论学科还注重加强文化自信，推动中华文化走向世界。通过深入挖掘中华文化中的马克思主义元素，加强与世界各国文化的交流和互鉴，促进不同文明之间的对话和谅解。第六，深化国际合作与交流。新时代马克思主义理论学科积极参与国际交流与合作，通过国际学术研讨、合作研究等方式，将新时代马克思主义理论的研究成果分享给世界，同时吸收借鉴国际社会的先进理论和实践经验，共同推动构建开放、包容、清洁、美丽的世界。

（二）党和国家的高度重视

马克思主义是我们立党立国、兴党兴国的根本指导思想。习近平总书记在党的二十大报告中指出："实践告诉我们，中国共产党为什么能，中国特色社会主义为什么好，归根到底是马克思主义行，是中国化时代化的马克思主义行。"[①]新时代新发展阶段，马克思主义理论学科正处于黄金发展期和难得历史机遇期。以习近平同志为核心的党中央对马克思主义理论学科建设的高度重视，是学科建设实现更大发展的最大机遇和根本保证。世界上鲜有国家的政党能像我们党这样深度重视马克思主义的理论武装和思想政治工作的重要性，党的十八大以来，以习近平同志为核心的党中央立足坚持和发展中国特色社会主义、构建社会主义现代化强国、实现中华民族伟大复兴的战略视角，高扬马克思主义的思想旗帜，夯实其理论基础。我们始终维护马克思主义的指导地位，高度重视思想政治工作，将深入推进马克思主义理论研究和建设工程视为关键的制度布局，积极推动中国特色社会主义学科体系的构建，为新时代中国特色社会主义的伟大实践提供了强大的精神动力。

从2013年开始，中共中央政治局围绕马克思主义理论这一主题举行了多次集体学习，学习内容涵盖了历史唯物主义基本原理和方法论、辩证唯物主义基本原理和方法论、马克思主义政治经济学基本原理和方法论、《共产党宣言》及其时代意义以及当代世界马克思主义思潮及其影响。习近平总书记在2016年全国高校思想政治工作会议、2018年全国教育大会、2019年学校思想政治理论课教师座谈会上发表的一系列重要讲话，围绕"培养什么样的人、如何培养人、为谁培养人"这一教育的根本问题，为马克思主义理论学科建设指明了前进方向。从2017年中共中央、国务院印发《关于加强和改进新形势下高校思想政治工作的意见》，到2019年中共中央办公厅、国务院办公厅印发《关于深化新时代学校思想政治理论课改革创新的若干意见》；

---

① 习近平：《高举中国特色社会主义伟大旗帜　为全面建设社会主义现代化国家而团结奋斗——在中国共产党第二十次全国代表大会上的报告》，北京：人民出版社，2022年版，第16页。

从习近平总书记在纪念马克思诞辰 200 周年大会上提出新时代中国共产党人要从 9 个方面学习和实践马克思主义，到党的十九届四中全会提出"坚持马克思主义在意识形态领域指导地位的根本制度"①，可以说，每一项重大举措都凝聚了党中央对马克思主义理论学科建设的关心、重视和期待。②

党的十八大以来，中国共产党从中国实际出发，创造性地运用马克思主义基本原理解决实践中的问题，不断回答中国之问、世界之问、人民之问、时代之问，形成了习近平新时代中国特色社会主义思想丰硕成果，大大推进了马克思主义中国化时代化的历史进程。

（三）教育改革的转型时期

高校承担着为党育人、为国育才的重任，其立身之本在于立德树人，而高校马克思主义理论学科是落实立德树人根本任务的关键学科。高校思想政治理论课建设是高校坚持社会主义办学方向的重要举措，事关马克思主义在高校意识形态领域指导地位的巩固以及高校教育立德树人根本任务的落实。党的十九届五中全会通过的《中共中央关于制定国民经济和社会发展第十四个五年规划和二〇三五年远景目标的建议》明确了"建设高质量教育体系"的政策导向和重点要求。问题是时代的声音，高质量发展是解决时代命题的关键。新时代马克思主义理论学科的发展正值中国教育改革转型的关键时期，面对新时代的教育目标和社会需求，马克思主义理论学科需不断优化教学内容和方法，加强理论研究，拓宽国际视野，培养适应新时代需要的高素质人才。

第一，高等教育普及与质量提升。随着中国高等教育从精英教育向大众教育转变，马克思主义理论学科面临着扩大教育覆盖范围、提高教学质量和研究水平的双重任务。这要求马克思主义理论教育既要普及到更广泛的学生群体，又要深化内容，提升思想政治教育的吸引力和感染力。

---

① 习近平：《习近平谈治国理政》（第三卷），北京：外文出版社，2020 年版，第 126 页。
② 本刊记者：《立足新发展阶段，推进马克思主义理论学科高质量发展——访中国人民大学党委书记靳诺教授》，《马克思主义研究》2021 年第 4 期。

第二，思想政治教育的创新。在全球化和互联网时代背景下，思想政治教育面临着新的挑战和机遇。马克思主义理论学科需要利用现代信息技术，创新教育方法和手段，增强互动性和实践性，提升学生的学习兴趣和理论学习效果。

第三，理论与实践相结合的教学模式。新时代强调理论学习与实践相结合，马克思主义理论学科的教学不仅要深入讲解理论知识，还要引导学生将理论应用于实践，通过社会实践活动、实证研究等方式，培养学生的实践能力和创新意识。

第四，国际视野的拓展。随着中国在国际舞台上的地位日益提升，加强国际交流合作，培养具有国际视野的人才成为教育改革的重要目标。马克思主义理论学科需要在坚持中国特色社会主义基础上，加强国际马克思主义研究的交流与合作，促进学科国际化发展。

第五，培养创新型人才的需求。新时代对创新型人才的需求日益增长，马克思主义理论学科的发展不仅要传承经典，更要注重创新思维的培养，通过批判性思维训练、跨学科研究等方式，激发学生的创新潜能，为社会主义现代化建设培养更多高素质人才。

（四）理论创新的时代需求

理论创新是支撑学科繁荣的最直接动力。时代是理论之母，实践是创新之源，"一切划时代的体系的真正的内容都是由于产生这些体系的那个时期的需要而形成起来的"[1]。习近平总书记指出："当代中国正经历着我国历史上最为广泛而深刻的社会变革，也正在进行着人类历史上最为宏大而独特的实践创新。这种前无古人的伟大实践，必将给理论创造、学术繁荣提供强大动力和广阔空间。这是一个需要理论而且一定能够产生理论的时代，这是一个需要思想而且一定能够产生思想的时代。"[2] 理论创新的时代需求与马克思主

---

① 《马克思恩格斯全集》（第三卷），北京：人民出版社，1960年版，第544页。
② 习近平：《在哲学社会科学工作座谈会上的讲话》，《人民日报》2016年5月19日第2版。

义理论学科发展之间存在着密切的关系，二者相辅相成、互相促进。在新时代背景下，理论创新不仅是马克思主义理论学科自身发展的内在要求，也是应对时代变化和社会发展新挑战的必然选择。首先，时代机遇为马克思主义理论提供了丰富的实践素材和研究领域，如全球化、生态文明、数字经济等新现象。这些新的实践和领域要求马克思主义理论进行相应的创新和深化，以更好地解释和指导现实。其次，新时代的社会主要矛盾已经转化为人民群众日益增长的美好生活需要和不平衡不充分的发展之间的矛盾，马克思主义理论学科通过理论创新，可以更准确地把握社会发展规律，提供解决实际问题的理论和策略，增强理论的现实指导性。与此同时，时代机遇激发了对传统马克思主义理论的新解读和新应用，驱动马克思主义理论学科内部知识的更新与学科体系的优化。这种动态更新不仅丰富了马克思主义理论的内涵，也为学科的持续发展注入了新的活力。此外，全球化背景下的理论创新机遇促使马克思主义理论学科加强与国际学术界的交流与合作，吸收国外先进的理论研究成果和方法，增强我国马克思主义理论的国际影响力。在新时代背景下，社会对马克思主义理论的期待更加多元和高层次，期待通过理论创新解答新时代的理论和实践问题。这种社会期待促使马克思主义理论学科不断自我革新，以满足社会发展的需要。

党的二十大报告提出"六个必须坚持"，其中第三条就是"必须坚持守正创新"。"必须坚持守正创新"是习近平新时代中国特色社会主义思想世界观和方法论的重要内容，也是继续推进理论创新的根本要求。新时代马克思主义理论学科要做好理论和实践的守正创新，要明确守正的内容，即坚持马克思主义立场、观点、方法，坚持中国共产党的全面领导，坚持中国特色社会主义；同时，要发扬斗争精神，吸取百年来中国共产党反对各种错误思潮、错误路线的斗争经验，实事求是地回应种种疑问，主动消除错误观念的社会影响，发挥马克思主义思想的引领作用，为社会主义现代化建设提供正确的方向指引。

二、新时代马克思主义理论学科的发展历程

（一）学科发展阶段

1. 以思想政治教育专业为核心的发展阶段（2012—2017年）

教育部于2012年9月正式颁布实施《普通高等学校本科专业目录》。本版专业目录在法学学科（专业代码03）门类下设马克思主义理论类（专业代码0305）一级学科，将原科学社会主义与国际共产主义运动专业、中国革命史与中国共产党党史专业分别修改为科学社会主义专业（专业代码030501）和中国共产党历史专业（专业代码030502），将原政治学二级类下的思想政治教育专业调整到马克思主义理论类之中，思想政治教育专业代码改为030503。思想政治教育专业终于结束了摇摆于教育学学科门类和政治学学科门类之间的历史，正式归属于马克思主义类下的本科专业之一。

2. 以马克思主义理论类专业为核心的发展阶段（2017—2022年）

2016年12月，习近平总书记在全国高校思想政治工作会议上强调，"高校思想政治工作关系培养什么样的人、如何培养人以及为谁培养人这个根本问题"[①]。2017年2月，中共中央、国务院发文要求要进一步办好高校思想政治理论课，打造马克思主义理论坚强阵地，支持有条件的高校设置马克思主义理论专业。[②] 以此为标志，全国高校掀起了新一轮开设马克思主义理论类本科专业的热潮。2020年2月，教育部展开新一轮普通高等学校本科专业设置和调整工作，在2012年版目录基础上增补了系列新专业，正式公布了《普通高等学校本科专业目录（2020年版）》。新目录在法学门类下设马克思主义理论类专业类（专业代码0305），涵盖科学社会主义（专业代码030501）、中国共产党历史（专业代码030502）、思想政治教育（专业代码030503）和马克思主义理论（特设专业代码030504T）4个本科专业。

---

① 《习近平在全国高校思想政治工作会议上强调：把思想政治工作贯穿教育教学全过程　开创我国高等教育事业发展新局面》，《光明日报》2016年12月9日第1版。

② 《中共中央国务院印发〈关于加强和改进新形势下高校思想政治工作的意见〉》，《光明日报》2017年2月28日第1版。

3. 以开辟马克思主义中国化时代化新境界为主要任务的发展阶段（2022 年至今）

党的二十大提出开辟马克思主义中国化时代化新境界的重大任务，强调这是当代中国共产党人的庄严历史责任。党的二十大报告在总结历史经验基础上，提出并阐述了"两个结合""六个必须坚持"等推进党的理论创新的科学方法，为继续推进马克思主义理论学科发展提供了根本遵循。习近平新时代中国特色社会主义思想是当代中国马克思主义、21 世纪马克思主义，是中华文化和中国精神的时代精华，实现了马克思主义中国化时代化新的飞跃。为进一步推动习近平新时代中国特色社会主义思想进教材进课堂进头脑，更好落实立德树人根本任务，中宣部会同教育部组织编写了《习近平新时代中国特色社会主义思想概论》，并成为一门独立的思想政治理论课。

（二）学科发展成就

1. 学科地位：从学科教育到"领航"作用发展

在早期，马克思主义理论学科主要发挥学科教育功能，即通过授课和培训工作，向学生传授马克思主义基本原理，培养他们成为具有社会主义意识的人才。这一时期，马克思主义理论学科在高等教育体系中主要承担着理论教育和思想政治教育的任务，重点是培育学生的政治理论水平，为他们进入社会工作打下坚实的思想政治基础。自党的十八大以来，中央高度重视意识形态工作的战略地位和作用，明确将其定位为党的一项极其重要的任务。这一战略部署极大地促进了马克思主义理论学科的创新与发展，使得马克思主义理论类本科专业的地位和影响力得到了显著提升。2015 年 1 月，中共中央办公厅和国务院办公厅系统规划新形势下的高校宣传思想工作，启动实施卓越马克思主义理论人才培养计划，并实施马克思主义理论学科领航计划。[①] 随着中国特色社会主义进入新时代，马克思主义理论学科的地位和作

[①] 新华社：《中办、国办印发〈关于进一步加强和改进新形势下高校宣传思想工作的意见〉》，《中国高等教育》2015 年第 1 期。

用经历了根本性变化，其不仅继续承担着教育和培养的任务，而且更加重视在引领社会思想、促进社会主义文化繁荣发展、推动理论创新和学科发展等方面发挥"领航"作用。马克思主义理论学科不仅通过深化理论研究，提供科学的世界观和方法论，引导社会公众特别是青年学生形成正确的价值观念和世界观，而且通过对马克思主义文化理论的研究和应用，推动社会主义文化大发展大繁荣，丰富人民群众的精神世界。同时，面对新时代的新任务新挑战，马克思主义理论学科积极探索理论与中国特色社会主义实践相结合的新路径，推动理论创新，为党和国家的发展决策提供科学依据。此外，马克思主义理论学科的"领航"作用还体现在通过跨学科交流合作，推动学科自身的发展和创新，形成开放、包容、融合的学科体系。

从学科教育到"领航"作用的转变，体现了马克思主义理论学科在新时代的历史使命和时代要求。马克思主义不仅是培养社会主义合格建设者和接班人的基石，而且成为引领中国特色社会主义事业前进的思想旗帜和理论指导。这一转变要求马克思主义理论学科不断深化理论研究，拓宽研究领域，增强理论的时代性、前瞻性和指导性，为实现中华民族伟大复兴的中国梦提供坚强的思想保障和理论支撑。

2. 学科水平：从外延式扩张到内涵式提升发展

党的十八大以来，高校思想政治教育工作、思想政治理论课教学、马克思主义学院建设和学科专业建设工作都受到了前所未有的重视。随着时间的推移和社会的发展，马克思主义理论学科的发展经历了从外延式扩张到内涵式提升的转变。这一转变不仅体现了学科建设策略的调整，也反映了对马克思主义理论学科质量和深度要求的提升。在早期，马克思主义理论学科的发展主要通过扩大学科规模和增加学科数量来实现。这一阶段，高校中开设的马克思主义理论课程数量增多，相关专业和研究方向不断拓展，形成了广泛的学科网络。这种外延式扩张满足了社会对马克思主义理论教育和研究人才的初步需求，为马克思主义理论的普及和传播打下了基础。进入新时代后，随着社会主义现代化建设的深入发展和国家对高质量发展要求的提高，马克思主义理论学科的发展策略逐渐转向内涵式提升。这一转变的核心在于提高学科质量和研究水平，强调理论创新和实践应用，注重培养具有深厚理论素养和实践能力的高素质人才。

通过从外延式扩张到内涵式提升的发展，马克思主义理论学科不仅在数量上扩大了影响范围，更在质量上实现了跨越式发展，有效地支撑了社会主义意识形态建设和高等教育的质量提升。

3. 学科体系：从专业微观到学科宏观发展

马克思主义理论学科发展过程中，长期存在以本科专业思路来开展学科建设的特点。从学科发展历程来看，其经历了学科专业意识萌生、学科整合发展、学科建立和发展三大阶段，呈现务实工作—科学—专业—学科的发展路径。① 在专业微观阶段，马克思主义理论学科主要集中于基本理论和方法论的教学与研究，重点关注对马克思主义基本原理的深入挖掘和解读。这一阶段的学科建设着重于构建系统完整的课程体系，培养学生的理论分析和批判思维能力，以及基本的科研技能。学科内容相对集中，主要围绕马克思主义哲学、政治经济学、科学社会主义等核心领域展开。随着中国特色社会主义进入新时代，马克思主义理论学科的建设和发展逐步从专业微观向学科宏观转变，体现在以下几个方面：第一，理论创新与实践相结合。加强对马克思主义基本原理与中国特色社会主义实际相结合的研究，推进理论创新，以适应时代发展的新要求。学科研究范围扩大，涵盖了社会主义现代化建设、全球化、生态文明建设等新领域。第二，学科交叉融合。学科内容不断丰富，形成了政治学、法学、哲学、经济学等多学科交叉融合的发展态势，拓宽了研究领域，增强了学科的综合性和适应性。第三，国际化发展。加强国际交流与合作，吸收借鉴国际上的先进理论和研究方法，提升学科的国际影响力，加深对全球问题的理论分析和实践探索。第四，服务社会主义现代化建设。马克思主义理论学科不仅关注理论研究，而且更加强调理论研究成果服务于社会主义现代化建设的实践需求，如推进国家治理体系和治理能力现

---

① 佘双好，董梅昊：《马克思主义理论学科的发展历程及趋势》，《马克思主义理论学科研究》2020 年第 1 期。

代化、促进社会主义核心价值体系建设等。第五，思想政治教育的深化。在人才培养方面，不仅注重提升学生的理论素养和科研能力，而且更加重视培育学生的社会责任感、历史使命感，加强社会主义核心价值观的教育。

马克思主义理论学科从专业微观到学科宏观的发展，体现了其适应时代变革和社会发展需求的能力，彰显了作为中国特色社会主义理论体系核心学科的重要地位。这种发展不仅促进了理论的创新和学科的繁荣，也为中国特色社会主义事业和国家治理现代化提供了有力的理论支撑和智力支持。

4. 学科特色：从专业分化到专业整合发展

马克思主义理论学科的发展经历了从专业分化到专业整合的重要转变，这一过程不仅反映了学科自身适应时代发展的需要，也体现了对深化理论研究和提升综合解决问题能力的追求。马克思主义理论类本科专业创办之初侧重于对口职业之需设置专业，具有明显的专业分化色彩。[①] 在早期，为了适应社会主义建设的需要和马克思主义理论研究的深化，马克思主义理论学科开始向多个子领域分化，形成了哲学、政治经济学、科学社会主义等多个专业方向。这种专业分化有利于深入挖掘和研究马克思主义理论的各个方面，提高学科的专业性和深度，为理论研究和人才培养提供了坚实基础。随着时代的发展和社会主义现代化建设的深入，单一的专业分化模式逐渐显示出其局限性，特别是在处理复杂社会问题和促进理论创新方面。因此，马克思主义理论学科开始探索从专业分化向专业整合的发展路径，主要体现在以下几个方面：第一，跨学科融合。鼓励马克思主义理论与其他学科如经济学、法学、心理学、社会学、文学、新闻学、教育学等的交叉融合，形成交叉学科，以促进理论创新和拓宽研究视野。第二，理论与实践相结合。强调理论研究与社会实践的结合，通过实证研究、案例分析等方式，解决实际问题，提升学科的社会服务能力。第三，综合性人才培养。调整和优化课程体系，注重培养学生的综合素质和跨领域能力，使其既有坚实的理论基础，又能够

---

① 邢鹏飞，聂丹：《马克思主义理论类本科专业的发展历程及趋势》，《南宁师范大学学报》（哲学社会科学版）2021 年第 1 期。

综合运用相关知识解决实际问题。第四，增强学科的应用性和指导性。通过专业整合，马克思主义理论学科更加注重其在指导社会主义现代化建设、促进社会治理等方面的应用性和实践性。

从专业分化到专业整合的发展，体现了马克思主义理论学科在适应新时代中国特色社会主义建设需要中的自我革新和发展。通过专业整合，马克思主义理论学科不仅提升了自身的理论研究水平和社会服务能力，也为培养具有国际视野、创新精神和实践能力的高素质人才奠定了坚实基础，为推动社会主义现代化建设作出了新的贡献。

5. 学科重点：从科学研究到人才培养发展

2012年，在国务院学位委员会《关于进一步加强高校马克思主义理论学科建设的意见》中提出，要促进马克思主义理论学科规范化、制度化建设。2019年，中共中央办公厅、国务院办公厅印发的《关于深化新时代学校思想政治理论课改革创新的若干意见》指出，马克思主义理论学科要加大对思想政治理论课的思想性、理论性资源供给，重点突出马克思主义理论学科建设的科学研究功能。马克思主义理论学科的发展重点从科学研究向人才培养转变，反映了学科建设在不同历史阶段的侧重点变化，以及对国家和社会发展需求的响应。这一转变不仅涵盖了对马克思主义理论研究的深化，也体现了对培养具有坚实理论基础和实践能力人才的重视。初期，马克思主义理论学科的重点在于科学研究，旨在深化对马克思主义基本原理的理解和研究，探索其在现代社会的应用和发展。这一时期，学术界注重理论的纯粹性和科学性，通过对经典文献的深入分析，解答理论和实践中的问题，推动学科知识体系的完善和发展。随着时代的发展，尤其是在全球化和知识经济时代背景下，国家对于高素质人才的需求日益增长，马克思主义理论学科的重点逐渐转向人才培养。这一阶段，学科建设更加注重在人才培养过程中强调理论学习与实践经验的结合，旨在培养学生的实践能力和创新能力，使其能够将马克思主义理论应用于解决现实问题。通过跨学科课程设计和综合性培养方案，培养学生的多元化知识结构和综合素质，使其成为适应新时代需求的复合型人才。同时，在人才培养中加强国际交流和合作，培养学生的国际视野和跨文化交流能力，使其在全球化背景下更具竞争力和影响力。

从科学研究到人才培养的发展转变，体现了马克思主义理论学科在适应国家社会发展需求的同时，不断优化自身建设方向和策略。通过重视人才培养，马克思主义理论学科不仅促进了理论知识的传承和创新，也为社会主义现代化建设提供了有力的思想保障和人才支持，展现了其在新时代的活力和价值。

三、新时代马克思主义理论学科的发展成就

据统计，截至 2024 年 9 月，全国高校马克思主义学院达 1929 所，相较于 2012 年的 100 余所增长了 10 余倍。[①]48 所马克思主义学院相继被选为"全国重点马克思主义学院"。各地教育主管部门也评选出一批地方重点或特色马克思主义学院。在社会各界的关心支持下，高校马克思主义理论学科在教师队伍、思政课、科学研究、人才培养、对外学术交流、社会服务等方面均取得了可喜成果。

（一）教师队伍素质稳步提升

1.教师队伍数量稳步增长

调查数据显示，2024 年底，登记在库的高校马克思主义理论学科点专兼职教师超过 14.7 万人，其中专职教师超过 11.7 万人。与 2016 年相比，全国思政课教师总数增加 8 万人，其中专职教师增加 7.1 万人，高校辅导员达 27.9 万人，综合师生比总体达到国家规定标准。[②]

2.年龄结构进一步优化

调查数据显示，2022 年，马克思主义理论学科点思政课专职教师中，

---

① 樊未晨：《大思政课迈入新征程》，中国青年报 2024 年 09 月 30 日（05）。
②《思想引领铸魂育人》，人民日报 2024 年 12 月 19 日（04）。

35 岁及以下教师共计 6222 人；36—45 岁教师共计 9673 人；46—55 岁教师共计 7062 人；56 岁及以上的教师共计 3323 人。[①]

3. 学历背景不断优化

调查数据显示，2022 年，高校马克思主义理论学科点专职教师的学位情况为：最高学位为博士的教师共计 14984 人，最高学位为硕士的教师共计 9978 人，最高学位为学士的教师共计 1318 人；高校马克思主义理论学科点专职教师的学缘结构情况为：毕业于"985"高校的共计 11724 人，毕业于"211"高校的共计 6985 人，毕业于其他高校的共计 7293 人，毕业于国（境）外大学的共计 278 人。[②]

4. 政治素养稳步提高

调查数据显示，截至 2024 年 1 月，"思政课教师中党员占比由 79.8% 提高至 90.6%，队伍素质持续提升"，比 2020 年提高了 2.6%。[③]

（二）思政课建设视野更加开阔

1. 思政课建设重视程度达历史新高

调查数据显示，97.65% 的马克思主义理论学科点设立了思政课建设领导小组，同比提高了 2.00%；95.82% 的马克思主义理论学科点将思政课纳入学校重点课程，同比提高了 1.47%；98.43% 的马克思主义理论学科点校领导听课达到 2 次以上，95.30% 的马克思主义理论学科点校领导讲思政课 2 次以上；71.02% 的马克思主义理论学科点思政课专项经费达到每年生均 40 元标准。

2. 立体化思政课课程群建设成效初显

2020 年中宣部、教育部印发的《新时代学校思想政治理论课改革创新

---

① 艾四林，吴潜涛：《高校马克思主义理论学科发展报告（2022）》，北京：人民出版社，2024 年版，第 39 页。

② 艾四林，吴潜涛：《高校马克思主义理论学科发展报告（2022）》，北京：人民出版社，2024 年版，第 41-47 页。

③《培根铸魂育新人 勇担使命谱新篇——在学校思想政治理论课教师座谈会精神指引下奋进创新》，中国教育报 2024 年 3 月 18 日（01）。

实施方案》明确提出，要开齐开全思政课，积极构建思政课必修课、选择性必修课、思政类选修通识课组成的思政课课程群。调查数据显示，参加调研的 259 个学科点中，开设习近平新时代中国特色社会主义思想概论必修课的占 67.80%，开设党史课的占 68.85%，开设新中国史课的占 53.14%，开设改革开放史课的占 52.62%，开设社会主义史课的占 54.71%。此外，不少参加调研单位还开设了中华优秀传统文化、革命文化、社会主义先进文化、宪法法律等思政类通识选修课程。

3. 教学方法和教学手段日益多元化

调查数据显示，参加调研高校中，采用参与互动式教学法、传统讲授法、案例式教学法、问题专题式讲授法的占比分别为 95.04%、89.82%、88.77%、87.99%。90.34% 的参加调研高校将教学方法与现代化信息技术深度融合起来，参加调研高校使用较多的教学手段依次是慕课、多媒体形象化教学、手机互动软件、腾讯会议，占比分别为 85.90%、80.16%、76.50%、70.23%。

4. 一批优秀的思政课教师脱颖而出

2021 年，教育部办公厅举办了第二届全国高校思想政治理论课教学展示暨优秀课程观摩活动。经过教师遴选报名、上传教学资源、形式审查、网络评审等环节，从 11 万多名思政课教师中择优选拔出 120 名优秀教师，进入现场展示环节；共评选产生特等奖 33 项、一等奖 84 项、二等奖 157 项、优秀组织奖 10 项。

5. "大思政课" 探索全面推开

2021 年 3 月，习近平总书记看望参加全国政协会议的医药卫生界教育界委员时，强调 "思政课不仅应该在课堂上讲，也应该在社会生活中来讲" "'大思政课' 我们要善用之，一定要跟现实结合起来。上思政课不能拿着文件宣读，没有生命、干巴巴的"[①]。2021 年是 "大思政课" 的建设元

---

① 杜尚泽：《微镜头·习近平总书记两会"下团组""大思政课"我们要善用之》，《人民日报》2021 年 3 月 7 日第 1 版。

年。调查数据显示，68.15%的参加调研高校提出了"大思政课"改革，对"大思政课"模式进行了探索。

（三）科学研究取得新进展

1. 出版著作和发表论文数量有所增加

调研结果显示，2022年，被调研的学科点高校共出版著作（指马克思主义理论学科著作，下同）1487部，比2021年的1404部多83部。其中，一级学科博士点高校出版741部，占49.83%；二级学科博士点高校出版14部，占0.94%；一级学科硕士点高校出版704部，占47.34%；二级学科硕士点高校出版28部，占1.88%；高校马克思主义理论学科点共发表论文（指马克思主义理论学科论文，下同）20672篇，比2021年的19963篇多709篇，有较明显的增长。[①]

2. 获批高水平科研项目数量继续增加

调查数据显示，2022年，高校马克思主义理论学科点在科学研究方面取得了不小的成绩，共获得科研项目9044项，比2021年的7934项增加了1110项，增幅达13.99%；各类学科点共获得国家级科研项目977项，与2021年共获得921项国家级科研项目相比，增加了56项，增幅为6.08%；共获得省部级科研项目3560项，与2021年共获得3313项省部级科研项目相比，增加了247项，增幅为7.46%。[②]

3. 一大批科研成果被采纳

调查数据显示，2022年，高校马克思主义理论学科点被采纳的报告总数为831项，相较于2021年的659项，增加了172项。其中，东北地区高校被采纳109项，平均每校4.95项，占总数的13.12%；东部地区高校被采纳386项，平均每校4.89项，占总数的46.45%；中部地区高校被采纳136

[①] 艾四林、吴潜涛：《高校马克思主义理论学科发展报告（2022）》，北京：人民出版社，2024年版，第208–210页。

[②] 艾四林、吴潜涛：《高校马克思主义理论学科发展报告（2022）》，北京：人民出版社，2024年版，第215–217页。

项，平均每校 4.25 项，占总数的 16.37%；西部地区高校被采纳 200 项，平均每校 4.00 项，占总数的 24.07%。[1]

（四）人才培养质量稳步提高

1. 提高人才培养质量的管理更加精细

2021 年，中共中央办公厅印发的《关于加强新时代马克思主义学院建设的意见》明确提出："提高专业人才培养质量，源源不断培养马克思主义理论后备人才。"调查数据显示，各参加调研高校以提升马克思主义理论人才培养质量为出发点和落脚点，注重引导学生认真研读马克思主义经典，夯实马克思主义理论基础，学深悟透习近平新时代中国特色社会主义思想，严格规范学位论文选题、开题、中期检查、预答辩、匿名评审、答辩等培养管理，不断提升马克思主义理论学科人才培养质量。

2. 人才培养体系建设取得新进展

马克思主义理论学科的人才培养体系不断健全，为思政课建设储备源源不断的后备人才。调查数据显示，马克思主义理论一级学科博士点从 2019 年的 85 个，增长到 2023 年的 109 个。[2]马克思主义理论本科专业、思想政治教育本科专业数量也迅速增长。此外，教育部在继续招收"高校思想政治工作骨干"博士生的基础上，还从 2019 年开始每年招收 100 名从事高校思政课专职教学 5 年以上的在岗教师攻读博士学位。[3]同时，通过"全国马克思主义理论优秀大学生夏令营"选拔推免硕士生候选人和直博生候选人。在博士生招生中实行考试制与申请、考核制相结合的选拔方式，有效推进了马克思主义理论学科本硕博一体化人才培养体系建设，提升了生源质量。同时，通过规范生源选拔、过程考核、学位授予、导师履责方面的标准，推动

---

① 艾四林，吴潜涛：《高校马克思主义理论学科发展报告（2022）》，北京：人民出版社，2024 年版，第 224—225 页。

② 佘双好、田贵华：《五年来高校思想政治理论课建设的显著成绩和深刻变化》，《思想理论教育》2024 年 3 期。

③《中华人民共和国学校思想政治理论课重要文献选编》编写组：《中华人民共和国学校思想政治理论课重要文献选编（下册）》：北京：人民出版社 2022 版，第 1513 页。

人才培养体系更加科学化、规范化。

3. 就业形势良好

调查数据显示，参加调研高校认真学习贯彻落实习近平总书记关于做好高校毕业生就业工作的重要指示批示精神，始终把毕业生就业工作摆在突出位置，强化责任担当，完善工作机制，拓展岗位资源，优化指导服务，实现了毕业生更加充分、更高质量的就业。

（五）对外学术交流扎实推进

1. 对外学术交流持续升温

对外学术交流在各方面均有不同程度"升温"。一是高校仍然很重视对外学术交流。2021年，制定对外学术交流政策、规划的学科点比例达到79.63%；2022年，这一比例仍然保持在78.92%。二是从开展对外学术交流活动的情况来看，2021年，73.37%的学科点开展了对外学术交流活动；2022年，这一比例是74.81%，实现了1.44%的增长。三是"走出去"有所回升。2021年，出国（境）参加学术交流的有55人次，2022年上升到73人次，比2021年增加20.00%。四是主办国际学术会议增多。2021年高校马克思主义理论学科点共主办国际学术会议25次，2022年增长到35次，比2021年增加了40%。五是从发表学术成果的情况来看，2021年在国（境）外学术期刊发表学术论文152篇，2022年上升到177篇，比2021年增加16.45%；2021年在国（境）外出版学术著作8部，2022年增加到9部，比2021年增加12.5%。六是从学科点来看，一级学科博士点和一级学科硕士点仍然是马克思主义理论学科对外学术交流的绝对中坚力量。[1]

2. 学术交流合作视野更加宽广

党的二十大胜利召开后，学界充分发挥专业理论人才优势，通过刊发理论文章、开展专题研讨等方式，做好党的二十大精神理论研究阐释，围绕党

---

[1] 艾四林，吴潜涛：《高校马克思主义理论学科发展报告（2022）》，北京：人民出版社，2024年版，第399-400页。

的二十大提出的重大理论和实践问题展开广泛讨论，不断拓展研究的广度、深度和力度，进一步推动对外学术交流。[①]

3.举办国际课程和短期讲座，提高对外学术交流能力

为了进一步提高对外学术交流能力，部分参加调研高校以国际课程和短期讲座的形式邀请国外相关研究专家，围绕马克思主义理论学科对外学术交流中的基础性、前沿性、战略性问题进行专题授课。

（六）社会服务成效显著

1.理论宣讲形式多样、内容丰富

2021年是中国共产党成立100周年，各参加调研高校纷纷组建党史学习教育宣讲团，聚焦"七一"重要讲话的重大意义、党的十九届五中全会精神以及党的十九届六中全会精神、全面建成小康社会的历史性成就、党的百年光辉历程和伟大成就、伟大建党精神的深刻内涵和时代价值等积极开展形式多样的宣讲，有的参加调研高校的马克思主义理论学科点教师被中宣部表彰为"全国基层理论宣讲先进个人"，有的参加调研高校的马克思主义理论学科点被中宣部评为2021年度全国"基层理论宣讲先进集体"。

2.积极服务意识形态建设

近年来，单边主义、保护主义明显上升，霸权霸道霸凌和"黑天鹅""灰犀牛"事件频发，世界经济复苏乏力，全球性问题加剧，世界进入新的动荡变革期。国际思想文化领域斗争深刻复杂，一些西方国家把我国发展壮大视为对资本主义价值观和制度模式的挑战，加大对我国进行战略围堵和牵制遏制的力度，巩固马克思主义在意识形态领域指导地位、巩固全党全国各族人民团结奋斗的共同思想理论基础面临新的挑战。调查数据显示，面对这样的形势，参加调研高校充分利用学科优势、人才优势、整体优势，在大是大非和政治原则问题上敢于亮剑、积极发声、解疑释惑、澄清是非，为加强我国

[①] 艾四林，吴潜涛：《高校马克思主义理论学科发展报告（2022）》，北京：人民出版社，2024年版，第400-402页。

意识形态建设作出了积极贡献。

3.资政服务成效提升

马克思主义理论学科具有很强的实践性特点，这一特点决定了马克思主义理论学科建设必须时刻关注社会需求，增强社会服务功能。资政服务是马克思主义理论学科重要的社会服务功能之一，积极为党的理论创新和社会发展服务，"思想库""智囊团"作用得到彰显。调查数据显示，2021 年，马克思主义理论学科获得各级主要领导人批示的调研或咨询报告共有 320 篇，其中获得党和国家领导人批示的有 41 篇。2021 年 6 月，党中央批准在国家发展改革委、生态环境部、中国法学会和江苏省、浙江省、福建省、山东省成立习近平新时代中国特色社会主义思想研究中心，进一步壮大了研究党的创新理论的力量。

第二篇

马克思主义理论学科引领
政治学学科发展

　　政治学是研究政治现象及其发展规律的社会科学学科，在哲学社会科学体系中处于支撑性地位。政治学的研究议题广泛，包括人的社会和政治本质、国家的起源及性质、政体的类型与变迁、政府结构、政党体制、政治与经济关系、国家与社会关系、政治冲突与政治合作、战争与和平以及各种政治思想与政治理论。中国政治学是在改革开放的进程中发展壮大，理论与方法不断充实与拓新，历经几代政治学人开拓进取、薪火相传、共同努力取得了突出成就。当代中国政治学不仅在学科建设、学术研究等方面取得长足进步，而且在人才培养、建言资政等方面发挥了积极作用。新时代哲学社会科学领域理论融合趋势明显，新兴交叉学科不断涌现，极大地丰富了中国政治学的研究领域和范畴。马克思主义理论是我国哲学社会科学的基础学科，需要充分挖掘马克思主义理论学科的优势资源，引领政治学学科发展，构建中国政治学自主知识体系，更好地适应、满足政治建设需要，有效提升政治学在解释、引导、批判、教育等诸方面的功能。

一、政治学学科发展现状

　　改革开放以来，中国政治学学科经历了学科恢复调整、全面发展和特色化发展三个重要发展阶段，学科体系、学术队伍、人才培养模式、学术交流机制、学术研究范式等方面在不同阶段得到了进一步发展。形成了学科门类齐全的政治学学科体系，主要包括政治学理论、中外政治制度、科学社会主义与国际共产主义运动、中共党史（含党的学说与党的建设）、国际政治、国际关系、外交学等七个二级学科。主要研究领域可以划分为政治学理论与方法、中国政治与政治制度、比较政治与政治制度、行政管理、国际政治五个方面。

（一）政治学学科的发展历程

我国政治学在哲学社会科学中属于比较新和比较薄弱的学科。新中国成立以后，由于各种原因，政治学研究一度被忽视。1952年全国院系调整时，由于照搬苏联在高校不设政治学系和政治学专业的经验，我国高校也没有设置政治学学科。当时虽然名义上将政治学有关专业分散到其他学科中，但是客观上造成了政治学作为一门非独立的学科，其相关教学和研究都停止了，使得政治学这门社会科学的基础学科长期处于空白状态。[①]1978年，党的十一届三中全会以后，政治学学科开始在各个高校恢复建立。依据政治学学科在学科体系、学术队伍、人才培养模式、学术交流机制、学术研究范式等方面的发展状况，将1978年至今的政治学学科发展划分为三个阶段。

1. 学科恢复调整阶段（1978—1991年）

改革开放和社会主义现代化建设的伟大实践和理论创新为中国政治学的恢复和重建提供了良好的契机。这一阶段主要是恢复和发展传统意义的马克思主义政治学，对"文化大革命"作了一定程度的批判性反思，构建具有中国特色的马克思主义政治学理论体系和学科体系是中国政治学恢复之初的主要任务。

在学科交流建设方面，1981年部分高校开始招收政治学本科生，1982年第一届政治学专题讲习班在复旦大学举办，1985年国家教育委员会召开政治学教学研讨会，随后全国各个高校开始设立政治学专业，1985年中国社会科学院成立政治学研究所，各省市社科院也相继成立政治学研究机构。[②]1980年，"中国政治学会成立（重建）大会"在北京召开，并于1984年成为国际政治科学协会（IPSA）的正式成员，各地也纷纷组建政治学会或政治学研究会，并开始举办各类主题的学术研讨活动。

在学科教材编写方面，为了满足政治学学科教学研究的需要，一系列

---

① 王惠岩：《当代政治学基本理论》，天津：天津人民出版社，1998年版，第189页。

② 王中原，郭苏建：《中国政治学学科发展40年：历程、挑战与前景》，《学术月刊》2018年第12期。

高质量的教材雨后春笋般地陆续问世。北京大学赵宝煦主编的《政治学概论》，复旦大学王邦佐等主编的《政治学教程》，苏州大学丘晓主编的《政治学原理》，吉林大学王惠岩主编的《政治学原理》，中国政法大学云光主编的《社会主义政治学》，华东师范大学王松主编的《政治学基础理论》等，这些政治学基础教材主要从政治学的研究对象、研究方法、研究内容等方面奠定了改革开放以来政治学学科建设的理论基础。

在学科研究方向方面，政治学学科为了满足当时社会政治制度改革的客观需要，产生了大量关于政治体制的概念，政治体制改革的内涵、改革的必要性、改革的基本内容和目标、改革的突破口、改革的原则和核心问题，政治体制改革与经济体制改革的关系，以及党政分开、政企分开、完善人大制度、改革干部体制、加强民主党派的作用等方面的研究成果。20 世纪 80 年代中期以来，由于"双轨制"的存在以及体制和监督机制不健全等，腐败现象严重。反腐败问题成为当时政治学界讨论的热点，学者们就腐败产生的原因、如何消除和防止腐败等问题进行了广泛深入讨论。

2. 学科全面发展阶段（1992—2012 年）

1992 年，邓小平视察南方并发表重要讲话，高屋建瓴地阐述了关系党和国家前途命运的一系列重大问题，为建设有中国特色的社会主义指明了继续前进的方向。1992 年 10 月，党的十四大以后，中国的改革开放进入了新的历史阶段，明确提出了我国经济体制改革的目标是建立社会主义市场经济体制。为适应建立社会主义市场经济体制的需要，我们党提出"积极推进政治体制改革""下决心进行行政管理体制和机构改革，切实做到转变职能、理顺关系、精兵简政、提高效率"。政治体制改革的实践需要政治学理论的指导，这为中国政治学学科的发展提供了最佳的发展时机。

在学术队伍方面，20 世纪 90 年代以来，北京大学、复旦大学、中国人民大学和华中师范大学首批获得一级政治学学科博士和硕士学位授予权，此后政治学博士点和硕士点不断增多，全国性的本科、硕士和博士三级培养体系以及相应的政治学学位授予制度形成并完善。各高校的人才培养模式也趋向规范，形成了必修课和选修课、公共课和专业课、基础课和前沿课组成的课程体系。政治学学科研究和师资队伍继续壮大，教学和科研的能力显著提升。同时，政治学研究机构逐步扩充，形成了高校政治学系、各级党校的政治学教研室、各级社科院的政治学研究所、党政机关的研究机构、民间研究机构等组成的研究网络。据不完全统计，仅 2006—2010 年间，从事政治学研究的学者和专业人员达万人，设有政治学专门研究机构近 150 个。[①]

在学科研究方向方面，党的十五大明确提出：高举邓小平理论的伟大旗帜，把依法治国确定为治国的基本方略，把建设社会主义法治国家作为政治体制改革的基本目标，这为这一阶段中国政治学明确了研究方向。国内学者围绕着政治体制改革、民主政治建设、民主与法制、反腐败问题、社会主义国家政权在社会主义市场经济中的宏观调控、香港澳门回归与"一国两制"、人权问题、西方政治思潮等问题产生了大量理论成果，为我国社会主义政治建设发挥了重要的理论支撑作用。中国政治学在1992—2012 年的 20 年间经历了系统的大发展，无论是在质上还是在量上都取得了显著的突破，呈现出繁荣局面。

3.学科特色化发展阶段（2012 年至今）

新时代，我国政治发展进入了新的历史方位和发展阶段。在新的历史条件下坚持和发展中国特色社会主义政治，推进国家治理现代化的时代任务，为政治学学科建设和学术繁荣提供了强大动力和广阔空间。伴随中国特色社会主义的建设，中国的政治学在复杂的环境下努力探索，开始在学科体系、学术体系和话语体系等方面表现出自己的特色、风格、气派。构建中国特色政治学成为政治学的群体自觉，并为今后的政治学发展提供了标识。构建中国特色政治学是一个通过自主自为的探索不断获得自觉的过程，也将通过这一自觉加快构建中国特色政治学的步伐。[②]

在学科体系建设和学术交流方面，党的十八大以来，北京大学、中国人

[①] 王中原，郭苏建：《中国政治学学科发展 40 年：历程、挑战与前景》，《学术月刊》2018 年第 12 期。

[②] 徐勇，任路：《构建中国特色政治学：学科、学术与话语——以政治学恢复重建历程为例》，《中国社会科学》2021 年第 2 期。

民大学、清华大学、复旦大学、华中师范大学、外交学院（自设）6个单位的政治学学科入选"双一流"建设学科行列；全国设置政治学与行政学一流本科专业共22个，其中，国家级12个、省级10个；设置国际政治一流本科专业共8个，其中，国家级5个、省级3个；设置外交学一流本科专业2个，其中，国家级1个、省级1个。①学术会议定期举行，在议题上保持了较好的延续性。网络学术社群、跨校的协同创新、产学研结合成为学术新现象。学者们开始借助微信等社交媒体和新闻客户端等新媒介来传播研究成果和学术思想，扩大了政治学学科的公共影响力。

在学科构建方面，习近平总书记指出："哲学社会科学的特色、风格、气派，是发展到一定阶段的产物，是成熟的标志，是实力的象征，也是自信的体现。"②为构建中国特色政治学学科体系指明了发展方向。在学科体系、学术体系和话语体系中，学科体系具有基础性地位。这一阶段，中国政治学的学科体系主要从制度、过程、行为，以及宏观与微观、隐性与显性、历史与逻辑等各个视角，全面透析政治现象，探求政治演进与发展的规律，以此构建起一套科学、成熟的知识体系。③

（二）政治学的学科门类

根据我国学位管理部门的相关规定，依据《研究生教育学科专业目录（2022年）》，结合国务院学位委员会第八届学科评议组、全国专业学位研究生教育指导委员会在《授予博士硕士学位和培养研究生的学科专业简介》《学位授予和人才培养一级学科简介》《一级学科博士、硕士学位基本要求》《专业学位类别（领域）博士、硕士学位基本要求》基础上编修的《研究生教育学科专业简介及其学位基本要求（试行版）》，学术界通常将政治学学科

---

① 王浦劬，燕继荣，梁宇：《新时代我国政治学学科发展的现状与展望》，《大学与学科》2021年第3期。

② 习近平：《在哲学社会科学工作座谈会上的讲话》，北京：人民出版社，2016年版，第15页。

③ 刘方亮，师泽生：《中国特色社会主义政治学学科体系、学术体系和话语体系何以构建》，《探索》2017年第4期。

划分为政治学理论、中外政治制度、科学社会主义与国际共产主义运动、中共党史（含党的学说与党的建设）、国际政治、国际关系、外交学等 7 个二级学科。

1. 政治学理论

政治学理论是研究政治学的理论与方法的二级学科，是政治学一级学科的理论基础。政治学理论主要以国家的起源、性质、职能、目的、组织形式、治国方略、权力运筹、进行社会统治的制度和方式等政治学理论作为研究对象，包括马克思主义政治学理论、中国政治思想、西方政治思想等分支领域。同时，政治学理论学科还研究政治学研究方法。历史唯物主义是指导性的原理和方法，从这一方法论出发，研究政治就要从历史、文化、社会、经济、制度等角度出发。

2. 中外政治制度

主要从国体、政体方面研究国家政治体制与制度，以中西政治思想史和政治文化的基础研究为重心，逐渐拓展到当代论争和比较政治领域。作为政治学二级学科，主要包括政治制度理论、政党政治理论、国家理论、政府理论和政治学方法等内容，系统总结了中外政治发展的特点和规律、马克思主义政治学基本理论、中国和其他主要国家的政治制度。

3. 科学社会主义与国际共产主义运动

主要是以科学社会主义的基本理论和世界社会主义思想与运动发展为基本线索，研究世界社会主义与国际共产主义运动史、当代世界社会主义与共产主义运动、当代世界经济与政治、科学社会主义的理论与实践、中国特色社会主义理论与实践、当代资本主义、政体比较研究、苏联政治与社会变迁等内容。

4. 中共党史（含"党的学说与党的建设"）

中共党史作为政治学一级学科下的二级学科，以政党政治、政党活动为对象，专门研究政党活动规律性，研究马克思主义政党的学说及其历史发展，研究中国共产党领导人民进行革命、建设和改革的历史经验，以及在新的历史条件下如何提高党的领导和党的建设科学化水平。

5. 国际政治

国际政治作为政治学二级学科，主要研究国际社会中各种政治力量在不同情况下的对峙、组合、分化、矛盾和斗争。国际政治涉及世界的格局、发展的趋势和国家的独立、主权、国与国之间的平等、和平共处、互助、友好合作以及与此相反的渗透、颠覆、侵略战争等。

6. 国际关系

国际关系作为政治学二级学科，主要研究国际社会之间的外交事务和关系，如国家、政府国际组织、非政府国际组织、跨国公司等。国际关系既是学术的领域，也是公共政策的领域。国际关系是国际行为主体之间关系的总称，包括政治关系、经济关系、民族关系、军事关系、文化关系、宗教关系、地域关系等。

7. 外交学

外交学主要研究对象是国家对外行使主权的外交行为和国家实施对外政策的外交实践经验。外交学主要研究马克思主义理论、外交学、国际政治、国际公共关系、外语等方面的基本知识，包括外交史、外交技巧、外交礼仪、具体国家的外交政策等。

（三）政治学的主要研究领域

学术界对政治学研究对象的理解和把握存在着一定的差异性，长期以来关于政治学的主要研究领域的划分也是一个逐步发展的过程。在一般意义上，政治学以社会政治现象、政治关系及其发展作为其研究对象，所以说，政治学是研究以国家为核心的各种政治现象、政治关系、政治活动及其发展规律的科学。马克思主义政治学在对各种政治现象、政治关系的研究过程中，认为政治学在于揭示人类社会围绕国家现象形成和发展的政治关系的本质联系和规律性，创立并不断发展和完善科学的政治思想理论，用以指导工人阶级和广大人民群众的革命和建设实践，推动社会的全面进步和人的全面发展。根据马克思主义政治观关于政治学研究对象的划分，结合我国社会主义政治建设的特点和需要，同时批判地吸取国外政治学研究的经验和发展成果，现阶段中国政治学的主要研究领域可以划分为政治学理论与方法、中国政治与政治制度、比较政治与政治制度、行政管理、国际政治五个方面。[1]

1. 政治学理论与方法

政治学理论与方法是政治学研究的基础，是研究政治的基本原则和一般规律。中国政治学理论主要研究政治现象及其一般规律，涉及政治和政治学的一般概念、范畴、原则和理论，具有一般性和原则性的特点，同时又和现实政治密切相关，具有很强的实践性。中国政治学的研究方法主要侧重于三个方面：第一个方面，坚持以马克思主义的立场、观点和方法为指导，强调认识政治现象的客观性，揭示政治的本质及其规律性就是运用阶级分析方法、经济分析方法、利益分析方法等考察政治问题；第二个方面，吸收和借鉴社会、经济、文化、历史、法律等学科的研究成果和研究方法，全方位地透析政治学理论；第三个方面，采用当今世界自然科学技术研究方法对包括政治科学在内的社会科学的影响和作用越来越大，其中的定量分析、结构分析、层次分析等方法都能够给政治学理论的分析带来新的思路，提高政治学理论研究的质量和工作效率。[2]

2. 中国政治与政治制度

中国政治和政治制度研究领域主要是以马克思主义基本理论为指导，对政治制度的概念范畴、制度功能以及意义与特征进行探讨，对当代中国政治制度的思想基础、理论支撑、逻辑关系和世界意义做深入研究。与此同时，对当代中国政治制度史的历史渊源研究亦应做进一步的深入挖掘，构建具有中国特色的当代中国政治制度研究体系，对于总结历史、分析现在、展望未来都具有重要的学理价值。[3]中国政治与政治制度具体主要着重研究当代中国人民民主专政的国家制度、人民代表大会制度、国家行政制度、共产党领导的多党合作和政治协商制度以及其他基本政治制度和具体制度，探索中国

---

[1] 本书编写组：《政治学概论》，北京：高等教育出版社，2011 年版，第 6 页。

[2] 姜安，赵连章，刘彤：《政治学概论》，北京：高等教育出版社，2001 年版，第 14 页。

[3] 陈文，陈科霖：《当代中国政治制度研究 70 年的进路与逻辑》，《政治学研究》2019 年第 6 期。

社会主义政治制度发展的规律。这一领域主要是联系当代中国的各种政治现象和政治问题，以当代中国社会主义政治制度自我改革和发展为主要研究任务，为推进社会主义民主政治建设服务。

3. 比较政治与政治制度

比较政治制度主要运用比较方法对中国以外的所有其他国家政治制度进行深入研究。主要侧重于西方国家、俄罗斯和东欧地区以及亚洲、非洲、拉丁美洲等国政治与政治制度研究，发展中国家政治发展与政治稳定研究，地区政治与国别政治研究，中西方政治文化比较研究等。西方国家的政治制度和政府运作机制是比较政治与政治制度研究的重点，研究领域涉及西方国家的宪政体制和国家机构体系，探讨国家元首、立法机关、行政机关、司法机关、政党组织和利益集团等政治实体的组成和运作规律。较为系统地比较不同类型政治制度的基本特点以及有关国家政治制度的一些基础理论，了解当今世界政治生活的多样性和差异性。各国所具有的文化传统不同、所继承的历史遗产不同、所遇到的国际条件不同，因而其所形成的政治结构、政治运行机制和政治发展途径都具有很大的差异。通过对这些国家的比较研究，我们就能对各国政治制度的运行以及政治生活的状态进行理论上的概括和解释，从而学会科学地揭示人类社会政治制度发展的共同规律。[①]

4. 行政管理

行政管理的研究领域主要侧重于行政组织的构成、运作、执行过程和效果以及内部管理等客观规律。其基本研究范畴主要包括行政原理、行政职能、行政权力、行政组织、人事行政、行政领导、行政决策、行政计划、行政程序、行政执行、行政技术、行政行为、行政效率（有效性）、机关管理、公共财政（财务行政）、物资行政、行政责任、行政监督、行政道德、法制（治）行政、行政改革、行政能力和行政发展等。通过对这一领域的研究，提升公共政策的科学性和质量，提升政府和公共部门的执法和政策执行能力，强化政府的公共服务功能，确保政府对社会公共事务管理的科学性和

---

① 徐红，赵萍丽等：《比较政治制度》，上海：同济大学出版社，2009年版，第7页。

有效性，使政府行政管理活动成为经济发展和社会进步的有效推动力量。通过对国家行政制度的理念和理论进行研究，确保国家行政制度和体制的构建、改革和完善既具有科学的理论基础，又适应国家的根本政治制度和国情，确保政府及其官员积极有效地履行宪法和法律赋予的公共行政职能。[①]

5. 国际政治

国际政治是指国际社会行为主体（主要指国家）的对外战略和相互作用形成的政治关系和政治现象，是世界范围内战争、和平、强权、民主、竞争、共处等政治活动的总称。国际政治主要表现为国家间政治但不等于国家间政治，因为其他行为主体也有自己的特殊利益和独立活动。国际政治离不开各国外交，特别是大国外交，但不是各国外交之和，它主要涉及各国对外战略和主权利益。[②] 国际政治研究领域借鉴吸收了其他许多学科的范畴、体系、框架和方法，包含国际关系理论、国际关系史和当代国际政治问题三个基本组成部分，揭示国际体系中各个国际政治行为主体之间的政治关系及其发展变化的一般规律，或国际社会中政治体系、格局、秩序的形成和演变的规律。

二、马克思主义理论学科引领政治学学科发展的必要性

新时代哲学社会科学领域理论融合趋势明显，新兴交叉学科不断涌现，极大地丰富了中国政治学的研究领域和范畴。充分地挖掘马克思主义理论学科的优势资源引领政治学学科发展，这是坚持马克思主义在哲学社会科学领域指导地位的需要，构建中国政治学自主知识体系的现实需要，马克思主义理论夯实中国政治学学科研究基础的需要。

---

① 李乐军：《行政管理》，成都：电子科技大学出版社，2012 年版，第 4 页。

② 刘金质，梁守德，杨准生：《国际政治大辞典》，北京：中国社会科学出版社，1994 年版，第 20 页。

（一）坚持马克思主义在哲学社会科学领域指导地位的需要

2016年，习近平总书记在哲学社会科学工作座谈会上明确提出："坚持以马克思主义为指导，是当代中国哲学社会科学区别于其他哲学社会科学的根本标志，必须旗帜鲜明加以坚持。"①我国哲学社会科学坚持以马克思主义为指导，是近代以来我国发展历程赋予的规定性和必然性。在我国，不坚持以马克思主义为指导，哲学社会科学就会失去灵魂、迷失方向，最终也不能发挥应有作用。我国政治学学科是一门历史悠久的社会科学基础学科，也是一门研究治国理政的应用性学科，对一个国家乃至整个人类政治文明的发展有着重大价值，在我国哲学社会科学体系中拥有着不可替代的位置。坚持马克思主义在我国哲学社会科学领域的指导地位，必须充分地发挥马克思主义理论学科对政治学学科发展的引领作用。马克思主义理论学科作为马克思主义理论一级学科，下设马克思主义基本原理、马克思主义发展史、马克思主义中国化研究、国外马克思主义研究、思想政治教育、中国近现代史基本问题研究等六个二级学科，确立马克思主义理论完整的学科体系，成为马克思主义理论研究的重要载体。马克思主义理论是我国哲学社会科学的基础学科，主要是从马克思主义的立场出发研究人类历史演进的一般规律，及其在不同时代、不同地区的特殊规律，并由此产生的各种理论问题。

马克思主义理论引领政治学学科意识形态导向。意识形态工作是为国家立心、为民族立魂的工作，事关党的前途命运，事关国家长治久安，事关民族凝聚力和向心力。意识形态工作主要内容是通过哲学社会科学凝聚政治认同、促进文化传承，可以构建具有思想吸引力和政治凝聚力的系统社会主义意识形态。马克思主义理论是一个博大精深的理论体系，涉及自然界、人类社会、人类思维各个领域，涉及历史、经济、政治、文化、社会、生态、科技、军事、党建等各个方面，不下大气力、不下苦功夫是难以掌握真谛、融

---

① 习近平：《在哲学社会科学工作座谈会上的讲话》，北京：人民出版社，2016年版，第8页。

会贯通的。马克思主义理论具有鲜明的科学性、革命性、实践性、人民性和发展性，这些鲜明特征体现了马克思主义的本质和使命，也让马克思主义理论学科对其他哲学社会科学具有意识形态的引领作用。

马克思主义理论是对自然、社会和人类思维发展本质和规律的正确反映。它是在社会实践和科学发展的基础上产生的，并在自身发展过程中不断总结实践经验，吸取自然科学和社会科学发展的最新成就。马克思主义具有科学的世界观和方法论基础，即辩证唯物主义和历史唯物主义，这是马克思主义的一个突出特征和理论优势，也是马克思主义科学性的重要体现。马克思主义理论是一个逻辑严密的有机整体，它的形式是主观的，但内容是客观的，它以事实为依据、以规律为对象，并以实践为检验标准。马克思主义的发展具有科学探索性，是一个不断探索和掌握客观规律的过程。马克思主义理论的科学性成为引领政治学科学发展的理论基础。

马克思主义理论是无产阶级的世界观，是关于无产阶级解放的学说。无产阶级解放和全人类解放是完全一致的。只有无产阶级这样的先进阶级，才能领导全人类解放的伟大事业；而无产阶级也只有解放全人类，才能最后解放自己。反对私有制社会特别是资本主义社会的经济剥削和政治压迫，建立社会主义社会，最终实现共产主义，这既是无产阶级解放的事业，也是广大人民群众和全人类解放的事业。马克思主义理论的人民性成为政治学科学发展的价值基础。

马克思主义理论是指引当代中国发展的精神旗帜，是推动当代中国发展的精神动力。当今世界科技发展日新月异，人类文明加速进步，但同时社会面临着贫困、生态恶化、恐怖主义等尖锐复杂的问题。马克思主义致力探寻人类社会的奥秘，揭示人类历史的规律，指明人类前进的方向，它的基本理论和方法中所蕴含的历史洞见和历史智慧、所展现的真理魅力和真理光芒，对于人类走向未来具有不可或缺的启示和引领价值。中国政治学学科的发展需要遵循学科发展的内在规律和当代中国社会发展的内在需要，马克思主义理论可以为中国政治学学科发展指明前进的方向。

（二）构建中国政治学自主知识体系的现实需要

习近平总书记在中国人民大学考察时发表重要讲话强调指出："加快构建中国特色哲学社会科学，归根结底是建构中国自主的知识体系。"① 这就要求我们打造具有中国特色、中国风格、中国气派的政治学知识体系，加强对现实问题的研究，提炼本土化理论，用自主化、中国化的理论来认识中国、解释中国，服务决策、服务大局。建构中国政治学自主知识体系，是对政治学知识跨情境效度问题的有效破解，是对西方政治学霸权的积极回应，是拓展人类政治文明新形态的学术努力，符合中国政治学的学科属性和发展规律。建构自主知识体系是"三大体系"建设的总领主线和成果产出，"三大体系"建设是建构自主知识体系的重要抓手和基础工程。贯彻落实习近平总书记的重要论述，回应时代和社会的重大关切，锚定建构中国政治学自主知识体系的目标，需要在学科体系、学术体系、话语体系三个方面构建中国政治学自主知识体系。②

马克思主义理论学科在构建中国政治学自主知识体系方面发挥着重要的引领作用。坚持以马克思主义为指导，是当代中国政治学区别于其他政治学的根本标志，也是中国政治学自主知识体系的鲜明底色。建构中国政治学自主知识体系要直面问题，要用马克思主义的立场观点方法去研究活生生的现实政治，充分把握马克思主义政治学基本原理同政治世界相结合所呈现的复杂多样性，对其进行深入、精细和透彻的观察。要以马克思主义政治学基本原理为线索，把纷繁错杂的政治现象贯穿起来，从中取得规律性认识。学科体系是理论内涵的平台基础，学术体系是理论框架的核心构成，话语体系是理论阐释的外在表征。要通过丰富的中国经验厚植学科体系基础，丰富马克思主义理论研究学科的基本内容，强化经验性学理性理论支撑。建强学术体系，提升政治学自主知识体系的理论说服力与阐释中国政治发展现实经验

---

① 《习近平在中国人民大学考察时强调：坚持党的领导传承红色基因扎根中国大地 走出一条建设中国特色世界一流大学新路》，《人民日报》2022 年 4 月 26 日第 1 版。
② 王炳权，杨睿智：《论建构新时代中国政治学自主知识体系》，《新视野》2023 年第 1 期。

的学理性，承担好连接学科体系与话语体系间的核心纽带作用。创新话语体系，探索新的话语表达方式，讲好中国政治故事，传播好中国政治声音。

构建中国政治学自主知识体系需要马克思主义理论从学科体系、学术体系和话语体系三个方面发挥理论引领作用。要使这三个方面能够更好地适应、满足当前历史阶段下社会政治现实局面和需要，从而能够更为有效地提升政治学在解释、引导、批判、教育等诸方面的功能。这就要求中国政治学必须与马克思主义理论紧密结合，科学准确地把握中国特色的规定性，并依据其特征与要求构建相应的中国政治学体系。

政治学的学科体系就是要从制度、过程、行为，以及宏观与微观、隐性与显性、历史与逻辑等各个视角，全面透析政治现象，探求政治演进与发展的规律，以此构建起一套科学、成熟的知识体系。对中国政治学而言，始终坚持以马克思主义为指导是最基本的前提，也是最重要的历史经验。改革开放以来，中国的政治学者比较系统地研究和梳理了马克思主义经典作家有关政治问题的思想和论述，根据中国以及其他社会主义国家的政治实践，推出了一批有关社会主义政治的理论著述。历史表明，只有在马克思主义指导下，中国政治学的学科体系才能不断完善、学术研究水平才能不断提升。

政治学学术体系是围绕着如何进行研究这一问题构建起来的，是一套闭合且完整的环节，主要包括主题的确定、资料的收集、观点的提出、理论的论证、成果的检验等方面。[1] 政治学学术体系强调本身的科学性、规范性和有效性。需要运用辩证唯物主义和历史唯物主义分析问题与解决问题的方法，通过强化马克思主义研究方法，有助于准确把握马克思主义的基本立场、观点和方法，从而摆脱对马克思主义机械、教条的照搬所造成的理论困境，进而提升马克思主义在方法论领域的创造力和生命力，实现政治学学术体系的自主性。

政治学话语体系作为思想文化至关重要的载体、表达思想的工具、交流

---

[1] 刘方亮，师泽生：《中国特色社会主义政治学学科体系、学术体系和话语体系何以构建》，《探索》2017 年第 4 期。

感情的方式和实现社会整合的纽带，总是影响着人们观察世界的思维和人们的行为方式。话语体系是否有条理、规范和系统，直接关系到理论能否成为真知灼见，进而影响政治学作为国家"软实力"的功效的发挥，因此具有极为重要的理论和实践意义。马克思主义理论揭示了人类社会发展的规律，具有唯物辩证的科学方法，善于透过现象看本质，能够从扑朔迷离的复杂现象中把握住问题的实质，从众多支流中找到主流，从局部的变化中把握住总体和大局。

（三）马克思主义理论夯实中国政治学学科研究基础的需要

马克思主义理论是对马克思主义立场、观点、方法的集中概括，是马克思主义在其形成、发展和运用过程中经过实践反复检验而确立起来的具有普遍真理性的理论。它体现了马克思主义的根本性质和整体特征，体现了马克思主义科学性和革命性的统一。相对于特定历史条件下所作的个别理论判断和具体结论，马克思主义理论具有普遍的、根本的和长远的指导意义。马克思主义的基本立场、基本观点和基本方法在中国政治学学科发展的过程中发挥着重要的引领作用，同时确立了中国政治学学科研究的人民立场，丰富了中国政治学学科研究的主要内容，为中国政治学科学研究提供了研究方法。

马克思主义的基本立场，是马克思主义观察、分析和解决问题的根本立足点和出发点。马克思主义以无产阶级的解放和全人类的解放为己任，以人的自由全面发展为美好目标，以人民为中心，一切为了人民，一切依靠人民。人民至上的马克思主义立场成为中国政治学科学研究的出发点和落脚点。坚持以马克思主义为指导，就要坚持以人民为中心的研究导向。中国政治学研究要有所作为，必须扎根人民之中，为人民做学问。比如，系统研究人民主体地位及其价值，深入阐释人民作为历史的主体在人类政治发展和政治生活中的作用，研究人民在重大历史变革中的作用；研究人民如何有效参与国家治理和实现全过程人民民主的路径，如何建立科学的民主选举、民主协商、民主决策、民主管理、民主监督的制度体系；研究公民权利保障和利益表达机制，正确处理新形势下人民内部矛盾的有效机制以及社会矛盾纠纷多元预防调处化解综合机制，畅通和规范群众诉求表达、利益协调、权益保障通道；研究如何健全充满活力的基层群众自治制度，实行群众自我管理、自我服务、自我教育、自我监督。[①]

　　马克思主义的基本观点，是关于自然、社会和人类思维发展一般规律的科学认识，是对人类思想成果和社会实践经验的科学总结。马克思主义理论体系博大精深，马克思主义科学的理论观点包含丰富的政治学理论，成为中国政治学理论体系不断完善和丰富的理论渊源。马克思主义理论关于政治的一些基本观点揭示了政治现象的本质，马克思主义政治观是认识世界和改造世界的重要理论，为人类认识政治现象作出了革命性贡献。马克思主义第一次把对政治的研究与人类的彻底解放结合起来，具有科学性、阶级性、革命性和实践性。马克思主义政治学体系的基本内容包括阶级问题、革命问题、国家问题、未来社会问题以及体现于各个问题中的政治关系。这些问题构成了马克思主义政治学的基本原理，为我们认识世界提供了全新的概念，为改造世界作出了革命性贡献。可以说，马克思主义政治学是政治学说史上的一次革命性变革，其根本目的是通过揭示人类政治现象的本质特征，寻求解放全人类的政治途径。因此，马克思主义政治学的产生，使人们对政治现象的认识进入了一个新的时代，也进一步丰富了中国政治学科学的研究内容。

　　马克思主义的基本方法，是建立在辩证唯物主义和历史唯物主义世界观和方法论基础上，指导我们正确认识世界和改造世界的思想方法和工作方法，主要包括实事求是的方法、辩证分析的方法、社会基本矛盾和主要矛盾分析的方法、历史分析的方法、阶级分析的方法、群众路线的方法等。我国的社会科学研究离不开马克思主义的基本方法，尤其离不开辩证唯物主义和历史唯物主义的指导，政治科学更是如此。中国政治学建立在唯物史观的基础上，既强调经济基础对政治现象的决定作用，又承认政治对经济基础的反作用；既从人们的经济关系和经济利益出发，观察分析政治现象，又从政治内部的矛盾运动入手，分析政治的产生、发展过程，从而深刻地揭示政治的

---

① 常保国：《推动新时代中国政治学繁荣发展》，《人民日报》2021 年 10 月 25 日第 1 版。

本质和规律，具有高度的科学性。唯物辩证法是马克思主义理论方法论的精髓，也是中国政治学研究首要的哲学原则。恩格斯指出：辩证法在考察事物及其在观念上的反映时，本质上是从它们的联系、它们的联结、它们的运动、它们的产生和消逝方面去考察的。唯物辩证法主张用联系、发展、全面的观点来看待事物，唯物辩证法的实质和核心是矛盾规律，因而矛盾分析法是认识事物的根本方法，也是中国政治学研究的根本方法。

三、马克思主义理论学科引领政治学学科发展的举措

马克思主义理论学科引领政治学学科发展是一个系统性工程，需要加强党对政治学学科建设的政治领导、思想领导，完善党的领导哲学社会科学工作的制度；坚持以习近平新时代中国特色社会主义思想作为行动指南，确保中国哲学社会科学事业的正确方向；培养造就大批德才兼备的高素质政治学人才，构建中国特色的高质量政治学知识体系。

（一）加强党对政治学学科建设的领导

习近平总书记在哲学社会科学工作座谈会上发表重要讲话强调："哲学社会科学事业是党和人民的重要事业，哲学社会科学战线是党和人民的重要战线。"[①] 加强和改善党对哲学社会科学工作的领导，是繁荣发展我国哲学社会科学事业的根本保证。习近平总书记的重要讲话，从党和国家事业发展全局出发，深刻阐述了哲学社会科学在治国理政中的重要作用，并就加强和改善党对哲学社会科学工作的领导提出明确要求，为当代中国哲学社会科学的繁荣发展注入了强劲动力，在我国哲学社会科学发展中必将产生重大里程碑意义。政治学学科在哲学社会科学体系中占据着重要的地位，加强马克思主义理论学科引领政治学学科发展，需要加强党对政治学学科建设的领导。

---

① 习近平：《在哲学社会科学工作座谈会上的讲话》，北京：人民出版社，2016 年版，第 25 页。

1. 加强党的政治领导

指导思想是政治学学科发展的旗帜和方向。政治学学科具有鲜明的意识形态属性，坚持什么样的指导思想，直接关系到政治学学科"为什么人"这个根本性、原则性问题。因此，加强党对政治学学科建设的领导，最根本地体现在指导思想的引领上，体现在发展方向、科学方法和价值立场的确立上，体现在举什么旗、走什么路、为什么人服务这些根本问题的解决上。

2. 加强党的思想领导

马克思主义是指导哲学社会科学发展的强大思想武器，必须毫不动摇地加强党的思想引领，始终把研究阐释马克思主义理论作为主攻方向，不断深化对马克思主义思想源流、基本原理、理论精髓、立场方法和发展成果的研究。要把学不学、懂不懂、用不用马克思主义作为政治学学科发展的度量衡，体现到政治学学科研究和教学的全过程，引导、推动政治学学科工作者自觉提高运用马克思主义的能力、水平，转化为清醒的理论自觉、坚定的政治信念、科学的思维方法。

3. 完善党的领导制度

坚持和加强党的全面领导，必须健全党的全面领导制度，发挥党在哲学社会科学领域中总揽全局、协调各方的领导核心作用，把党的领导贯彻到哲学社会科学中履行职责全过程。必须完善党在哲学社会科学领域中协调各方的机制。政治学学科建设是一个系统整体，党的领导需要加强统筹协调，理顺职责关系，形成党组织统一领导下政治学学科体系各个方面分工协作的工作机制，保证党实施集中统一领导，保证协同联动、高效运行。各级党委（党组）要从推动政治学学科发展的全局工作的要求出发，充分发挥积极性、主动性、创造性，不断提高科学执政、民主执政、依法执政的水平，增强总揽全局、协调各方的能力，保证党领导的政治学学科的发展。

（二）坚持以习近平新时代中国特色社会主义思想作为行动指南

习近平新时代中国特色社会主义思想是中国特色哲学社会科学的旗帜和灵魂。坚持以习近平新时代中国特色社会主义思想为指导，是当代中国哲学社会科学最显著的时代特征、最鲜明的理论品质。哲学社会科学具有鲜明的意识形态属性。只有把习近平新时代中国特色社会主义思想作为哲学社会科学发展的行动指南，才能确保中国哲学社会科学事业的正确方向。中国政治学在哲学社会科学学科体系中处于支撑地位，必须坚持以习近平新时代中国特色社会主义思想作为政治学学科发展的行动指南。

习近平新时代中国特色社会主义思想蕴含着丰富的政治学理论思想。"五位一体"的总体布局中蕴含着社会主义民主政治建设的一系列理论思想。中国特色社会主义政治发展道路实现了党的领导、人民当家作主、依法治国有机统一。走中国特色社会主义政治发展道路，必须坚持正确政治方向。要保持政治定力，坚持从国情出发、从实际出发，既要把握长期形成的历史传承，又要把握走过的发展道路、积累的政治经验、形成的政治原则，还要把握现实要求，着眼解决现实问题，不能割断历史，不能想象突然就搬来一座政治制度上的"飞来峰"。我们要坚定对中国特色社会主义政治制度的自信，增强走中国特色社会主义政治发展道路的信心和决心。习近平新时代中国特色社会主义思想关于民主政治的理论思想成为中国政治学研究的根本遵循和发展方向。

习近半新时代中国特色社会主义思想是当代中国的马克思主义，是21世纪的马克思主义。坚持以马克思主义为指导，是当代中国哲学社会科学区别于其他哲学社会科学的根本标志。坚持以马克思主义为指导，中国学术研究就从根本上坚持了科学精神、科学原则；掌握了马克思主义，中国学术研究就从根本上掌握了自己的未来；离开了马克思主义，中国学术研究就只能停留在浅薄、虚幻的现象表层，无法进入历史和社会的深处。习近平新时代中国特色社会主义思想作为马克思主义中国化时代化的最新成果，为马克思主义在当今时代的大发展作出了开创性、全面性、历史性贡献，是构建中国特色政治学的根本指南。[①]坚持以习近平新时代中国特色社会主义思想为指

---

① 高翔：《加快构建中国特色哲学社会科学的根本遵循》，《人民日报》2023 年 12 月 6 日第 9 版。

导，是新时代我国政治学繁荣发展的必然要求，也是抢占理论和学术制高点的根本途径。

坚持以习近平新时代中国特色社会主义思想为指导，是中国政治学学科事业始终沿着正确方向不断前进的根本保证。中国共产党为什么能，中国特色社会主义为什么好，归根到底是马克思主义行，是中国化时代化的马克思主义行。马克思主义在中国之所以显示出强大生命力，最根本就在于我们党以科学的态度对待科学、以真理的精神追求真理，把坚持马克思主义和发展马克思主义统一起来，不断推进马克思主义中国化时代化。在当代中国，坚持和发展习近平新时代中国特色社会主义思想，就是真正坚持和发展马克思主义。我们要始终坚持以习近平新时代中国特色社会主义思想为指导，以服务中华民族伟大复兴为使命，不断推动我国政治学事业繁荣发展。

（三）培养造就大批德才兼备的高素质政治学人才

培养人才是国家和民族长远发展大计，人才是实现民族振兴、赢得国际竞争主动的战略资源，千秋基业，人才为先。国家发展靠人才，民族振兴靠人才。构建中国特色的高质量政治学知识体系，需要做好政治学人才培养工作。

1. 建设好政治学人才队伍

党的十八大以来，以习近平同志为核心的党中央深刻把握人才工作规律，作出全方位培养、引进、使用人才的重大部署，有力地推动了人才队伍快速壮大、人才效能持续增强、人才比较优势稳步增强。在党的周围团结和凝聚了一大批知识分子，形成了一支宏大的哲学社会科学人才队伍，政治学人才是这支队伍当中的重要组成部分。但同时也要清醒地看到，在经济社会深刻变革的新形势下，我国的政治学学科队伍呈现出人员构成复杂多元，知识分子自我意识、个体意识强化等新变化新特点，人才体系、梯队结构还不够合理，一些青年知识分子对党史国情了解不深。面对这些复杂的形势和问题，必须加强和改善党的领导，关心好、培养好、使用好政治学科学队伍，让广大政治学工作者成为先进思想的倡导者、学术研究的开拓者、社会风尚的引领者、党执政的坚定支持者。

2. 做好知识分子工作

哲学社会科学领域是知识分子密集的地方。落实党委对哲学社会科学工作的领导责任，归根到底体现在对哲学社会科学工作者的团结和凝聚上来。长期以来，中国共产党能得到广大知识分子的衷心拥护，缘于他们对党的宗旨和路线方针的认同，缘于党对知识分子政治上充分信任、工作中大胆使用、生活上关心爱护。能不能做好知识分子工作，能不能真正把广大哲学社会科学工作者紧紧团结在党的周围，不仅事关哲学社会科学的繁荣发展，而且事关党和国家事业的兴衰成败。要坚持以人为本，认真贯彻党的知识分子政策，尊重劳动、尊重知识、尊重人才、尊重创造。领导干部要尊重哲学社会科学工作者的辛勤付出和研究成果，不断提高与知识分子打交道的能力，在思想上与知识分子对话交心、相知相亲。

3. 完善体制机制

健全完善领导干部与社科专家联系制度，拓展联系渠道，在政府决策过程中广泛吸收社科界的意见建议，加强思想政治引领和政治吸纳，引导他们为国家建设贡献才智。精心实施哲学社会科学人才工程，完善人才遴选、培养、激励等方面的政策措施和工作机制，帮助理论人才开阔视野、提升素养，使之加强对党的理论创新成果的学习，加深对党的大政方针的了解，增进对改革建设实践和社会生活的感知。坚持深化人才发展体制机制改革是做好人才工作的重要保障，让人才的创造活力竞相迸发、聪明才智充分涌流，培养造就大批德才兼备的高素质人才，构建充分体现知识要素价值的收益分配机制，让事业激励人才，让人才成就事业。坚持营造识才爱才敬才用才的环境是做好人才工作的社会条件。环境好，人才聚、事业兴；环境差，人才散、事业衰。必须积极营造尊重人才、求贤若渴的社会环境，公正平等、竞争择优的制度环境，待遇适当、保障有力的生活环境，为人才心无旁骛钻研业务创造良好条件。

第三篇

马克思主义理论学科引领哲学学科发展

哲学呈现的是思想中的世界，通过将感性世界的问题转化为哲学理念的问题，从而透视问题背后的逻辑，通过思想的解放来推动现实的发展。中国是一个拥有深厚哲学底蕴的文化大国，从先秦子学到宋明理学，经历了数个学术思想繁荣期，也涌现了无数思想家、哲学家。但现阶段，我国的哲学学科的发展水平仍显不足，同我国综合国力和国际地位不太相称。因此，要实现中华民族伟大复兴的中国梦，更要着力推动构建和发展具有中国特色的高水平哲学学科体系、学术体系、话语体系，让中国特色哲学成为整个中国特色哲学社会科学体系发展的先声和先导，以学术智慧来凝聚中华民族伟大复兴的力量。

习近平总书记在哲学社会科学工作座谈会上的讲话中指出："坚持以马克思主义为指导，是当代中国哲学社会科学区别于其他哲学社会科学的根本标志，必须旗帜鲜明加以坚持。"① 因此，在中国特色哲学学科发展过程中也必然要彰显马克思主义的指导地位，哲学学科为马克思主义理论学科筑基，马克思主义理论学科引领哲学学科发展，在两者的同向同行间，实现中国特色哲学学科在马克思主义学科引领下的高质量发展。

一、哲学学科发展现状

贤者曰：大学非大楼之谓也，盖大师之谓也；然大师者，盖具大智慧者之谓也。哲学能启蒙时代、教化人心、反思当下、放眼未来。故哲学作为综合具体科学原理之普遍科学，既可高屋建瓴，也可润物无声，慎思明辨方能践履通达。

---

① 习近平：《在哲学社会科学工作座谈会上的讲话》，《人民日报》2016年5月19日第2版。

（一）哲学发展历程

哲学（philosophy）是一门古老的学科，但 20 世纪在中国才得以学科化、体系化发展。从大学（University）在中世纪欧洲诞生起，哲学就是必修科目。19 世纪初，作为现代大学诞生标志的柏林大学成立，在其学科构架中，哲学即成为众科之首。我国古代就已经形成非常丰富的哲学思想。我国最早的哲学可以上溯到距今 3000 年以上的殷商时期，春秋战国时期的诸子百家争鸣，形成了内涵丰厚的中国传统哲学。但中国古代文、史、哲不分，因此没有表示"哲学"的专有名词。直至 20 世纪初，在古希腊原意为"智慧"的"哲学"一词，经日本音译传入中国。1915 年，北京大学设立"哲学门"，成为中国大学建设哲学学科的开端。新文化运动时期摧枯拉朽般的思想风暴，大力引进的西方哲学范式和各种哲学思想为哲学在中国的发展提供了丰富的养料。经历传统学术解体和裂变、学术形态的彻底转换，中国的哲学迎来新生，进入了生机勃勃的时期。五四运动以后，马克思主义哲学在中国迅速传播，同时形形色色的西方哲学也开始在国内流行。20 世纪三四十年代的哲学发展，奠定了现代学科形态下的中国哲学的专业分类、叙事框架、话语方式等的基础，使哲学在中国成为一门具有现代知识形态意义下的学问，进入大学的教育体制之中。[1] 中国传统哲学也在时代巨变中被重新阐扬。冯友兰《中国哲学史》两卷本和张岱年《中国哲学大纲》的撰写与出版，则标志着"中国哲学"的创建已具规模，真正奠定了现代意义上"中国哲学"学科的基础。在中西文化的这样猛烈撞击下，思路各异、学派纷呈的现代中国哲学得以形成。[2]

在现代中国哲学发展史上，最为重要的是马克思主义哲学在中国的传播、应用与发展。在清末民初，就有西方传教士和中国国内一些资产阶级知识分子零散介绍过马克思主义理论，但由于理解的粗浅、片面，并未在中国

---

[1] 景海峰：《20 世纪中国哲学的发展阶段及其特点》，《深圳大学学报》（人文社会科学版）2001 年第 3 期。

[2] 孙正聿：《哲学通论》（修订版），上海：复旦大学出版社，2005 年版，第 19 页。

得到大规模传播。直到李大钊、陈独秀等早期共产主义者将马克思主义哲学引入中国，马克思主义在中国才得到了迅速传播和发展，再经过李达、艾思奇等人的系统整理与解释，马克思主义在毛泽东的《矛盾论》等哲学名著中得到了全面发展。在新中国成立初期，马克思主义哲学的传播和发展为我国政治、经济、文化、社会等工作的顺利开展奠定了坚实的思想理论基础。社会主义建设时期，在"百花齐放、百家争鸣"作为党发展科学、繁荣文学艺术的方针后，中国哲学得到了快速的发展。之后一段时间，国内哲学界出现了形而上学的思想倾向，犯了教条主义错误，导致我国的哲学发展走了一段弯路。改革开放以后，真理标准大讨论为确立实践是检验真理的唯一标准打开了大门。中国哲学完成了从传统哲学教科书体系向改革和思想解放的重大转变。哲学在适应时代变革中发出了时代先声。在此之后，经过不断阐发，逐渐形成中国特色社会主义的哲学思想。党的十八大开启了中国特色社会主义新时代，习近平新时代中国特色社会主义思想的全面论述，赋予了中国化时代化的马克思主义哲学以更为丰富和深刻的理论和时代内涵。

与此同时，对形形色色的西方哲学思想的介绍评论和在中国传统文化中建构中国哲学体系的思考探索也在与马克思主义哲学并行发展，推动中国的哲学体系多元化发展。随着思想交流的不断深入，从古希腊的苏格拉底、柏拉图、亚里士多德，到近代的培根、笛卡尔、康德、黑格尔，再到尼采、罗素等，国内哲学界皆有引进、评述和发挥，探索他们的理论渊源、内在逻辑、思想架构，并努力进行思想融合和发展。来自西方的"哲学"进入中国后，也激起了学界对中国传统文化的发展和变革。在中西交融过程中，中华民族传统的精神和价值也在哲学体系中不断彰显。坚守中华传统文化的学者在中西文化和思想的碰撞中，致力于阐发中国传统哲学，特别是儒家哲学，力图返传统儒学之本而开科学民主之新。张君劢的人生论、熊十力的新唯识论、梁漱溟的东西文化论、冯友兰的新理学、贺麟的新心学等，构成了现代中国哲学不可缺之重要部分，并在当代世界哲学中产生不容忽视的影响。[1]

---

[1] 孙正聿：《哲学通论》（修订版），上海：复旦大学出版社，2005年版，第20页。

（二）哲学学科门类

学科专业是高等教育的核心，是立德树人的重要载体，在高等教育中具有战略性、基础性、先导性影响。在新中国建立起哲学社会科学教学和研究体系后，哲学专业和哲学学科也经历了多次调整。1963 年，原国家计划委员会、教育部在 1957 年的专业目录基础上，修订并发布了《高等学校通用专业目录》，将哲学专业归属于文科类，专业代码设置为 060011。1989年原国家教育委员会印发《普通高等学校本科专业设置暂行规定》，将哲学专业列为社会科学类。1998 年，教育部发布的《普通高等学校本科专业目录》，将哲学（专业代码 010101）和伦理学（专业代码 010103）两个专业调整为哲学专业，归属于哲学类。2012 年、2020 年版的《普通高等学校本科专业目录》中，哲学专业的学科门类归属和学科代码未发生变化。随着我国进入新发展阶段，过去的目录与管理机制已不能完全适应新的形势要求，2022 年国务院学术委员会、教育部印发《研究生教育学科专业目录（2022年）》（以下简称新版目录）和《研究生教育学科专业目录管理办法》，代替了已施行 10 年的 2011 年版本。本次修订在统筹一级学科和专业学位类别设置方面迈出了重要步伐。如在所有门类下均设置了专业学位，通过优化发展专业学位，来支撑行业产业高质量发展；新设如中共党史党建学、纪检监察学等多个一级学科或交叉学科，以更好地服务国家治理体系与治理能力现代化的需要等。

新版目录有 14 个门类，共有一级学科 117 个，博士专业学位类别 36个，硕士专业学位类别 31 个。在新版目录中，哲学门类（专业代码 01）下属除原有的一级学科哲学（专业代码 0101）外，新增了一个可授予硕士专业学位的应用伦理（专业代码 0151）专业学位。而哲学一级学科下设的二级学科数目和类别均没有变化，仍为马克思主义哲学（专业代码 010101）、中国哲学（专业代码 010102）、外国哲学（专业代码 010103）、逻辑学（专业代码 010104）、伦理学（专业代码 010105）、美学（专业代码 010106）、宗教学（专业代码 010107）、科学技术哲学（专业代码 010108）。

（三）哲学研究的现状

自五四运动以来，哲学开始在中国蓬勃发展至今，形成了以融汇中西哲学、引进和品评西方哲学、充实和阐扬中国传统哲学、介绍和发展马克思主义哲学为基本内容，以哲学为武器而改造社会与人生为目的的总体性特征。① 总体来说，哲学是以对"本体"的寻求，即对人自身的"安身立命之本"的寻求，而实现对人自身的存在和发展的反思，其中包含了对"在"——存在论或本体论问题、"真"——认识论和逻辑学问题、"善"——伦理学和价值论问题、"美"——哲学层面的美学问题、"人"——关于人的哲学问题这五大问题。这五大问题被孙正聿教授总结为哲学研究的主要问题。②

党的十八大以来，以习近平同志为核心的党中央高度重视哲学社会科学工作，推动了我国哲学学科高质量发展。哲学学科的社会关注度不断上升，学科建设取得卓越成就，学术内涵不断向纵深发展，努力建构具有中国特色、中国风格、中国气派的哲学学科体系、学术体系、话语体系。

我国哲学界学者在学术研究中，在围绕哲学主要问题开展研究的基础上，越来越关注重大现实问题的哲学分析、前沿性学术问题的中国视角和方法论自觉以及中华优秀传统文化的创新性发展等问题。③《中国社会科学》杂志社哲学编辑部每年发布的年度哲学研究发展报告显示，我国哲学界坚持以习近平新时代中国特色社会主义思想为指导，以现实关切引导理论研究与创新，对哲学基本概念、基本范畴、基本命题进行再反思。在研究过程中，坚持把马克思主义基本原理同中国具体实际相结合、同中华优秀传统文化相结合，将党的十八大以来党的理论和实践创新成果进一步学理化、系统化，以哲学方式回答中国之问、世界之问、人民之问、时代之问，以重大时代问

---

① 孙正聿：《哲学通论》（修订版），上海：复旦大学出版社，2005 年版，第 19 页。
② 孙正聿：《哲学通论》（修订版），上海：复旦大学出版社，2005 年版，第 143 页。
③ 钱梦旦，唐正东：《哲学学科十年发展综述及评价（2009—2018 年）——基于人文社科综合指数的分析》，《南京大学学报》（哲学·人文科学·社会科学）2022 年第 3 期。

题研究促进哲学基础理论研究，在面向实践的理论研究与创新中彰显中国智慧。

近三年，哲学界从不同学科角度和学科特色出发，研究人类文明发展大势，为中国的现代化进程提供"更为主动的精神力量"，在文明互鉴中构建"人类命运共同体"。马克思主义哲学领域从思想源头开始，不断厘清理论地基，用经典哲学理论把握发展趋势、回答时代之问、引领时代发展，在实践创新基础上推进方法论创新，紧扣时代脉搏，深入研究总结中国共产党百年哲学探索经验，从哲学角度揭示中国式现代化的文明逻辑和世界意义，推进马克思主义哲学中国化，塑造马克思主义哲学的中国形态。中国哲学领域不断推进自身知识体系的建构。"经学""阐释学"方面的研究始终是热点领域，同时通过对功夫论、价值论等经典范畴和命题的再反思，在把握"经验"与"实践"的基础上，丰富传统中国哲学的言说内容，写好当代的中国哲学史，展示新时代中国哲学史的学科理论和方法资源，从"理"字出发，开展对优秀传统文化的学理研究，探索中国哲学未来发展道路。外国哲学领域研究立足哲学史，对西方哲学进行新阐释；通过中西思想的比较研究实现理论创造；通过跨文化哲学形态的现象学研究理解传统哲学主题、回应时代难题。外国哲学界力图超越西方中心主义和文明冲突论，实现中西文明互鉴。我国伦理学界紧密对接弘扬中华优秀传统文化、建构中国自主知识体系、建设中华民族现代文明等国家重大战略，积极推进伦理学基础理论、中国伦理思想、应用伦理学等领域研究，在伦理学理论创新和道德实践探索方面取得了较为丰硕的研究成果，并持续推进对生态伦理、科技伦理、中国共产党的执政伦理、中国化马克思主义伦理学的研究。面对科技的新发展与新应用，科学技术哲学、逻辑学等多个哲学学科聚焦不同视角，呈现出哲学研究与科技发展的联系日益紧密的态势。在科技为哲学带来改变、面向科技与人类未来的哲学审思、哲学助推科技向善发展等方面开展深入研究。人工智能、数字化等领域的相关问题成为哲学界关注的重点，哲学越发深入地参与到科技发展的进程之中，不断成为新科技的源点与归宿。宗教学领域围绕"导""和""润""化"几个理论要点，探索解决宗教本土化和时代化的问题，积极引导宗教与社会主义社会相适应，坚持宗教中国化，让宗教发展更好适应当代社会，更好服务中国发展。[①②③]

二、马克思主义理论学科引领哲学学科发展的必要性

习近平总书记指出："社会大变革的时代，一定是哲学社会科学大发展的时代。"[④] 在整个中国特色哲学社会科学体系的建设中，中国特色哲学学科的建设具有特别重要的意义，因为哲学是世界观和方法论，是"文化的主干"和"思想的母体"[⑤]。哲学不仅是整个哲学社会科学体系的奠基者，也是先行者。因此，在当下复杂多元、机遇与挑战并存的时代浪潮当中，更要把稳、把牢哲学学科发展的总基调与总方向。以马克思主义理论学科为引领，是推动中国特色哲学体系行稳致远的有力举措，对整个哲学学科的高质量发展具有重大意义。

（一）深刻把握"两个大局"的必然举措

马克思曾有过名言："任何真正的哲学都是自己时代的精神上的精华，因此，必然会出现这样的时代：那时哲学不仅在内部通过自己的内容，而且在外部通过自己的表现，同自己时代的现实世界接触并相互作用。"[⑥] 哲学与时代发展之间有着不可分割的密切联系，必然会随着时代演进、现实状况的

---

① 中国社会科学杂志社哲学编辑部：《2023 年哲学研究发展报告》，《中国社会科学报》2024 年 1 月 15 日第 3 版。

② 中国社会科学杂志社哲学编辑部：《2022 年哲学研究发展报告》，《中国社会科学报》2023 年 1 月 9 日第 4 版。

③ 中国社会科学杂志社哲学编辑部：《2021 年哲学研究发展报告》，《中国社会科学报》2022 年 1 月 10 日第 3 版。

④ 习近平：《在哲学社会科学工作座谈会上的讲话》，《人民日报》2016 年 5 月 19 日第 2 版。

⑤ 吴晓明：《构建中国特色哲学学科体系的目标与任务》，《光明日报》2020 年 5 月 18 日第 15 版。

⑥ 《马克思恩格斯全集》（第一卷），北京：人民出版社，1995 版版，第 220 页。

更迭而不断发展，成为特定时代的理论表现。要实现学科的长远化、高质量发展，必须把握时代脉搏，"两个大局"正是我们当下开展理论研究和实践举措的时代坐标。

当今世界正处于大发展、大变革、大调整时期，中华民族伟大复兴的战略全局和世界百年未有之大变局相互影响、相互激荡，世界之变、时代之变、历史之变正以前所未有的方式展开。当前全球化进程加速演进，国际格局和治理体系正在发生深刻调整和变革，新一轮科技革命和产业变革正在重塑世界，新兴市场国家和发展中国家的国际影响力不断增强，全球治理的话语权越来越向发展中国家倾斜，国际力量对比正在发生近代以来最具革命性的变化，世界进入动荡变革期。放眼中国，一百年来，中国共产党团结带领中国人民进行的一切奋斗、一切牺牲、一切创造，归结起来就是一个主题：实现中华民族伟大复兴。① 当代中国正经历着我国历史上最为广泛而深刻的社会变革，也正在进行着人类历史上最为宏大而独特的实践创新。当前和今后的一段时间，我国都处于重要的战略机遇期。中国作为一个大国，自身发展本身就是推动世界秩序变化的重要因素，可以说中华民族伟大复兴既是世界大变局的有机组成部分，也是其重要推动因素；世界大变局则为实现中华民族伟大复兴既提供了条件和机遇，也带来了潜在风险和挑战。

在这种国际形势风云变幻、世界不确定性显著增多的背景下，更要求哲学在思想和理论上清醒地把握人类历史发展方向和世界发展大势，科学指导实践以应对和化解发展过程中的难题。哲学作为我们认识世界的世界观和方法论，在这种大变局之中，更需要构筑起一个由提出了科学世界观和方法论的马克思主义指导下的、具有中国特色的哲学学科体系，以科学指导应对风险挑战，以回应时代发展带来的巨大的理论需求和迫切的思想任务。

---

① 习近平：《在庆祝中国共产党成立100周年大会上的讲话》，《人民日报》2021年7月2日第2版。

（二）凝聚共识，巩固马克思主义在意识形态领域的指导地位的必然举措

中国特色的哲学与普遍意义上的哲学的最大不同就在于中国特色的哲学有着鲜明的中国风格和中国气派。马克思主义是我国立党立国、兴党兴国的根本指导思想，是中国特色社会主义的旗帜和灵魂，在新民主主义革命、社会主义革命和建设、改革开放和社会主义现代化建设、新时代中国特色社会主义建设的过程中，指导着中国共产党领导人民不懈奋斗的百年实践，成为中国人民最锐利的思想武器。实践告诉我们，中国共产党为什么能，中国特色社会主义为什么好，归根到底是马克思主义行，是中国化时代化的马克思主义行。与自然哲学不同，哲学作为在关注现实、回应现实的基础上通过思维所产生的时代精华，必然是有立场的。要发展有中国特色的哲学体系必然要深深植根于中国实际，在继承中西方哲学和时代精华的基础上，以马克思主义为灵魂，不仅应具备学术性、学理性，也要具有鲜明的政治性与意识形态性。

党的十八大以来，在以习近平同志为核心的党中央的高度重视、坚强领导、推动部署下，马克思主义在意识形态领域的指导地位越发鲜明，不断深化。在习近平新时代中国特色社会主义思想的引领下，我国的哲学社会科学领域取得了历史性的成绩，发生了历史性的变化，对马克思主义的学习研究取得了实质性进展。中国化时代化的马克思主义成果和党的创新理论更加深入人心，马克思主义在学科中"失语"、教材中"失踪"、论坛上"失声"的现象也得到了明显改善。但我们也要清醒地看到，随着改革开放不断深入和国际学术交流范围不断扩大，西方学术理论和话语体系以各种形式传入我国并在哲学领域产生较大影响，我国的哲学社会科学在整体上处于一种对外部学术和西方哲学的"学徒状态"①，以至于很多学者沉浸在西方的思想观点、

---

① 吴晓明：《构建中国特色哲学学科体系的目标与任务》，《光明日报》2020年5月18日第15版。

逻辑范畴、思维框架之中。当然这也受到近代以来的国情的影响。而自马克思主义诞生之日起，尤其是在东欧剧变、苏联解体之后，各种反马克思主义、反社会主义、后马克思主义、马克思主义庸俗化的思潮在国际学界层出不穷。这种思潮在国内学界也有一定程度上的传播，将马克思主义归结为一种意识形态说教，缺少学术上的学理性、系统性。而这种现象的出现归根结底在于人们对马克思主义的认识不深、理解不透，在运用马克思主义立场、观点、方法上功力不足。这也更需要哲学界坚持以马克思主义的批判精神，从学理角度对这些错误思潮给予深刻的哲学批判，揭开其为资本主义政治经济制度服务的虚伪面纱，在引领中批判，在批判中引领，逐步摆脱西方哲学思考范式，发展以中国化时代化的马克思主义为指导的哲学，进一步巩固马克思主义在意识形态领域的指导地位。面对世界范围内各种思想文化交流交融交锋的新形势，哲学能够凝聚人心、坚定信仰、鼓舞士气、激发力量，为第二个百年奋斗目标新征程上进行伟大斗争、建设伟大工程、推进伟大事业、实现伟大梦想，进而为实现中华民族伟大复兴提供磅礴的思想伟力。

（三）推动构建马克思主义引领下的中国特色哲学学科体系、学术体系、话语体系的必然举措

近年来，哲学领域研究不断以构建中国自主的哲学知识体系为目标，以更为主动的精神力量不断深化体现中国思想特质和民族特色的哲学基础理论研究和跨学科研究，以习近平新时代中国特色社会主义思想为指导，致力于构建中国特色社会主义哲学学科体系、学术体系、话语体系。具有中国气派的哲学研究初露曙光，但仍有很大提升空间，亟须加快推进、提高质量。在以马克思主义为根本指导思想的中国，由马克思主义理论学科引领哲学学科发展，无疑将加快具有中国特色的哲学学科"三大体系"的构建。

第一，以马克思主义理论学科为引领，有利于推动中国特色哲学学科体系的系统性、专业性建设。我国著名哲学家、教育家冯定先生曾经提出"一体两翼"的鲜明主张，即以马克思主义哲学为体，以中国和西方哲学史为两翼，这一主张奠定了中国的哲学发展基调。自哲学学科在中国建立以来，在

哲学学科体系内，马克思主义哲学始终是中国哲学学科体系中的主导学科。在中国，以马克思主义为指导不仅是中国特色哲学的应有之义和本质体现，同时也为中国的哲学研究指明方向，让哲学更好为中国特色社会主义实践服务。在现有的哲学学科框架内，坚持马克思主义的指导就是要坚持以马克思主义哲学为指导，将马克思主义哲学作为当代中国哲学的旗帜、灵魂和指导思想。当下中国的整体学科建设在很大程度上还是借鉴着西方的学科划分模式，但中国与西方在现实场域上却存在巨大差异，因此传统学科划分很难适应新时代中国特色社会主义事业发展的客观现实。马克思主义由马克思主义哲学、政治经济学、科学社会主义三部分构成，将三者分门别类地开展专业化研究，虽有助于其各自领域向纵深推进，但在新的历史方位上，实现学科的高质量发展必须对马克思主义有整体上的把握。这三者中，马克思主义哲学提供了最为基础的世界观和方法论基础，政治经济学与科学社会主义对于分析当下国际国内形势、把握社会发展大势、指导中国特色社会主义实践具有重大理论与现实意义。学科分化是知识发展的必要途径，但过度分化则会导致对知识发展的限制，因此学科间的融合交流是知识发展的必然。事实上，马克思主义理论学科自成立之日起，在整个马克思主义相关学科体系中逐渐占据了骨干地位。马克思主义理论学科为教育部在 2005 年设置的一级学科，学科设置之初，就被明确定义为一门从整体上研究马克思主义基本原理和科学体系的学科。而立足当代中国的伟大实践，把握学科发展前沿趋势，必须要求我们在整体上把握马克思主义才能更好地指导我们关注和解决社会发展过程中的新问题、大问题、真问题。如随着第四轮科技革命的不断推进，伴随 ChatGPT 等新兴人工智能领域的发展而产生的诸多问题，不仅需要从工学门类下的电子信息学科对其本身开展科学技术研究，从传统哲学一级学科下的伦理学学科的科技伦理角度进行把握，从马克思主义哲学唯物史观的角度指导具体实践，更需要从整体的马克思主义视域下去思考其未来走向和对社会的影响。而诸如此类的问题会随着科技革命和产业变革的深入而不断增多，且不同学科有自己擅长的知识体系和研究方法，因此更需要我们在学科建设过程中，不仅从现有哲学体系内部思考一体化建设，更要加强跨学科间的学科体系融合，而这种融合要在马克思主义理论学科的引领下，才能把好方向、谋定大局，才能赋予整个哲学学科以更大的发展动能，进而形成兼具系统性和专业性的中国特色哲学体系。

第二，以马克思主义理论学科为引领，有利于推动中国特色哲学学术体系的原创性、时代性建设。学术体系是学科发展的基石，在学术体系发展中，内容永远是第一位的，构建中国特色的哲学学术体系，必须立足于中国实际和中国问题开展学术归纳与创新，形成原创性理论。习近平总书记指出："问题是创新的起点，也是创新的动力源。只有聆听时代的声音，回应时代的呼唤，认真研究解决重大而紧迫的问题，才能真正把握住历史脉络，找到发展规律，推动理论创新。"[1] 哲学是古往今来无数知识、理念、方法融通而成的一种贯通的智慧。在中国，能否在马克思主义、中华优秀传统文化、国外哲学精华资源基础之上构筑起具有中国特色的哲学体系，归根到底要看我们能否找到哲学的主体性和原创性。而这种主体性和原创性来源于对时代脉搏的把握，来源于对中国特色的自觉，进而形成学术内容上的创造和创新。跟在别人后面亦步亦趋，照搬照抄别人现有的理论，不仅难以形成中国特色的哲学，而且无法指导我们解决我国的现实问题。当今中国正在经历历史上最广泛而深刻的社会变革，也正在进行着人类历史上最宏大的实践创新，这是一个需要理论并且一定会产出理论的时代，中国特色社会主义实践给哲学在中国的原创性进步和创新性发展提供了丰沃土壤和雄厚资源，这也成为哲学学科整体发展的时代机遇与现实契机。如何把握好这一机遇则成为哲学发展的首要问题。通过对不同学科内的马克思主义相关理论进行整体性把握，马克思主义理论学科已经率先围绕中国现实问题，在马克思主义中国化时代化的实践和理论研究、与时俱进论证党的路线方针政策方面，形成了较为丰富的学术成果。而这些是其他马克思主义相关的二级学科在各自领域开展独立研究难以做到的。在马克思主义理论学科引领下，哲学研究可以在马克思主义理论学科现有成果的基础上，植根现实，围绕中国特色社会主义

---

[1] 习近平：《在哲学社会科学工作座谈会上的讲话》，《人民日报》2016 年 5 月 19 日第 2 版。

实践，开展更加深刻的哲学阐释和学理升华，不断丰富中国化时代化的马克思主义哲学的学术内涵，进而实现整个哲学学术体系的丰富和完善，推动马克思主义哲学的原创性发展，不仅让中国的马克思主义哲学和整个哲学体系的理论更具主体性、更有生命力，同时也可以更好适应并服务于中国特色社会主义事业的客观发展需要，回答好时代之问。

第三，以马克思主义理论学科为引领，有利于推动中国特色哲学话语体系建构，提升中国哲学话语权。习近平总书记指出："在解读中国实践、构建中国理论上，我们应该最有发言权，但实际上我国哲学社会科学在国际上的声音还比较小，还处于有理说不出、说了传不开的境地。"[①] 而这种体现理论影响力和支配力的话语权是以话语体系的构建为基础的，这也对哲学的话语体系构建提出了新的发展目标和发展要求。构建中国特色哲学话语体系，"不是对现实的'纯客观'的实证分析，不仅仅是面对文本的解释学意义上的'创新'，不是范畴、概念、术语的简单转换或纯概念的逻辑推演，而是以当代中国的实践为现实基础，以现实问题为中心，并使现实问题转化为理论问题，升华为概念运动，从而以概念运动反映现实运动"[②]。忽略中国特色社会主义发展实际，只能导致话语体系同学科内涵和客观现实之间的"两张皮"，以及话语体系自身的"空心化"。因此，构建中国特色哲学话语体系就是要以哲学的方式表达中国的时代精神，使哲学的话语概念、论说主题和理论立场具有中国的本土特色，反映中国人的哲学思想面貌。尤其在中国日益走近世界舞台中央的今天，中国化时代化的马克思主义指导下的中国取得了历史性成就、发生了历史性变革，让世界都难以忽视中国的发展，需要中国发出自己的声音。近代以来西方主导的文明演进形态占据世界历史发展主流，而导致西方话语在国际话语体系中始终占据有利地位。但我们的中国立场、中国实践、中国道路的阐发不应由西方代言，用中国自己的话语才更为准确、更为有力。因此，只有立足中国特色社会主义的伟大实践，打造出新

---

① 习近平：《在哲学社会科学工作座谈会上的讲话》，《人民日报》2016 年 5 月 19 日第 2 版。
② 杨耕：《构建中国特色哲学话语体系的内涵》，《光明日报》2020 年 5 月 18 日第 15 版。

概念、新范畴、新表述，解决概念短缺问题，以准确的话语将社会治理和国家制度建设中的丰富经验传递出来，赋予"中国特色"以传统性和现代性的双重内涵，才能在国际舞台上更好地发出中国声音、阐述中国经验。目前，在哲学学科领域内，除马克思主义哲学以外的其他学科仍在很大程度上困囿于西方的学科框架和话语逻辑之中，而马克思主义理论学科已经先于哲学学科探索了具有中国特色的话语体系建构方式并初显成效。因此，要真正构建起中国特色的哲学话语体系，向马克思主义理论学科寻求借鉴和引领成为必然之举。

三、马克思主义理论学科引领哲学学科发展的举措

马克思主义理论学科的生成和发展，是中国特色哲学社会科学发展到一定阶段的产物，是学科自信的表现。发挥马克思主义理论学科对哲学学科的引领作用，其实质就是要发挥马克思主义在中国特色哲学体系中的指导作用。因此，要进一步发挥马克思主义理论学科在哲学体系中的引领地位，要在深化对马克思主义基本理论的挖掘和阐发、加强马克思主义理论学科自身内涵建设、提升学科整体质量水平的基础上，多法结合、多维发力、多措并举，推动中国特色哲学体系发展。

（一）坚持党对中国特色哲学学科建设的领导

哲学社会科学具有特殊的社会功能，对社会的进步发展具有重要意义。习近平总书记指出："哲学社会科学是党和人民的事业，哲学社会科学战线是党和人民的重要战线，加强和改善党对哲学社会科学工作的领导，是繁荣发展我国哲学社会科学事业的根本保证。"[1] 作为哲学社会科学重要组成学科的哲学，其发展必然也要坚持党的全面领导。

---

[1] 习近平：《在哲学社会科学工作座谈会上的讲话》，《人民日报》2016 年 5 月 19 日第 2 版。

第一，做好"五路大军"自身党的建设，把牢哲学发展方向，将坚持和巩固马克思主义作为推动中国特色哲学体系建设的一项重要政治任务。包括高校、党校（行政学院）、部队院校、科研院所、党政部门研究机构在内的"五路大军"的党组织在推进各自单位的哲学学科发展建设过程中，要充分发挥主体作用。一是充分发挥党委的领导核心作用和基层党组织的战斗堡垒作用。各级党委要提高思想认识，充分发挥民主集中制，强化对哲学教学科研队伍的治理水平，加强干部管理、阵地建设等方面的统筹管理。充分发挥马克思主义学院近年来高水平发展优势，进一步加强马克思主义学院与哲学院的沟通交流，实现在党的领导下使马克思主义理论学科引领作用落地生根。重视党支部在联系、引导和组织开展对党的理论、方针、政策学习中的作用，重视基层党组织的党员队伍教育管理，用中国化时代化的马克思主义的最新成果武装党员头脑，并通过榜样引领作用，实现对所有哲学工作者的辐射和引导，最终形成党委统一领导，各方面齐抓共管的良好工作格局。二是进一步加强意识形态领域建设。面对各种思想文化交流交融的新形势，"五路大军"均处于意识形态斗争的前沿阵地，因此更要强化各级党委的意识形态工作责任制，提高党在意识形态领域的斗争能力，厘清哲学理论研究与意识形态渗透的界限，坚定守住意识形态底线，牢牢把握马克思主义在意识形态领域领导权。三是一手抓繁荣发展，一手抓引导管理，发挥好哲学的资政育人作用。各级党委要持续优化科研布局，合理配置资源，进一步加强对马克思主义相关科学研究项目和国际交流项目的扶持，并加强对哲学队伍的考核评价制度建设。引领哲学界在坚持正确政治方向和立场的前提下，始终把握住国际哲学研究前沿问题，吸纳世界范围内不同哲学学派的最新研究成果。进一步加强智库建设，在思想融通中集各家之所长，解决中国发展过程中的问题，更好发挥出哲学的资政育人作用。

第二，推进优质人才队伍建设，为中国特色哲学体系建设提供坚实人才支撑。哲学学科发展要依靠一支政治强、敢创新、能力强、高素质的人才队伍。实现中国特色哲学体系的高质量发展，人才队伍建设是重中之重。一是在坚定哲学工作者的政治立场的基础上，着力提升哲学工作者的专业理论水平和运用马克思主义立场、观点、方法方面的功力。各级党委要不断探索完善职称评定和人才遴选制度，建立规范的奖励体系，对作出突出贡献的学者要着重表彰鼓励，增强人才的荣誉感、责任感、获得感，激发人才创新的内生动力，提升教学科研业务水平，促进优秀人才不断成长，久久为功，逐步改变"有专家缺大师"的哲学人才队伍现状。二是进一步强化思政课教师队伍建设，持续提升思政课教学质量。思政课是落实立德树人根本任务的关键课程，也是充分彰显马克思主义理论学科在整个哲学社会科学体系中的引领地位的重要渠道。扩大思政课教师队伍结构，探索哲学学科教师参与思政课教学的方法路径，同时也要始终坚持让有信仰的人讲信仰、懂理论的人讲理论的基本要求。在此基础上，持续创新教学模式，不断推进教学研究和教学改革，用更有效的方式，让马克思主义的观点、思想、主张和党的创新理论入耳入脑入心。以教学带科研，以科研促教学，通过教学与科研之间的良性互动，实现中国特色哲学体系教学科研整体水平持续提升。

（二）在哲学发展的宏观层面坚持马克思主义立场观点方法

第一，以马克思主义理论学科为引领，加强对马克思主义的整体性把握阐发，以唯物史观引领中国特色哲学体系构建。传统的哲学研究经常出现一种薄鄙现实的"纯学术"理论偏向和研究状况，但哲学研究不能脱离社会客观现实，不能脱离人民群众的历史实践。认识世界、解释世界最终都是为了改造世界，认识哲学的最高成果应为从客观现实和历史实践中找到一般规律并加以理论总结和哲学阐述，形成具有前瞻性的预判，进而将认识成果转化为改造世界的实践效用。因而，"纯学术"的理论研究只能作为阶段性、局部性的研究成果。构建中国特色的哲学体系，要求哲学研究必须在唯物史观的全方位引领下，直面现实并且深入现实，将学科视野深入当今中国的中国特色社会主义实践中，将哲学研究的本质规定从"纯学术"的逻辑推演引领进入社会历史的现实之中。与此同时，哲学也是有立场的。哲学也需要一种学说和理论作为出发点去展开思考与研究，哲学研究者只有具备科学的世界观和方法论，才能在不断涌现的时代之问面前更好地解释世界，揭示规律。

在哲学现有学科框架中，尤其是在外国哲学、宗教学、伦理学等哲学二级学科的研究过程中，很大程度上是基于国外已有的理论、概念、话语、方法、体系去开展研究，这就导致了其研究的基本立场和出发点与唯物史观有所偏离，学科核心话语与马克思主义的立场脱钩。哲学在客观开展学术研究的同时，更要适应中国社会发展实际。因此在研究过程中要秉承批判精神，做到对国外已有观点有分析、有鉴别，不可生搬硬套、拿来即用，要批判性地借鉴国外哲学研究成果，做到"洋为中用"，这种批判精神正是马克思主义的精神品质。因此在哲学学科发展过程中，要充分发挥好马克思主义理论学科在我国哲学社会科学创新和社会主义现代化建设中的指导作用，运用好、发挥好唯物史观在科学解释中国问题、破解世界难题中的基础性和方法论作用。在进一步明确马克思主义理论学科和马克思主义哲学、政治经济学、科学社会主义与国际共产主义运动等马克思主义相关学科的理论边界的基础上，开拓学科视野，拓展研究领域，发展马克思主义学科群，吸收借鉴马克思主义相关学科的理论成果，进一步壮大马克思主义理论学科理论研究的整体实力、整体效应，具备能够真正引领哲学学科发展的理论实力，进而形成以马克思主义为思想和理论前提的哲学学科体系、学术体系和话语体系。要将理论武装、理论指导和理论创新结合起来，将正确的政治方向、价值取向和学术导向统一起来，寓政治于学术之中，将把住马克思主义立场和方向作为贯穿所有哲学研究的前提条件，构建起中国特色的哲学体系。

第二，坚持马克思主义的人民立场，解决好哲学"为什么人"的核心问题。习近平总书记指出："为什么人的问题是哲学社会科学研究的根本性、原则性问题。"[①] 坚持人民立场，是当代中国哲学区别于其他哲学的根本标志。"人民立场首先是一种对待生活世界的态度，一种尽可能从整体出发的认识论视角，一种从事实出发、回到事物本身的观察和分析问题的方法。从这种态度、视角和方法出发，人民立场就自然内具了一种致广大而尽精微的

---

① 习近平：《在哲学社会科学工作座谈会上的讲话》，《人民日报》2016年5月19日第2版。

道德情怀，一种人民至上的情怀。"① 马克思主义之所以具有跨越国度、跨越时代的影响力，就是因为它植根人民之中，第一次站在人民的立场而非统治阶级的立场去探求人类自由解放的道路。历史证明，伟大的哲学成果都是在回答和解决人与社会面临的重大问题中创造出来的，因此哲学研究虽擅长在思辨中揭示一般性规律，但无法彻底脱离客观世界、仅仅游离在抽象的思维世界之中，终究要回归现实，回归事物本身，以理论的形式参与实践、介入生活。而这种对现实的参与和介入，必然决定了纯而又纯的哲学是不存在的。在现有哲学体系中，非马克思主义哲学的理论研究很大一部分是将抽象的个人，而非现实的人民作为认识主体，而是个人本位还是人民主体，在研究导向上有根本性区别。个人本位必然导致将绝对的、独立的、单个的人的需要作为根本需求，而将作为社会关系的总和的现实的人的需要和社会效益的实现视为空洞的"宏大叙事"，将其视为意识形态化的非学术研究而鄙视拒斥，从僵死的人出发去孤立静止地思考抽象思维中的世界。但是，历史活动是群众的事业，人民群众才是历史的创造者，是推动社会发展的决定性力量。哲学研究只有从现实的人出发，站在人民的立场上为人民立言发声，一切为了人民，一切依靠人民，将学科理论的发展目标和最终成果用以回应解决人民最关心最直接最现实的利益问题，将人民群众创造的实践经验总结提升为哲学理论，让哲学的理论创新的方向紧紧依靠人民、贴近人民，才会让哲学发展更具吸引力、感染力、生命力。中国特色的哲学是哲学形态的无产阶级的世界观和方法论，是中国共产党领导的以马克思主义为指导的，反映自然、人类社会和人类思维发展一般规律的真理。因此，我们要发挥马克思主义理论学科在整个哲学社会科学领域的引导作用，进一步强化马克思主义思想、马克思主义哲学在哲学学科内的话语权和影响力，解决好马克思主义哲学在哲学学科中的指导地位和哲学其他二级学科的相对独立性之间的关系，在尊重各二级学科原有学科特色的基础上，把握好中哲学与西哲学与马

---

① 王立胜：《论加快构建中国特色哲学学科体系、学术体系、话语体系中的六大关系》，《哲学研究》2019 年第 10 期。

克思主义之间的相互关系。我们要破除对国外理论的迷信，在开放包容、比较对照、批判扬弃中推动以马克思主义为引领的中国特色哲学体系构建，坚持古为今用、洋为中用，融通各种资源，不断推进知识创新、理论创新、方法创新，让中国特色哲学成为人民的哲学、时代的哲学。

（三）加强对中华优秀传统文化的创造性转化与创新性发展，彰显中国特色哲学体系的民族特色

中华优秀传统文化是中国特色哲学社会科学发展十分宝贵、不可多得的资源。中华民族在历史中创造并传承的中华优秀传统文化体现了中国人几千年以来的知识智慧和理性思辨，形成了富有特色的思想体系，是中华民族的根和魂，也成为中国哲学体系中能够彰显出中国特色的鲜亮标志。中国特色哲学体系不能成为无根之木和无源之水，而中华优秀传统文化正是其源头活水。

在现有哲学框架中，中国哲学这个二级学科已经围绕中国传统文化开展了大量研究，在先秦诸子哲学、魏晋玄学、佛教哲学、道教哲学、宋明理学、近现代哲学等重要领域取得了丰硕成果，但学界延续百年的关于中国哲学合法性的质疑至今仍被一再重提。这一质疑更要求我们冲破西方学科范式的束缚，摆脱向西方学习的"学徒"状态，深刻把握"两个结合"的根本指向，将马克思主义基本原理同中华优秀传统文化相结合。坚持中华文化的主体性和马克思主义的主导性，用马克思主义的立场、观点与方法理解中国传统文化内涵，梳理中华文明脉络，实现对传统中国哲学的批判性超越，进而推动中国特色哲学学科体系的创新；以文明互鉴的眼光，探索马克思主义与中国传统文化间的融通，推进对中华文明道路的哲学总结，决不能简单用拿来主义对中华传统文化进行复古和复制，要深刻把握中华文明自身连续性、创新性、统一性、包容性、和平性的突出特性，充分挖掘中华优秀传统文化，并进行学理化解释和学术化阐发，进而推动中国特色哲学学术体系的发展；加强对于传统文化的现代言说，用现代性、科学性的表达使之与现代社会发展相契合，用"中国话"讲好"中国事"，推动中国特色哲学话语体系

的革新。通过构建马克思主义引领下的、具有鲜明中华传统文化烙印的哲学学科"三大体系"，形成具有民族特色和深厚底蕴的中国特色哲学体系，在推动中华优秀传统文化的传承与弘扬的同时，实现中国特色哲学体系的民族性发展。

（四）不断深化对习近平新时代中国特色社会主义思想的哲学研究与理论阐释，提高中国特色哲学体系学术原创能力

哲学发展要坚持问题导向，通过对时代问题的反映、对时代发展趋势的把握，成为引领时代发展的思想力量。马克思在继承原有的德国古典哲学、英国古典政治经济学、法国空想社会主义的基础上，能建立起自己的哲学、政治经济学、科学社会主义理论体系，进而升华成影响深远的马克思主义，根本原因就在于他对自己所处时代的深入考察，把握了人类社会发展规律。党的十八大以来，中国特色社会主义实践取得了伟大成就，以习近平同志为核心的党中央团结带领各族人民，自信自强、守正创新，党和国家事业取得历史性成就、发生历史性变革，为实现中华民族伟大复兴提供了更为完善的制度保证、更为坚实的物质基础、更为主动的精神力量，中华民族迎来了从站起来、富起来到强起来的伟大飞跃。这种成就不是对我国历史文化母版的简单延续，也不是对马克思主义经典作家设想的未来模板的简单套用，更不是对他国社会治理成果的简单复刻，而是立足中国实际，解决中国问题，以中国式现代化建设的伟大事业为中心，以中国的经济、政治、文化、社会、生态等方面面临的突出现实问题为重大课题，得到的崭新的实践发展道路。中国共产党通过实践创新引领理论突破，形成了习近平新时代中国特色社会主义思想这一中国化时代化的马克思主义最新原创性理论成果。习近平新时代中国特色社会主义思想的提出给整个哲学社会科学界提出了新发展方向，也为哲学界的发展提供了新的理论阐扬空间。

第一，哲学界要透过现象看本质，将习近平新时代中国特色社会主义思想中政策经验进行学理化描述、学术化表达、学科化论证，深挖其在哲学领域的创新性发展与突破。要更加深入考察习近平新时代中国特色社会主义思

想在辩证唯物主义和历史唯物主义领域方面的理论贡献和创新发展，对马克思主义哲学自然观、实践观、发展观、群众观、世界观等方面的创造性运用与创新性发展，把握其内在逻辑规律，用哲学的思维模式和逻辑体系提供更具学理性的哲学阐述，不仅可以深化中国化时代化的马克思主义哲学的理论厚度，更可以为中国式现代化提供更为深厚的哲学支撑与指引，为续写当代中国马克思主义新篇章提供有力的学理支撑。

第二，通过对习近平新时代中国特色社会主义思想的哲学建构和哲学阐释，赋予中国特色哲学体系以原创性发展动力，推动中国特色哲学体系的国际化发展与传播。哲学界要更加深入地把握好普遍性与特殊性这对范畴，让习近平新时代中国特色社会主义思想在解决中国问题、总结中国实践、凝练中国经验的同时，不断实现从特殊性向普遍性的转化，升华成为一种面对全人类的具有普遍意义的理论，为解决世界性问题提供思路和方法，使中国特色哲学真正屹立于世界学术之林。

四、马克思主义理论学科对哲学学科的相关借鉴

马克思主义理论一级学科下设六个二级学科，包含马克思主义基本原理、马克思主义发展史、马克思主义中国化研究、国外马克思主义研究、思想政治教育、中国近现代史基本问题研究。马克思主义哲学是整个马克思主义理论学科的哲学理论基石和哲学思维前提。坚持马克思主义的本质规定性，在把握历史唯物主义和辩证唯物主义的世界观和方法论的基础上开展相关研究是马克思主义理论学科发展的首要前提。与此同时，哲学以其广博的理论内涵、包罗万象的理论品格为马克思主义理论学科提供了丰富的理论借鉴。在此仅以思想政治教育学科为例，探究马克思主义理论学科对哲学学科的借鉴。

（一）马克思主义哲学为思想政治教育提供根本理论基础

马克思主义哲学是关于自然、社会、思维发展的最一般的科学，为思想

政治教育提供了世界观和方法论基础，尤其是其中所包含的关于唯物辩证法和唯物史观、马克思人学理论、社会结构和社会基本矛盾原理、社会形态和社会发展总趋势原理等为思想政治教育提供了最直接的理论来源。①

第一，社会存在与社会意识的辩证关系原理明确了对思想政治教育的本质、地位、作用的正确认识。社会存在与社会意识的辩证关系原理是唯物史观中最基本的原理。该原理指出：社会存在是第一性的，社会意识是第二性的，社会意识是由社会存在决定的，社会意识反映着社会存在，又随着社会存在的发展变化而变化。但社会意识也具有相对独立性，同社会存在不总是平衡的。作为社会意识的重要组成部分，思想政治教育既被社会物质生活条件所决定，又对其有能动的反作用。这也要求思想政治教育活动的开展与思想政治教育学科的发展必须自觉按照社会经济基础的发展状况而进行，为更好地巩固社会经济基础服务。同时也明确了"思想政治工作是经济工作和其他一切工作生命线"这一论断的理论必然性，在坚定经济发展的首要位置的同时，必须开展好思想政治教育，为经济社会发展把牢正确政治方向。

第二，马克思主义的人学理论为思想政治教育奠定了存在前提和发展目标。马克思从现实的人出发，扬弃了过去一切哲学对人的抽象认识，提出历史是人的历史，人们自己创造自己的历史，社会是通过现实的人的创造性活动而存在和发展着的观点，并从三个层面解释了人的本质，即劳动、自由自觉的活动是人的本质，人的本质是一切社会关系的总和，人的需要即人的本质，进而在满足人的需要而开展的实践过程中，不断扬弃异化，最终实现人的自由全面发展。因此，现实的个人及其活动所形成的生活世界是思想政治教育产生和发展的基础和逻辑起点，思想政治教育要坚持以人为本，从人的需要出发，注重实践，通过科学的思想政治教育，不断实现人的自由全面的发展，培养能够担当起民族复兴大任的、德智体美劳全面发展的社会主义建设者和接班人，这也成为思想政治教育不断追求的目标与任务。

---

① 陈万柏，张耀灿：《思想政治教育学原理》，北京：高等教育出版社，2015年版，第27页。

第三，社会历史发展总趋势和无产阶级历史使命理论是衡量与评判思想政治教育成果的根本遵循。马克思以唯物史观为指导，通过对资本主义生产方式的深入考察，揭露了资本主义剥削的秘密，揭示了资本主义社会的基本矛盾，即生产社会化与生产资料私人占有之间不可调和的矛盾。只要资本主义社会的基本矛盾依旧存在，无产阶级反对资产阶级的斗争就必然继续存在和发展，尽管斗争是长期的、道路是曲折的，但资本主义必然灭亡，无产阶级必然胜利这一历史趋势是不会改变的。这也决定了无产阶级的历史使命，既是资本主义社会的埋葬者，也是社会主义社会的建设者。思想政治教育是无产阶级革命事业和社会主义建设事业的重要组成部分，思想政治教育方向正确与否，取决于其是否符合社会历史发展总趋势。思想政治教育效果的好坏，要看其是否引导受教育者树立起坚定的对社会主义与共产主义的信仰、信念、信心，是否激发起人们的社会主义建设积极性，是否发挥出为实现无产阶级历史使命而服务的思想力量。因此，社会历史发展总趋势和无产阶级历史使命理论不仅为思想政治教育提供了丰富的学科理论内容，更提供了评判其实效性的哲学标准。

（二）思想政治教育学科对伦理学的相关理论借鉴

开展道德教育、传播道德规范是进行思想政治教育研究和开展思想政治教育活动的重要构成部分。作为特定的教育主体向被教育者传递价值体系和行为规范的活动，其目标的设定和内容的安排都必须具有道德的合理性，这是确保思想政治教育活动具备道义基础的前提条件，也是思想政治教育实现自身的功能和价值的必然要求。[①]伦理学作为一门研究道德起源、道德本质、道德关系及其发展规律的科学，在道德相关研究方面形成了较为完整的体系。思想政治教育学借鉴和应用伦理学的基本原理，能够更好地研究和解释人的思想品德形成和发展规律；同时思想政治教育对伦理学原理的应用，又会丰富和发展马克思主义伦理学，特别是马克思主义关于道德教育的理论学

---

① 刘云林：《伦理学视野下的思想政治教育》，《学校党建与思想教育》2012 年第 12 期。

说。① 因此，伦理学与思想政治教育学存在一定的交叉关系，并从描述伦理学、规范伦理学、应用伦理学等方面为思想政治教育学科提供一定借鉴。

第一，思想政治教育对描述伦理学的借鉴。描述伦理学通过对道德事实不带任何主观色彩的观察与分析，得到对社会道德水平的真实反映，为思想政治教育研究提供客观依据。描述伦理学力求对道德现象作纯客观的经验描述和分析，以如实呈现人们现实的或历史的、内在的或外在的道德状况，其研究对象不是社会的道德价值和行为规范，而是将社会的道德事实及其规律，以记录和再现社会道德实际，揭示社会道德发展规律。② 思想政治教育要把握人的思想道德形成及发展规律，以提升社会整体的思想道德水平，更好服务社会发展，对描述伦理学进行借鉴，可以更好把握社会道德水平发展实际，进而更加有的放矢地开展问题分析及对策研究。

第二，思想政治教育对规范伦理学的借鉴。规范伦理学通过以现实的道德关系、道德意识、道德活动作为研究对象，探明善与恶、正当与不正当、应该与不应该之间的界限与标准，确定道德行为的基本原则和规范，以约束和指导人们的道德实践，从而达到完善社会和人类自身的目的。其核心在于道德原则和规范的理论论证和实际应用。可见，规范伦理学可以为思想政治教育中对正当道德取向的引导提供更为丰富且深刻的学理支撑和路径指引，为思想政治教育实现培养担当起民族复兴大任的时代新人的最终目标提供更坚实的理论借鉴。

第三，思想政治教育对应用伦理学的借鉴。应用伦理学是一种直面冲突、诉诸商谈、达成共识、形成规则、为立法提供理据的程序伦理，不仅具备传统伦理学的理论形态，而且拥有伦理委员会、伦理诊所等实践形态，是一个正在兴起并广受瞩目的学科及专业领域。不同于传统的实践哲学通过抽象思维间接实现对现实问题的观照和反应，应用伦理学已超出学术研究的狭

---

① 陈万柏，张耀灿：《思想政治教育学原理》，北京：高等教育出版社，2015 年版，第47 页。

② 李晔：《事实与价值关系视域下的描述伦理学——描述伦理学的问题及其视域》，《河南师范大学学报》（哲学社会科学版）2003 年第 5 期。

窄范围，进入广博的社会领域而成为公共生活的一部分，构成了哲学与社会实践直接勾连的突破点。① 这为思想政治教育学科提供了新的生长点，也为思想政治教育在现实场域的实现提供了新的思路借鉴与实践参考。

（三）思想政治教育学科对中国哲学的相关理论借鉴

以中国哲学为思想内核的中华优秀传统文化蕴含着丰富的人文精神、教化思想、道德理念，是中华民族的精神血脉和最宝贵的精神财富，为人们认识和改造世界提供有益启迪，也成为思想政治教育学科发展的源头活水。思想政治教育更多是从理论内容上向中国哲学进行借鉴。如知、情、意、行是思想政治教育必须要把握的四大环节。在中华优秀传统文化中，孔子、孟子等诸多学者都曾零散但清晰地表达了与其相关的论述。

第一，在对道德认知的塑造上。孔子曾提出"盖有不知而作之者，我无是也""笃信好学，守死善道""君子谋道不谋食""君子忧道不忧贫"等，表达道德品质的形成首先要在于对道德知识、道德规范的学习，要通过学习才能提高对道德行为的评价能力，提高对是非善恶的辨别能力的观点。孟子的"学则三代共之，皆所以明人伦也"、荀子的"学不可以已"等，皆表达了对道德规范学习必要性的认知观点。

第二，对于道德感情的培养。孔子曾提出"兴于诗，立于礼，成于乐"的观点，荀子也特别重视儒家的乐教，认为音乐的激发陶冶作用可以和谐人际关系，改善社会风气，促使人们的道德情感发生变化，实现潜移默化的道德教化功能。

第三，对于道德意志的坚守。孔子指出"知及之，仁不能守之；虽得之，必失之"，意思是即使得到了道德观念，若不能守住它、保持它，得到也会丧失。只有由道德认识转化为道德信念，道德规范才能发挥出对行为的约束和指导作用。孟子强调对道德意志的锻炼，才能培养成为君子，如"故天将降大任于是人也，必先苦其心志，劳其筋骨，饿其体肤，空乏其身，行

---

① 甘绍平：《应用伦理的理论形态》，《哲学动态》2023 年第 10 期。

拂乱其所为，所以动心忍性，增益其所不能"。

第四，对于道德行为的践履。孔子指出"子以四教：文，行，忠，信""弟子入则孝，出则弟，谨而信，泛爱众，而亲仁。行有余力，则以学文"等。可见孔子将"行"列为教育弟子的重要科目，并指出道德并非空谈虚言，而要落实于孝敬父母、尊敬兄长、谨言守信等实际行动中。荀子也曾指出"不闻不若闻之，闻之不若见之，见之不若知之，知之不若行之"，可见荀子认为"行"是个体道德学习的最高要求的观点。[①] 以中国哲学为核心的中华优秀传统文化中，诸如此般还有很多关于思想品质和道德践履方面的独到见解，其中蕴含的哲学思想、人文精神、道德理念、教化思想等历久而弥新，至今闪耀着思想光芒。由此可见，中国哲学为思想政治教育提供了深厚的历史文化支撑，为学科发展提供了丰富的文化素材和广阔的思路方法。

---

① 王易：《传统文化与思想政治教育创新》，北京：中国人民大学出版社，2018 年版，第 20—23 页。

第四篇

马克思主义理论学科引领法学学科发展

习近平法治思想作为马克思主义中国化时代化理论成果，在法学学科建设中起到理论引领作用。法学学科必须坚持以习近平法治思想为指针，不断深化全面依法治国的大政方针，始终坚持强化党对于法学学科的全面指导地位。坚持以习近平法治思想作为法学学科理论基础，依法维护国家社会主义法治权威；坚定不移走社会主义法治道路，构建公正、高效、权威的法治体系，进一步丰富以及发展社会主义法治理论；充分发挥马克思主义对于法学学科建设引领作用，将马克思主义中国化时代化理论成果贯彻到法学学科建设始终。党的十八大以来，以习近平同志为核心的党中央高度重视法学教育以及法学理论研究工作，提出了一系列新理念新思想，作出了一系列新决策新部署。中共中央办公厅、国务院办公厅印发的《关于强化新时代法学教育以及法学理论研究的意见》（以下简称《意见》），坚持以习近平新时代中国特色社会主义思想为指导，认真学习宣传贯彻党的二十大精神，深入学习贯彻习近平法治思想，是指引新时代中国法学教育以及法学理论研究工作的统领性、战略性、纲领性文件。教育系统要深入贯彻落实《意见》的部署要求，坚持正确政治方向，努力培养造就更多具有坚定理想信念、强烈家国情怀、扎实法学根底的法治人才，扎实推进法学学科建设繁荣发展。

一、法学学科发展现状

（一）法学的起源

法学的起源可以追溯到人类社会的早期。随着人类社会的发展，人们逐渐意识到需要一套规范行为的制度，以维护社会秩序以及公正。古代社会的法律往往以习俗、宗教规则或统治者的命令的形式存在，其目的是规范人们的行为，维护社会的稳定以及秩序。在古希腊、古罗马时期，法学逐渐形成一定的体系，如古罗马的《民法大全》等，为法学的发展奠定了基础。中世纪欧洲时期，基督教教会的法学思想对法学的发展产生了重要影响，其法学思想与世俗法学相互渗透，共同推动了法学的进步。随着现代国家的形成以及法治观念的普及，法学逐渐走向科学化以及专业化。18 世纪启蒙运动以及法国大革命为现代法学的发展奠定了基础，强调了人权、法治以及民主的重要性。19 世纪以来，法学逐渐发展为一门独立的学科，涵盖了法律哲学、法律史、法律逻辑、法律经济学等多个方面，形成了丰富的研究内容体系以及方法体系。法学的起源以及发展是人类社会文明演进的历史历程，反映了人类对社会秩序以及公正的不断追求和探索。在法学的演进历程中，不同国家与文化背景下的法律制度以及法学思想相互交流和影响，推动了法学的多样化以及发展。

中国古代的法学源远流长，早在数千年前的夏、商、周时期，就有了相应的法律制度以及法律思想。《礼记》《尚书》等古代典籍中记载了当时的法律制度以及司法实践，展现了中国古代法学的雏形。在秦汉时期，中国古代法学迈入了一个新的发展阶段，出现了以法家学派为代表的法律思想。法家学派强调法律的严格执行以及以法治国，提出了"法治""法家""重法"等思想，对中国古代法学的形成以及发展产生了深远影响。随着中国古代政治、经济以及社会制度的变迁，法学思想也不断发展以及演变，如儒家、道家、佛家等不同学派对法律的理解以及应用各有侧重。在中国古代，法学与儒学、道学等其他学科密切相连，共同构建了中国传统的法律文化体系。在中国历史的长河中，法学始终扮演着重要的角色，为中国古代社会的稳定以及发展提供了制度保障以及思想支持。

随着现代化进程的推进以及社会变革的深化，中国法学在 20 世纪迎来了新的发展机遇。中国近现代法学的兴起，与中国社会政治经济的发展密切相关，也受到西方法学思想的影响。从清末维新运动到新中国成立后的法制建设，中国法学经历了一系列的变革以及发展，形成了独具特色的法学理论以及实践体系。马克思主义的传入以及中国革命的兴起，为中国法学的发展注入了新的思想动力。在中国共产党领导下，中国特色社会主义法学研究领域，以马克思主义为指导，将中国传统法学与马克思主义法学相结合，推动了中国法学的发展以及繁荣。尤其是改革开放以来，中国法学研究领域在对外开放以及吸收国际先进法学成果的同时，不断探索中国法学的本土化以及中国特色社会主义法学的建设，为中国法学的现代化以及国际化作出了积极贡献。

综合而言，法学的起源与发展是一个历史性的进程，反映了人类社会对于法律制度以及法治理念的探索和实践。中国古代法学源远流长，积淀了丰富的法律文化以及法学传统，为中国法学的发展奠定了坚实基础。随着现代化进程的推进以及社会变革的深化，中国法学研究领域在马克思主义的指导下不断创新和发展，为建设中国特色社会主义法学作出了重要贡献，展现了中国法学在世界法学大家庭中的独特魅力以及影响力。

（二）法的本质

马克思主义对法学的影响是深远而广泛的，其中，马克思恩格斯对法的本质的思考为我们提供了重要的启示。在理解法的本质时，我们需要深入探讨马克思恩格斯关于法的观点，并将其与现代法学理论相结合，以更好地理解法的实质。

马克思主义认为，法是社会关系的产物，是阶级斗争的产物。私有制导致社会中的阶级分化，而法律则是统治阶级为了维护其统治地位而制定的工具。因此，法律不是超阶级的，而是反映了统治阶级的利益和意志。

马克思恩格斯认为，法是一种意识形态，是统治阶级利益的工具。在《德意志意识形态》中，马克思指出，法律是统治阶级意识形态的一种表现，是统治阶级巩固其统治地位和维护其利益的手段。因此，法律的内容和形式都受到统治阶级的影响，反映了统治阶级的意志和利益。

法律实质上是一种暴力的表现，是统治阶级对被统治阶级的压迫和控制。马克思恩格斯认为，法是一种相对独立的社会现象。尽管法律是统治阶级的工具，但它并不是完全受统治阶级控制的，也存在着一定程度的相对独立性。因此，法律的内容和形式也受到相关因素的影响，不是简单地受统治阶级意志的支配。

马克思恩格斯的法学思想为我们揭示了法的本质。法不仅是社会关系的产物，是维护统治阶级利益的工具，更是一种意识形态，是暴力的表现，同时也具有一定的相对独立性。只有深入理解马克思恩格斯的法学思想，才能更好地认识和理解法的实质，为法学学科研究提供新的思路和方法。法的本质是社会生活中不可或缺的一部分，它体现了人类社会的组织、管理以及调节方式。法律不仅是一种工具，更是一种社会行为的约束以及规范体系，它基于制定、实施以及执行一系列规则和制度，来维护社会秩序，保障公民权利，促进社会稳定与发展。

法律的本质可以从多个视域来理解。一方面，法律是社会规则的体现。在一个复杂多变的社会中，人们的行为需要一定的规范以及约束，以确保社会秩序的稳定以及公平。法律作为社会规则的具体表现，规定了人们在特定情况下应当如何行事，以及违反规则会面临怎样的后果。基于法律的制定以及实施，社会可以形成一种共同的行为准则，促进人们的互动以及协作，从而维护社会的正常运转。另一方面，法律是权力的体现。在社会生活中，权力是不可或缺的一部分，它决定了社会资源的分配以及利益的平衡。而法律作为权力的表达以及体现，规定了权力的行使方式以及范围，保障了公民的合法权益，限制了权力的滥用以及侵犯。基于法律的制定以及实施，社会可以有效地管理以及调控权力，防止权力的任意行使，保护公民的权利以及利益。另外，法律是社会关系的调节以及规范。人类社会存在着各种各样的社会关系，如权利关系、义务关系、利益关系等，而这些社会关系假设没有得到有效的调节以及规范，就会产生冲突以及矛盾。法律基于对社会关系的规范以及调节，使社会关系达到一定的平衡以及稳定，从而维护社会秩序以及社会稳定。此外，法律还是文化以及道德的体现。法律的制定以及实施反映了一个社会的价值观念、道德标准以及文化传统。法律不仅仅是对人们行为的限制，更是对社会道德以及公共利益的保护。基于法律的规范以及制度建设，社会可以促进文明进步，弘扬社会正气，维护社会公平与正义。

总而言之，法律的本质是社会规则的体现、权力的体现、社会关系的调节以及规范、文化以及道德的体现。法律的存在以及实施对于维护社会秩序、促进社会发展、保障公民权益具有重要意义以及作用。

（三）法学学科的分类

法学作为一门综合性学科，其分类具有多样性以及复杂性。根据不同的研究视域以及需求，法学学科可以从多个方面进行分类。

根据研究对象的不同，法学可以分为公法以及私法两大类。公法主要研究国家与个人之间的法律关系，涵盖宪法学、行政法、刑法、国际法等；私法则主要研究个人之间的法律关系，涵盖民法、商法、劳动法等。这两大类别涵盖了法律领域的广泛范围，各自都有其独特的研究对象以及特征。

法学还可以根据研究方法以及途径的不同进行分类，主要分为理论法学以及实证法学两大类。理论法学主要基于逻辑分析以及思维辩证的方法，研究法律的本质、原理以及规范；实证法学则主要基于实证研究以及实践观察的方法，研究法律的实际运行以及影响。这两大类别的法学研究方法各有所长，可以相互补充，共同推动法学学科的发展。

法学还可以根据研究内容以及范围的不同进行分类，主要分为基础法学以及应用法学两大类。基础法学主要研究法律的基本原理、理论体系以及方法论，涵盖法律哲学、法律逻辑、法律史等；应用法学则主要研究法律在实际社会中的应用以及实践，涵盖法律实务、法律政策、法律制度等。这两大类别的法学研究内容涵盖了法律理论以及实践的各个方面，相互交织共生，共同构成法学研究的完整体系。

新的时代背景下，法学学科的分类是多维度的、多元化的，不同的分类方法各有侧重，可以根据具体的研究需求以及目的来选择适合的分类方式。基于对法学学科的分类研究，可以更好地理清法学研究的方向以及重点，促进法学学科的不断发展和进步。

二、马克思主义中国化时代化理论成果引领法学学科发展的必要性

在中国特色社会主义新时代下，坚持中国特色社会主义法治道路是历史选择。中国特色社会主义法治道路的确立不仅是对马克思主义基本原理在中国具体实践的继承以及发展，也是对中国特色社会主义制度的巩固以及完善。

（一）坚持中国特色社会主义法治道路的需要

中国特色社会主义法治道路是以马克思主义为指导，以中国特色社会主义理论体系为理论依据的独特的法治发展道路。在这条道路上，我们必须全面贯彻党的基本路线，坚持稳中求进工作总基调，坚持新发展理念，坚持人民主体地位，坚持全面依法治国，坚持党对一切工作的领导，确保党以及国家事业沿着正确方向前进。

第一，推动国家治理体系现代化需要坚持中国特色社会主义法治道路。党的十九大报告明确指出："中国特色社会主义进入新时代，我国社会主要矛盾已经转化为人民日益增长的美好生活需要和不平衡不充分的发展之间的矛盾。"这一新的历史方位对中国特色社会主义法治道路的进一步深化提出了新的要求和挑战。这就要求我们在治国理政上始终坚持以及发展中国特色社会主义，坚持构建以及完善中国特色社会主义法治体系，推进国家治理体系以及治理能力现代化。而中国特色社会主义法治道路的确立，是实现国家治理体系以及治理能力现代化的必然要求。

第二，维护国家长治久安需要坚持中国特色社会主义法治道路。法治是国家治理的重要基石，是实现国家长治久安的重要保障。中国是一个历史悠久、文化灿烂的大国，发展过程中也面临着诸多挑战以及困难。在新时代下，我们必须强化法治建设，不断完善法律体系，健全法治机制，提升法治效能，促进社会公平正义，增强社会稳定以及国家安全。

第三，维护人民群众的根本利益需要坚持中国特色社会主义法治道路。法治是为人民服务的，法治的根本任务是保障人民群众的合法权益，维护社会公平正义，促进社会和谐稳定。在中国特色社会主义法治道路上，我们必须坚持人民立法、依法执政、全民参与、法治保障的基本原则，切实保障人民群众的知情权、参与权、表达权、监督权，不断满足人民群众对美好生活的向往以及追求。

总之，坚持中国特色社会主义法治道路是中国特色社会主义的本质要求，是实现国家治理体系以及治理能力现代化的必然要求，是保障国家长治久安的战略安排，是维护人民群众根本利益的根本要求。我们必须坚定不移地走中国特色社会主义法治道路，牢牢把握党的领导、人民当家作主、依法治国有机统一的正确方向，不断推进中国特色社会主义法治道路，为实现中华民族伟大复兴的中国梦不懈奋斗。

（二）建设中国特色的法学学科体系

在当今中国社会主义法治事业的发展过程中，建设中国特色的法学学科体系显得尤为迫切而重要。这既是建设中国特色社会主义法治的需要，也是抵御西方"司法独立""宪政民主"等错误思潮挑战的需要。

第一，中国特色的法学学科体系是指在中国特色社会主义背景下形成的法学理论体系和学科体系，其核心特征是紧密结合中国国情和社会实践，体现马克思主义法学原理的指导，同时融入中国传统文化的智慧和对中国特色社会主义法治实践的总结和提炼。这一体系旨在为中国特色社会主义法治道路的建设提供理论支撑和学科支持，促进法治建设与国家治理体系的现代化。中国特色的法学学科体系需要以马克思主义来引领，主要有以下几个原因：一是马克思主义是中国法学发展的指导思想。中国特色社会主义法学理论体系的建立离不开马克思主义的指导，马克思主义法学是中国法学发展的根本指导思想，其理论体系和方法论为中国特色社会主义法学的建设提供了基本原则和方法论。二是马克思主义为中国特色社会主义法治提供了理论基础。马克思主义法学对法律、国家和社会关系的深刻认识为中国特色社会主义法治提供了理论基础。马克思主义法学强调法律与阶级、国家与阶级、政治与经济的辩证关系，为中国特色社会主义法治的发展提供了理论指导。三是马克思主义法学与中国传统文化相结合。中国特色社会主义法学体系既要继承马克思主义法学的优良传统，又要结合中国传统文化中的法治理念。马克思主义法学原理与中国传统文化相结合，形成符合中国国情的法学体系，将更好地推动中国特色社会主义法治建设。因此，中国特色的法学体系需要以马克思主义为指导思想，结合中国国情和传统文化，为中国特色社会主义法治道路的建设提供理论支撑和学科支持。中国特色社会主义司法制度的建设需要坚定不移地贯彻中国特色社会主义法治道路。这意味着我们需要构建一个与中国国情相适应、符合实际需求的法学学科体系，以支撑并促进中国特色社会主义法治道路的实践以及发展。这一体系必须充分体现中国特色社会主义法治的本质以及特征，紧密结合中国国情，深入挖掘中国传统文化中的法治理念，以及对中国特色社会主义法治实践进行总结和提炼。

第二，建设中国特色的法学学科体系是抵御西方"司法独立""宪政民主"等错误思潮影响的需要。近年来，一系列西方国家试图干涉中国法治道路，推行其所谓的"司法独立""宪政民主"等错误思潮。这些错误思潮不仅与中国国情以及发展阶段相背离，更是对中国特色社会主义法治道路的挑战。基于此，我们需要构建一个具有中国特色的法学学科体系，以坚决捍卫中国国家主权以及社会稳定，维护国家长治久安的大局。

第三，建设中国特色的法学学科体系需要不断完善中国特色社会主义司法制度。随着时代的发展以及社会的变迁，法学学科必须与时俱进，不断创新与完善。在建设中国特色的法学学科体系的历程中，我们需要积极探索适合中国国情以及社会发展需求的新理论、新方法和新路径，不断提升法学学科的学术水平以及实践能力，为中国特色社会主义法治事业的发展贡献更多的智慧与力量。

新的时代背景下，在中国法学发展道路上，建设中国特色的法学学科体系是当务之急。这一建设任务不仅是服务于中国特色社会主义法治道路的实践，更是为了坚持马克思主义法学理论中国化，推动中国特色社会主义法治事业不断发展。

（三）马克思主义立场、观点和方法要贯穿法学学科领域

马克思主义中国化时代化理论成果引领法学学科发展的必要性主要体现在马克思主义的立场、观点和方法贯穿在法学学科领域。这种贯穿不仅是对法学学科的理论建构以及研究方法的指导，更是对法律体系以及法治实践的深刻思考与指引。

第一，只有马克思主义才能揭示法律的本质。马克思主义强调法律的阶级性以及政治性。法学研究必须从政治的视域来审视和研究法律。法律并非超越阶级的客观存在，而是统治阶级为维护自身利益而制定的强制性力量。基于此，法学研究不能回避阶级斗争以及政治权力的运行机制，而是要以马克思主义的立场、观点和方法来揭示以及解释法律的本质与作用。

第二，只有马克思主义才能揭示法律与社会、经济、文化等的相互关系。马克思主义认为，法律是社会关系的产物，反映了特定社会形态下的生产关系以及利益分配关系。基于此，法学研究必须从社会的视域来理解以及解释法律，深入研究法律与社会、经济、文化等方面的相互关系。法律的产生以及发展受到社会制度、经济基础、文化传统等多种因素的影响，只有深入研究这些因素，才能真正理解法律的本质，为法治建设提供理论支撑以及实践指导。

第三，只有马克思主义才能揭示法律历史的规律。马克思主义认为法律是历史发展的产物，是随着生产力以及生产关系的变化而不断演变的。基于此，法学研究必须从历史的视域来考察以及分析法律，研究法律的演变历程以及发展规律。法律的历史背景以及演变轨迹对于理解以及解释法律的本质及功能具有重要意义。只有深入研究法律的历史，才能为法律的发展与完善提供历史经验及启示。

第四，只有马克思主义才能指导法学实践。马克思主义认为，理论以及实践是密切相关的，理论必须立足于实践，实践必须回归于理论。基于此，法学研究必须注重将理论研究与法律实践相结合，基于理论研究指导法律实

践，基于法律实践检验以及完善理论。只有理论与实践相结合，才能推动法学理论的创新以及实践的发展，为法学学科的发展与完善提供坚实的理论基础及实践经验。

综上所述，把马克思主义的立场、观点和方法贯穿在法学学科领域，对于推动法学学科的发展以及完善，为法治事业的建设提供理论支撑以及实践指导具有重要意义。只有充分发挥马克思主义在法学研究中的指导作用，才能更好地把握法学研究的方向以及重点，更好地促进法学理论的创新以及实践发展。

三、马克思主义理论引领法学学科发展的举措

法学学科应朝着更加深入和系统的马克思主义理论研究方向发展，这一方向的研究旨在深入探讨马克思主义在法学领域的理论框架和方法论，促进法学理论与实践的有机结合，为社会主义法治建设提供坚实的理论支撑。

法学学科的马克思主义研究需要深入挖掘马克思主义法学理论的丰富内涵，包括马克思主义关于法律本质、法律功能和法律发展规律等方面的理论观点，以及对资本主义法律制度的批判和对社会主义法治建设的探索。通过对马克思主义法学经典著作的解读和研究，可以更好地把握马克思主义法学理论的时代价值和现实意义，为推动法学学科的发展提供理论指导。法学学科的马克思主义研究需要建立起系统完整的研究体系，包括对马克思主义法学理论的整合和拓展，以及马克思主义法学与其他法学流派的对话与融合。在这一研究体系中，既要注重理论的深度和广度，又要注重理论与实践的结合，不断提升马克思主义法学理论的科学性和适用性，为解决实际法律问题提供有力的理论支撑。法学学科的马克思主义研究需要注重培养高水平的研究团队和学术人才，加强与国内外相关领域的学术交流与合作，不断开拓创新，推动法学学科的发展。通过以上对策的实施，可以更好地推动法学学科朝着更加深入和系统的马克思主义理论研究方向发展，为建设中国特色社会

主义法治理论体系和法治国家作出新的更大贡献。

（一）明确法学学科的马克思主义研究方向

马克思主义理论对法学学科的引领作用体现在明确法学学科的政治方向。马克思主义强调法律的阶级性以及政治性，认为法律是统治阶级为维护自身利益的工具。基于此，在马克思主义的指导下，法学学科不仅要关注法律的形式以及内容，更要深入分析法律背后的社会政治因素。

1. 马克思主义明确了法学学科的政治属性

马克思主义认为，法律是统治阶级为了维护其根本利益而对被统治阶级进行统治的工具，是统治阶级为维护自身利益而制定的规则。同样，马克思主义强调法律的阶级性以及政治性，指出法律的产生以及发展受到社会制度、经济基础、文化传统等多种因素的影响，是统治阶级维护其统治地位的工具之一。基于此，法学学科的研究必须以马克思主义的政治观点和方法来审视以及解释法律，深入研究法律与政治的相互关系，揭示法律背后的阶级斗争以及政治权力的运行机制。

2. 马克思主义明确了法学学科的社会属性

马克思主义认为，法律是社会关系的产物，反映了特定社会形态下的生产关系以及利益分配关系。基于此，法学学科的研究必须从社会的视域来理解以及解释法律，深入研究法律与社会、经济、文化等方面的相互关系。马克思主义强调法律与社会密切关联，指出法律的产生以及发展受到社会制度、经济基础、文化传统等多种因素的影响，唯有深入研究这些因素，才能真正理解法律的本质以及作用。基于此，法学学科的研究必须以马克思主义的社会观点与方法来审视以及解释法律，深入研究法律与社会的相互关系，揭示法律在社会生活中的作用以及影响。

综合而言，马克思主义明确了法学学科的政治方向，指导法学学科从政治与社会的视域来审视以及研究法律，深入探讨法律与政治、法律与社会的相互关系，为法学学科的发展与完善提供重要的理论指导以及方法论支持。只有在马克思主义的指导下，法学学科才能真正把握法律研究的方向以及重点，为法治事业的建设提供坚实的理论基础以及实践指导。

（二）加强党对法学学科的领导

马克思主义理论对法学学科的引领作用，不仅体现在其对法律的社会基础和历史发展的深刻洞察，更表现在其对法学研究方法和理论体系的革命性影响。马克思主义引领法学学科发展，必须加强党对法学学科的领导。

党对法学学科的领导是马克思主义法学理论的根本要求，也是中国特色社会主义法治道路的重要体现。党对法学学科的领导，首先体现在对法学研究目标和方向的明确规定。马克思主义认为，法学应当为维护社会公平正义、保障人民权益、推动社会进步服务。在中国，党对法学学科的领导要求法学研究服务于社会主义法治建设和国家治理体系的现代化，为实现中华民族伟大复兴的中国梦提供智力支持。

党对法学学科的领导体现在学科建设和人才培养的组织安排上。党在高校法学院、法学研究机构中设立党委或党组织，强化党对法学教育和科研工作的领导地位。通过党的组织引导，法学学科坚持马克思主义法学理论的指导地位，培养一批政治坚定、业务精湛、德才兼备的法学人才，为党和国家事业发展提供强有力的智力支持。

此外，党对法学学科的领导在法学的学术研究和理论创新中发挥着重要作用。党组织引导法学学科确立法学研究的重大课题和方向，指导法学界开展符合国家发展需要的重大理论研究和实践探索，推动马克思主义法学理论不断创新发展。同时，党的理论创新和实践经验也应当及时融入法学研究，为法学理论的不断完善提供新的思想资源和实践基础。

党对法学学科的领导是坚持和发展中国特色社会主义法治道路的必然要求，是马克思主义法学理论在中国落地生根的重要体现。只有坚持党的领导，才能确保法学学科发展方向的正确、人才培养目标的明确、理论创新的持续。在中国特色社会主义建设进入新时代的背景下，党对法学学科的领导将更加重要，将为法学学科的发展提供坚强的政治保障和组织保障。

（三）马克思主义引领法学学科建设系统性提升

马克思主义理论对于法学学科的引领作用不仅体现在明确法学学科的政治方向，更在于在其引领下法学学科建设得到系统性提升。这种系统性提升涵盖了多个方面的深化以及完善，从理论研究到实践探索，从学科结构到人才培养，都得到了马克思主义理论的引领以及指导。

马克思主义理论对法学学科的系统性提升体现在理论研究的深化以及拓展。在马克思主义的指导下，法学学科的理论研究更加注重对法律本质、法律制度、法律运行规律等方面的深入探讨。在马克思主义理论的指导下，法学学科的理论研究更加深入、不断拓展以及完善，马克思主义理论为法学学科的发展提供了重要的理论支持以及指导。

马克思主义理论对法学学科的系统性提升还体现在对学科结构的优化以及完善。在马克思主义的指导下，法学学科的学科结构更加科学合理，更加贴近社会实际以及法律实践的需要。马克思主义强调法律与社会、政治、经济等方面密切关联，认为法律的产生以及发展受到社会制度、经济基础、文化传统等多种因素的影响，基于此，在法学学科的结构设计中，必须充分考虑这些因素，注重法学学科与其他学科的交叉融合以及互动发展，形成一个完整、系统、科学的学科体系。在马克思主义理论的指导下，法学学科的学科结构得到了优化以及完善，学科整体的水平以及影响力不断提升。

马克思主义理论对法学学科的系统性提升还体现在对人才培养的深化以及创新。在马克思主义的指导下，法学学科更加注重培养学生的政治觉悟以及社会责任感，更加注重培养学生的批判思维以及创新能力。马克思主义强调法学学科的政治属性以及社会属性，认为法学人才必须具备良好的政治素养以及社会责任感，必须具备批判思维以及创新能力，才能适应社会发展的需要，为社会主义法治建设作出积极贡献。在马克思主义理论的指导下，法学学科的人才培养模式得到了深化以及创新，培养出一批政治坚定、理论过硬、实践娴熟的法学人才，为法学学科的发展以及完善提供了坚实的人才保障。

综合而言，马克思主义理论对法学学科的引领作用不仅体现在明确法学学科的政治方向，更在于在其引领下法学学科建设的系统性提升。这种系统性提升涵盖了理论研究的深化以及拓展、学科结构的优化以及完善、人才培养的深化以及创新等多个方面，为法学学科的发展与完善提供了重要的理论支持以及指导。

四、马克思主义理论学科对法学学科的借鉴

马克思主义理论对法学学科的借鉴，体现在将法学学科的知识体融入思想政治教育中。这种借鉴不仅源于法的一般理论对马克思主义基本原理的深刻影响，也涵盖思想政治教育对法学知识的借鉴以及对《民法典》等法律文书的吸纳等。具体而言，马克思主义对法学学科的借鉴主要表现在如下几个方面。

（一）对法学学科知识体系的借鉴

在法学学科的知识体系建设中，《民法典》等法律文书的制定起到了重要作用。《民法典》的制定标志着中国法治建设迈出了重要一步。作为社会主义法律体系的重要组成部分，《民法典》承载着中国改革开放以来法治建设的历史沉淀以及智慧结晶，对于法学学科的知识体系建设具有深远的意义。《民法典》的制定体现了党以及国家对法学学科的高度重视，其是法学学科知识体系建设的重要内容以及实践基础。一是《民法典》的制定丰富了法学学科的研究内容。《民法典》是中国民商法律体系的总章程以及总纲领，涵盖了民法的基本理论、基本原则以及各个分册的具体内容。《民法典》的制定历程中，涉及了民法学理论的讨论、实践经验的总结以及国内外法律文化的对话交流，为法学学科提供了丰富的研究素材以及理论依据。法学学科可以基于深入研究《民法典》的相关内容，探讨其中的法律原则、制度设计以及实践应用，不断丰富法学学科的研究领域以及内涵，推动法学学科的不

断发展以及进步。二是《民法典》的制定拓展了法学学科的研究方法。《民法典》的制定历程中，需要法学学科的专家学者参与其中，他们既是法学理论的研究者，也是法律实践的参与者，需要运用多种研究方法及手段进行研究与探讨。法学学科可以基于参与《民法典》的制定以及实践应用，不断拓展研究方法以及手段，如比较研究法、历史研究法、实证研究法等，提升法学研究的深度以及广度，为法学学科的知识体系建设提供新的思路以及路径。三是《民法典》的制定促进了法学学科与其他学科的交叉融合。《民法典》的制定涉及政治、经济、社会、文化等多个领域的知识以及信息，需要法学学科与其他学科密切合作，共同推动《民法典》的制定以及实施。四是《民法典》的制定推动了法学学科的实践教育以及人才培养。《民法典》是法律的基本文书，对于法学专业的学生来说，必须深入学习以及掌握《民法典》的内容。法学学科可以基于《民法典》的教学实践以及案例分析，引导学生深入理解与把握《民法典》的精神以及要求，培养学生的法律意识以及法治观念，提升学生的法律素养以及实践能力，为培养高素质法学人才作出积极贡献。

思想政治教育对《民法典》的借鉴主要体现在以下几个方面：一是法治观念的培育。思想政治教育强调法治观念的培养，使公民充分认识法律的重要性和权威性。在《民法典》的制定和实施过程中，借鉴思想政治教育的经验，可以加强对法治观念的普及和强化，促进社会成员自觉遵守法律、维护法律权威。二是社会主义核心价值观的贯彻。思想政治教育强调社会主义核心价值观的培育和践行，其中包括爱国、敬业、诚信、友善等。《民法典》的制定应当紧密贯彻社会主义核心价值观，通过法律规范引导社会成员树立正确的道德观念和行为准则。三是公平正义的追求。思想政治教育强调公平正义的价值追求，要求法律制度能够公正保护每个公民的合法权益，维护社会的公平正义。在《民法典》的制定过程中，应当充分借鉴思想政治教育对公平正义的要求，确保法律的适用公正，促进社会的和谐稳定。通过充分借鉴思想政治教育的理念和经验，《民法典》的制定和实施可以更好地贴近社会主义核心价值观，服务于人民群众，促进国家法治建设的不断深化。

（二）对法学学科前沿问题的借鉴

马克思主义理论对法学学科的借鉴，并不仅限于理论层面，更体现在对法学学科前沿问题的借鉴上。

习近平法治思想作为马克思主义中国化时代化理论的重要成果，对法学学科具有重要的引领作用。习近平法治思想强调坚持党对全面依法治国的领导，强调法治国家建设的全局性、系统性、重要性，强调坚持中国特色社会主义法治道路，坚持中国特色社会主义法治理论体系，坚持中国特色社会主义法治实践。这些理论观点对法学学科的建设具有重要的指导意义，为法学学科提供了理论支撑以及实践经验，为法学学科的发展指明了方向。

建设法治国家是中国特色社会主义事业的重要组成部分，也是法学学科发展的重要任务。在建设法治国家的历程中，法学学科必须深入研究以及探讨中国法治国家建设的总体目标以及基本路径，深入探讨中国法治国家建设的基本经验以及典型做法，为法治国家建设提供理论支持以及实践指导，为法治国家建设贡献智慧和力量。基于此，建设法治国家是法学学科的重要课题之一，也是法学学科的重要使命之一。

习近平法治思想作为马克思主义中国化时代化理论的重要成果，对马克思主义理论学科的发展具有重要的引领作用。在马克思主义理论学科建设中，必须深入贯彻落实习近平法治思想，不断深化对法治国家建设的研究，为马克思主义理论学科的发展提供新的理论指导以及实践支撑，为推动中国特色社会主义法治事业不断向前发展作出新的更大贡献。

（三）对法学学科研究方法的借鉴

马克思主义理论作为一种全面系统的思想体系，对于各个学科的发展都具有重要的指导作用。在法学学科中，马克思主义理论的借鉴不仅体现在其基本原理和观点上，更体现在研究方法的运用上。法学学科的研究方法对马克思主义研究具有重要意义，特别是实证分析法。

实证分析法在法学学科的发展中具有重要意义。实证分析法是一种通过对实际数据和事实进行收集、分析和解释，以验证理论假设或发展新理论的科学方法。在法学研究领域中，实证分析法被广泛运用于法律规范的制定、司法实践的评估以及法律改革的指导。通过实证分析法，法学家可以深入了解法律制度的运作机制、法律政策的实施效果以及法律实施的障碍，从而为法律改革和完善提供科学依据和建议。实证分析法对马克思主义研究具有重要启示意义。马克思主义作为一种关注社会现实和历史变迁的理论体系，其理论观点和命题需要通过对实际社会现象和历史事实的考察来进行验证。实证分析法为马克思主义研究提供了一种科学的验证手段，使马克思主义不再停留于抽象的理论推演和思辨，而是能够通过对社会实践和历史经验的深入分析，不断丰富和发展其理论内容。实证分析法的运用可以促进马克思主义与现实社会的对话和互动。通过实证分析法，马克思主义研究者可以更加深入地了解社会发展的实际情况和问题，发现社会变革的动力和规律，为马克思主义的实践应用提供具体的思路和方法。与此同时，实证分析法也能够使马克思主义的理论更加接地气、贴近实际，增强其在社会实践中的可操作性和可持续性。实证分析法对于马克思主义研究的意义还体现在其推动理论创新和发展方面。通过对社会现实和历史经验的实证研究，马克思主义研究者可以发现新的社会问题、新的社会矛盾，提出新的理论观点和方法，推动马克思主义理论与时俱进，不断与社会实践相结合，保持其科学性和前瞻性。

法学学科的研究方法对马克思主义研究具有重要的意义，其中实证分析法作为一种科学的研究方法，在促进马克思主义与现实社会的对话和互动、推动马克思主义理论创新和发展方面发挥着重要作用。因此，在马克思主义研究中，借鉴法学学科的研究方法，特别是实证分析法，能够为马克思主义的理论建设和实践应用提供有益的启示和支持。

第五篇

马克思主义理论学科引领历史学学科发展

历史是一个民族、一个国家形成发展及其盛衰兴亡的真实记录。党史、国史作为意识形态领域的主阵地之一，是一个民族、一个国家安身立命的基础。历史学是一门人类对自己的历史材料进行筛选和组合的知识形式，研究人类社会过去事件、过程和现象的学科，对于人类社会的发展和变迁具有重要意义。马克思主义是揭示哲学、政治经济学、科学社会主义等多方面客观规律的科学。在坚持马克思主义在意识形态领域指导地位的问题上，繁荣和发展历史学科，要解决好真懂真信马克思主义的问题，增进运用马克思主义立场、观点和方法的自觉性，通过马克思主义为历史科学发展领航定向就显得非常重要。

一、历史学学科发展现状

历史学是一门人类对自己的历史材料进行筛选和组合的知识形式，研究人类社会过去事件、过程和现象的学科，由历史、科学、哲学及时间、空间五部分有机组合而成，对于人类社会的发展和变迁具有重要意义。历史学类专业教育教学应坚持以马克思主义为指导，培养学生具有坚定正确的政治方向、扎实的理论基础、广博的历史知识、深厚的人文素养、敏锐的问题意识与思辨能力，掌握历史信息搜集、考证与分析的基本方法，能在历史进程和现实处境中考察特定的历史现象，记录、搜集和处理相关信息，形成合理的见解，以开放和包容的眼光理解人类社会生活及价值观念的复杂性和多样性，能在高等和中等学校及相关科研部门从事历史学教育与研究，适应国家社会经济文化发展的需要。① 历史学学科核心课程主要有中国通史、世界通

---

① 教育部高等学校教学指导委员会：《普通高等学校本科专业类教学质量国家标准》，北京：高等教育出版社，2018 年版，第 3 页。

史、史学概论、中国历史要籍介绍及选读、外国历史要籍介绍及选读、中国史学史、西方史学史等。

改革开放40多年来，波澜壮阔的社会主义事业，为历史学研究提供了科学的思想引领，为历史学研究领域开辟了广阔的前景，为历史学研究学科建设、人才培养创造了良好环境。同时，历史学研究也为丰富发展马克思主义唯物史观，为正确认识中国历史发展道路和规律作出了自己应有的贡献。"欲知大道，必先为史"。进入中国特色社会主义新时代，党和国家对历史学研究高度重视，史学工作者勤奋努力，在学科建设、学术成果、人才培养等方面取得了前所未有的成就，历史学步入繁荣昌盛的新阶段。在中国特色社会主义建设新征程中，在中华民族伟大复兴的历史进程中，我们要积极探寻历史学学科与马克思主义理论学科的关系，更好地发挥历史学功能。

从20世纪90年代到21世纪初，教育部人文社会科学重点研究基地、"211"工程大学、"985"工程大学、"2011协同创新"计划、"双一流"高校建设，以及考古学、中国史、世界史三个一级学科设置等，有力促进了历史学的建设发展。2019年1月3日，中国社会科学院中国历史研究院成立，中国历史学发展迎来了新时代。当前，我国历史学门类下的学科分别是：一级学科考古学包含9个二级学科，即考古学史和考古学理论、史前考古、夏商周考古、秦汉魏晋南北朝考古、唐宋元明清考古、科技考古、文化遗产与博物馆、古代文字与铭刻、专门考古；一级学科中国史包含7个二级学科，即历史地理学、历史文献学、史学理论及中国史学史、中国古代史、中国近代史、中国现代史、专门史；一级学科世界史包含5个二级学科，即世界史学理论与史学史、世界古代中古史、世界近现代史、世界地区国别史、专门史与整体史。

如今，历史学的研究正面临着一些挑战。历史学研究的理论和方法不断发展，但仍然存在一些争议和问题。例如，历史记载的真实性和学科的有效性等问题，都需要历史学家进行深入的思考和研究。总的来说，历史学从古代到现代经历了漫长的发展过程，需不断适应社会变革的需求。历史学的现状是多元的、开放的，其研究对象和方法也在不断扩展和创新。尽管存在一些挑战，但历史学仍然是人类认识过去、理解现在和规划未来的重要学科。

二、马克思主义理论学科引领历史学学科发展的必要性

（一）树立正确历史观的需要

"欲知大道，必先为史"。探究历史发展大道，历史学学科坚持科学的"史观"尤为重要。党的十八大以来，习近平总书记高度重视学习历史，多次强调要"树立正确的历史观"。这里所说的正确的历史观，实际上是以唯物史观为基础的马克思主义的科学的历史观。马克思主义的科学的历史观，是马克思主义唯物论、认识论、方法论的高度统一；树立并坚持正确的科学的历史观，对于进一步认识把握历史发展规律和大势，始终掌握党和国家事业发展的历史主动，保持历史前进正确方向，具有重要意义。唯物史观认为，世界的本质是物质的，是不依赖于人的意识而客观存在的，事物运动变化和历史发展过程都遵循其固有的规律，因此，社会存在决定社会意识。我们党提出和实施的理论、路线、方针和政策都是以我国现时代的社会存在为基础的。中国共产党坚持运用历史唯物主义根据社会环境、历史条件等的新变化，认识历史时期、判断历史方位，作出"中国特色社会主义进入新时代"这一重大判断，坚持和运用人民群众是历史创造者的观点，坚持为人民、依靠人民、相信人民，为无产阶级和广大劳动人民谋求利益。历史认识论是关于历史认识主体（即人）及历史认识客体（即客观历史）方面的认识，马克思主义坚决捍卫历史的客观性，认为客观实在性是历史的存在形式之一，对历史虚无主义错误思潮进行强有力的批判。马克思主义历史观是认识论和方法论的统一，是新时代中国史学研究和历史学学科建设的重要指引和根本遵循。历史发展的过程和特点有其客观规律，具有延续性。历史的联系不能割断，要运用联系的、发展的观点分析客观事物和社会现象，注重考察历史经验和教训，汲取历史智慧，为当前治国理政提供借鉴和帮助。同时，唯物史观思维中蕴含着辩证思维，要坚持辩证思维法；对历史的问题坚

持追根溯源，理清来路，弄清实质，揭示其发展方向，从而得出正确的历史结论。历史学学科的使命是探索社会变迁的内在逻辑与规律，为文明进步提供借鉴与参考。新时代的理论创新和实践创新必须建立在遵循历史发展规律的基础上，必须行进在历史正确方向上。

（二）坚持马克思主义在意识形态领域指导地位的需要

马克思主义理论学科是对马克思主义的整体性、系统性研究的科学体系。马克思主义是揭示哲学、政治经济学、科学社会主义等多方面客观规律的科学。马克思主义坚持站在人民群众的立场上，坚持为人民服务、依靠人民、相信人民，为无产阶级和广大劳动人民谋求利益；其观点是对自然、社会和人类思维规律的科学全面系统的反映，更是对人类社会实践经验的科学总结；同时，坚持辩证唯物主义和历史唯物主义方法论，是真正的科学。因此，马克思主义是工人阶级和广大劳动人民认识世界和改造世界的强大思想武器，也是推动我国哲学社会科学繁荣发展的指导思想。新时代马克思主义理论学科研究马克思主义基本原理及其形成和发展的历史，特别是研究马克思主义中国化的理论与实践，并积极把马克思主义研究成果运用于思想政治教育和工作中，帮助人们树立正确世界观、人生观、价值观，使广大人民群众能够运用马克思主义的立场、观点与方法，坚持中国特色社会主义道路自信、理论自信、制度自信、文化自信；进而强化人民群众服务新时代中国特色社会主义事业发展、弘扬伟大建党精神的使命担当历史责任感，成为德智体美劳全面发展的能够担当中华民族伟大复兴历史重任的社会主义建设者和接班人。习近平总书记指出："坚持以马克思主义为指导，是当代中国哲学社会科学区别于其他哲学社会科学的根本标志，必须旗帜鲜明加以坚持。"[1]

（三）抵制历史虚无主义的需要

历史虚无主义以历史唯心主义为理论基础，用孤立、片面、曲解的方法

---

[1] 习近平：《在哲学社会科学工作座谈会上的讲话》，《人民日报》2016年5月19日第2版。

分析、观察历史，否定历史的客观性，随意歪曲历史真相；否定客观存在的历史真理，否认历史发展的连续性和大趋势；否认历史的育人功能，解构主流价值观。历史虚无主义是一股反动的政治思潮，本质上其核心指向是从根本上否定中国共产党的领导，否定中国走向社会主义的历史必然性，否定马克思主义基本理论，给主流意识形态带来严重的冲击。比如，在对中国百年历史的重大事件认识上，历史虚无主义者不能把握历史事件的本质，形成实事求是的正确认识，出现了严重违背历史唯物主义的观点；历史虚无主义以"重新评价"为名或者利用"新资源""新观点"大做"翻案"文章，否定国家、民族历史和民族文化，歪曲近现代中国革命历史、中国共产党历史和中华人民共和国历史。主要表现为：否定革命，宣传反帝反封建的革命只起到破坏性作用，只有资产阶级"启蒙"才有建设性意义；否定中国走上社会主义道路的历史必然性，把五四运动以来中国选择社会主义发展方向视为离开"英美为师"的所谓"近代文明的主流"而误入歧路；宣传经济文化落后的中国没有资格搞社会主义，新中国成立以后搞的不过是小资产阶级的空想社会主义；否定已有定论的历史事件和历史人物，宣传党的历史和新中国历史是"一系列错误的延续"，诋毁党的领袖，贬损英雄人物；等等。这些观点，都是对历史的歪曲和主观臆断，陷入历史虚无主义的泥潭，其通过否定历史史实，尤其是通过否定中国近现代史和中国共产党的历史意义，进而否定现实政治制度的合理性。历史虚无主义的危害性是不容忽视的，在历史虚无主义思潮下，革命历史必然性和人民对中国共产党、马克思主义、社会主义道路、改革开放的选择成了"偶然"，先烈奋斗和牺牲成为"谎言"，狼牙山五壮士、刘胡兰、董存瑞、黄继光、邱少云、雷锋等成了"笑谈"。对此，自2005年一批著名的历史学家纷纷参与到批判历史虚无主义的队伍中来，一直发展到今天，取得很大成就。因此，阐述历史虚无主义的主要观点及消极影响，并给出消除消极影响的对策，对坚定马克思主义在意识形态领域的指导地位具有重要意义；旗帜鲜明地反对历史虚无主义，是我们党为巩固意识形态领导权、巩固国家政治安全而提出的重大课题。

党的二十大以来，习近平总书记强调要"深入实施马克思主义理论研究和建设工程，加快构建中国特色哲学社会科学学科体系、学术体系、话语体系，培育壮大哲学社会科学人才队伍"[1]。当前，历史虚无主义造成群众认识模糊、思想混乱，给主流意识形态带来严重的冲击。我们应该积极进行舆论引导，坚决从历史逻辑、理论基础、实践逻辑上论证批判历史虚无主义，对广大人民进行马克思主义正面教育，加强人们对历史虚无主义的防范与抵制意识，引导人民群众摆脱历史虚无主义思潮的影响。不仅如此，马克思主义理论学科作为一门独立的学科，与历史学科之间构成学科统一关系，马克思主义理论学科既需要从历史学科中汲取智慧和营养，也要为历史学科提供科学的世界观和方法论，进而推动马克思主义理论学科与历史学科协同发展；加强跨学科研究，培育学科新生长点。唯有如此，才能构建起以马克思主义为指导的，具有中国特色、中国气派、中国风格的历史学科体系。

三、马克思主义理论学科引领历史学学科发展的对策

19世纪中叶前后，马克思、恩格斯在当时的历史条件下，将唯物主义与辩证法相结合探讨人类历史。从哲学层面看，唯物史观包含唯物主义和辩证法的本体论和认识论，从史学层面看，唯物史观包含以唯物和辩证的方法分析观察人类历史的诸多原理。唯物史观的创立，为历史研究提供了科学的理论指导，使历史学成为一门科学。新时代繁荣和发展历史学学科，要解决好真懂真信马克思主义的问题，增进运用马克思主义立场、观点和方法的自觉性，通过马克思主义理论学科为历史学学科的发展领航定向。当前，历史虚无主义已经危及我国的意识形态安全，这也是引起国内学者对于历史虚无主义的密切关注的重要原因。把握历史虚无主义的真切脉络，肃清历史虚无主义的消极影响，对中华民族伟大复兴中国梦的实现具有重要的意义。党的

---

[1] 习近平：《高举中国特色社会主义伟大旗帜　为全面建设社会主义现代化国家而团结奋斗——在中国共产党第二十次全国代表大会上的报告》，北京：人民出版社，2022年版，第36页。

十八大以来，以习近平同志为核心的党中央高度重视警惕和反对历史虚无主义。习近平总书记反复强调，坚持实事求是研究和宣传党的历史，必须警惕历史虚无主义的影响，坚决抵制和反对党史问题上的错误观点和错误倾向。

（一）历史虚无主义思潮的主要观点

20世纪80年代，欧美史学界的后现代主义表现出一种历史虚无主义倾向，其极力否定人类在生活世界中所做的一切努力，将历史上的革命称作徒劳，看作"无意义的争取"。其把十月革命说成是历史的倒退，将无产阶级革命污蔑为恐怖的红色暴力，甚至将包括无产阶级革命在内的社会革命矮化为一种"畸形""衰落""失败"的后现代语义形式的"故事"。历史虚无主义对苏联社会主义制度进行强烈的否定，反对社会主义、反对马克思主义在苏联社会主义建设中的指导地位。事实上，正是"告别革命"的历史虚无主义在思想上摧毁了苏联社会主义。1991年，有着74年辉煌历史的苏联社会主义制度黯然退出历史舞台。

苏联解体、东欧剧变后，西方敌对势力把"和平演变"的矛头露骨地指向中国，企图通过"和平演变"的方式来"分化""西化"中国，在中国培植"自由化"势力，极力向其灌输和倡导历史虚无主义。此外，他们在中国又故技重施地大肆宣扬"告别革命""否定革命"的历史虚无主义谬论，进而否定中国共产党的领导，否定中国的社会主义制度，企图摧毁中国人的共产主义信念。不仅如此，历史虚无主义思潮在贬低中国社会主义制度的同时又极力宣扬资本主义社会制度。当代历史虚无主义作为起源于西方的社会思潮在苏联解体、苏共下台过程中产生严重负面作用，如今又在现代中国找到自己的市场，企图危害我国意识形态领域。近年来，历史虚无主义在历史、文学、艺术等领域影响着人们的历史观和价值观，甚至颠倒人们的历史是非观念，弱化人们的思想政治素质，进而破坏社会的凝聚力。尤其是对于大学生群体，历史虚无主义的影响力是不可低估的。针对历史虚无主义，我们需要关注历史虚无主义的基本主张，以更好地对历史虚无主义进行防范和批判，坚决站在马克思主义历史观的立场上，运用历史与逻辑相统一、理论与实践相结合的方法对历史虚无主义进行理论分析，提出建设性的防范和批判意见。

我们党是在两种意义上使用历史虚无主义概念的，党对历史虚无主义的科学界定如下：

第一，历史虚无主义否定国家、民族历史和民族文化。从毛泽东同志"我们是马克思主义的历史主义者""不应当隔断历史"，到 20 世纪 80 年代末 90 年代初江泽民等中央领导同志提出不能搞"全盘否定中国传统文化的民族虚无主义"和"全面否定民族文化的历史虚无主义"，再到习近平总书记"中国共产党人不是历史虚无主义者，也不是文化虚无主义者"，前后一脉相承。

第二，历史虚无主义歪曲否定中国近现代史、党的历史和新中国历史，其歪曲否定的重点对象是中国共产党历史。这种历史虚无主义，尽管在不同时期有不同的表现，但其要害是从根本上否定马克思主义指导地位和中国走向社会主义的历史必然性，否定中国共产党的领导；其根本目的是搞乱人心，推翻中国共产党的领导和中国社会主义制度。

第三，还有一些人无视党对历史虚无主义的科学界定，把反对历史虚无主义的矛头直接指向我们党和党的指导思想——马克思主义。他们从概念出发，重新阐述历史虚无主义的内涵，提出马克思主义就是历史虚无主义，并把马克思主义指导的历史认识体系，作为所谓教条主义历史虚无主义来批判。他们散布许多错误言论，例如其提出批判历史虚无主义是错误的，"批判对象是虚的，并不存在批判者所指认的历史虚无主义"，批判者"意识不到自己就是虚无主义者"，等等，企图通过对历史虚无主义概念的重新界定，转移人们的视线，抢夺反对历史虚无主义的旗帜和发言权。

总之，反对历史虚无主义，必须始终抓住历史虚无主义的实质，绝不能陷入概念的困惑。

（二）历史虚无主义思潮的消极影响

历史虚无主义作为当代历史哲学领域的一股社会思潮，在本质上仍然属于资产阶级思想，其理论基础是历史唯心主义，并且拒绝阶级分析的方法，拒绝把工人阶级看作推动历史发展的主体力量，而将社会主体规定为知识分子，把革命严格地限制在思想意识或文化领域。它们不是从现实的社会革命和实践中寻找人类解放和主体自由的根本出路，而是在意识领域徘徊，甚至诉诸"命运"和"想象"。在全球化浪潮中当代西方历史虚无主义对中国社会产生了很大的影响，我们有必要全面梳理历史虚无主义的社会消极影响，以便维护社会主义意识形态的安全。

历史虚无主义以所谓"重新评价"为名，歪曲近现代中国革命历史、党史、国史、军史。其核心要害，就是拿中国革命史、新中国历史来做文章，竭尽攻击、丑化、污蔑之能事，否定马克思主义指导地位和中国走向社会主义的历史必然性，否定中国共产党的领导，企图扰乱人心，煽动推翻中国共产党的领导和中国社会主义制度。概括地说，历史虚无主义的具体危害主要有以下几个方面。

第一，通过否定党和人民奋斗的历史，否定党的领导和执政的必然性、合法性。有人不顾中国革命和中国历史的特殊性，抛开具体历史背景和客观条件，质疑党在革命和建设中的重要作用；有人以党在历史发展过程中出现曲折错误而否定党的全部历史；有人否定党和人民在长期奋斗历史中形成的优良传统和作风等。党的历史与党的执政地位息息相关，否定党的历史最直接的结果就是否定党的执政地位，其后果不堪设想。

第二，通过否定党的领袖及其思想结晶，从根本上动摇党和人民团结奋斗的思想基础和民族精神支柱。一些别有用心者对毛泽东和毛泽东思想肆意抹黑、彻底否定，这实际是从根基上抹杀我们党、人民共和国、人民军队、中国特色社会主义制度存在发展的必然性，也否定了作为毛泽东思想新发展的中国特色社会主义理论体系。

第三，通过否定党带领人民选择自己的道路，否定中国特色社会主义。党带领人民坚持走中国自己的道路，创造了辉煌业绩，但也遭到敌对势力的诋毁。历史虚无主义否定中国在社会主义条件下可以实现现代化，认为中国改革开放就是"补上资本主义这一课"，其用意就是要否定中国特色社会主义道路的历史必然性。历史虚无主义割裂历史，将新中国的历史分为改革开放前后两个历史时期并互相否定，人为制造矛盾、制造混乱。这些错误言论不仅违背历史事实，也违背中国基本国情和人民基本诉求，是想将中国带上歧路。

在历史虚无主义的解构之下，马克思主义的正确性被否定，社会主义道路的必然性被否定，中国共产党执政的必然性被否定；人们的思想被搞乱，民族精神受到质疑，中华民族的根基遭到瓦解。历史虚无主义是削弱中国共产党执政的历史基础和思想根基、消解中国共产党长期执政合法性正义性的舆论工具和政治思潮，其危害性显而易见。因此，我们需坚持客观科学理智地对待历史。中华民族有着悠久的历史和文化，这是民族自豪感、认同感和凝聚力的源泉。人人都要认清历史虚无主义的实质和危害，在珍惜和维护历史中坚定道路自信、理论自信、制度自信、文化自信。

（三）加强防范和批判历史研究中的历史虚无主义

马克思主义是被实践证明了的关于人类解放的真理和科学，更是中国特色社会主义的指导思想，我们要坚持马克思主义在意识形态领域指导地位的根本制度。中国共产党人将马克思主义基本原理同中国具体实际相结合，伴随着人类历史进步，拥有了毛泽东思想和中国特色社会主义理论体系等强有力的理论武装。然而历史走到今天，历史虚无主义坚持历史唯心主义观，以编造谎言和制造歪理的形式与手段对科学马克思主义进行诬蔑和攻击，对我国意识形态、国家安全稳定、民族凝聚力产生巨大的冲击。我们对待历史虚无主义要积极采取措施加以防范，以下从三重维度对历史虚无主义进行批判，并针对防范措施提出建设性意见。

第一，历史虚无主义批判的理论维度。历史虚无主义在历史观上坚持历史唯心主义，否定马克思主义对人类社会历史发展阶段的正确判断，同时否定马克思主义的方法论。历史虚无主义无视历史发展的主流、主线和本质，以偏概全，以"细节"来说明历史，用个人的命运代替国家和民族的命运，用"奇闻逸事"来冲淡历史的主题，进而从根本上否定马克思主义关于认识世界、观察世界的科学的方法论。马克思主义唯物史观的诞生是社会历史观领域的根本革命，具有划时代的意义。从哲学角度看，它使马克思主义哲学成为彻底的唯物主义的世界观，克服了历史上一切旧唯物主义的不彻底性，将唯心主义从社会历史领域驱逐出去。唯物史观既是关于社会历史发展的科学理论，又是我们研究和解决社会历史问题的合理方法，并成为我们研究和分析一切社会历史现象的有效工具。唯物史观是科学的历史观，是科学性和革命性的高度统一，是科学解释人类历史活动的最基本的思想保证。历史虚无主义思潮是建基于唯心史观的哲学基础之上的，它与唯物史观在世界观、历史观和方法论上是根本对立的。因此，要彻底肃清历史虚无主义的消极影响和危害，就必须大力加强唯物史观的教育，用唯物史观的基本原理反对历史虚无主义的唯心史观，提高人民的马克思主义理论水平，培养人民唯物辩证地思考和解决历史问题的素养。这样才能使他们在思想深处形成自觉抵制和坚决批判历史虚无主义的意识，使其建立科学的历史观，从而进一步树立正确的世界观、人生观、价值观，并自觉地运用唯物史观的理论和观点评价历史人物、历史现象和历史事件，对历史能够作出公正、客观的评价。

第二，历史虚无主义批判的历史维度。历史虚无主义的核心内容是在中国近代史、中国现代史和新中国史中的重大事件、重要历史人物方面颠倒黑白，否定新民主主义革命的历史，否定新中国成立以来的社会主义革命和社会主义建设的历史，质疑和否定改革开放以来的历史。历史虚无主义无视中国近现代历史发展的客观规律，无视中国近现代社会发展的客观趋势和历史主题，企图要从历史的客观依据上瓦解、摧毁中国走社会主义道路的必然性，从根本上否定共产党领导的历史合理性和现实正义性。这种颠倒黑白的做法是对历史文明的否定和背叛，是违背历史科学发展规律的。他们有时抓住零散的历史事件和片段，无限夸大革命过程中出现的错误，企图达到否定中国革命的目的，他们设想用所谓的"改良主义"将中国引入资本主义航道。而历史充分证明，中国共产党百年历史，是党领导人民进行新民主主义革命、进行社会主义革命和建设、进行改革开放、奋进新时代并取得伟大胜利的历史。中国共产党人为实现民族独立和人民解放、国家富强和人民幸福矢志不渝，接续奋斗，历经千难万险，战胜各种考验，书写了中华民族发展史上的壮丽篇章。在党的领导下，我们历经了新民主主义革命、社会主义革命和建设、改革开放和新时代建设中国特色社会主义的伟大历程，开辟了走向繁荣进步的光明前程。中国共产党领导是党和国家的根本所在、命脉所在，是全国各族人民的利益所系、命运所系。历史雄辩地证明：没有中国共产党，就没有新中国，就没有中华民族伟大复兴。因此，为了防范历史虚无主义思潮的渗透，需要加强马克思主义历史观的宣传与教育。坚持以马克思主义理论为指导，运用马克思主义立场、观点、方法，坚持马克思主义基本理论与中国实践相结合，以增强民众的"四个自信"；不断改进创新历史教育的内容、方法及形式，将历史古迹、文化博物馆、历史博物馆、重大历史事件纪念馆、历史人物纪念馆等作为进行历史教育的实践基地。要制定中长期历史观教育活动规划，可以考虑从中、小学起就制定并实施历史文化观教育计划，使社会、学校、家庭共同参与，并作为长期的重要工作坚持下去。

第三，历史虚无主义批判的现实维度。历史虚无主义的"虚无"还体现在对中国特色社会主义事业的否定，否定中国特色社会主义道路和中国特色社会主义制度，质疑和否定中国特色社会主义建设取得的成效，制造"新中国威胁论"的论调，诋毁中国的国家形象。40多年的改革开放历史现实证明，中国之所以成功，就在于中国别具一格地走出一条中国特色社会主义道路，并形成了以中国特色社会主义理论体系为基本内容的当代中国马克思主义理论。它的成功并非"空中楼阁"，正是中国革命的胜利为其奠定了坚实的政治基础，社会主义改造和建设为其奠定了厚实的经济基础；全党全国人民万众一心，拼搏进取，为中华民族的伟大复兴之路打下了坚实的基础。因此，要彻底克服历史虚无主义的消极影响，就必须多途径、全方位地加强中国特色社会主义基本国情教育。

国情教育是使人们了解本国政治、经济、自然生态等方面基本情况，从而激发起爱国热情的教育。改革开放40多年来，我们党立足社会主义初级阶段的基本国情，坚持解放思想、实事求是、与时俱进、求真务实，推动我国迈上了以中国式现代化全面推进强国建设、民族复兴伟业的新征程。其中，经济实力实现历史性跃升。党的十八大以来，我们党科学把握发展大势，提出并贯彻新发展理念，推动构建新发展格局，着力推进高质量发展。我国国内生产总值从改革开放之初的 3679 亿元增长到 2022 年的 121.02 万亿元，经济总量稳居世界第二位；打赢了人类历史上规模最大的脱贫攻坚战，历史性地解决了绝对贫困问题，提前 10 年实现《联合国 2030 年可持续发展议程》减贫目标，如期全面建成小康社会；建立起世界最完整的产业体系，制造业规模连续 10 多年位居世界第一；粮食综合生产能力不断提高，14 亿多人的粮食安全得到有效保障。社会主义民主政治制度化、规范化、程序化全面推进。党的十八大以来，我们党立足新的历史方位，深刻把握我国社会主要矛盾发生的新变化，全面发展全过程人民民主，广泛开展社会主义协商民主，人民当家作主更为扎实，基层民主活力增强，生动活泼、安定团结的政治局面不断巩固和发展，人民依法通过各种途径和形式管理国家事务，管理经济和文化事业，管理社会事务。深入推进社会主义法治国家建设，全面依法治国总体格局基本形成，中国特色社会主义法治体系加快建设，司法体制改革取得重大进展，社会公平正义保障更为坚实，法治中国建设开创新局面。文化软实力和中华文化影响力不断提升。党的十八大以来，我们党坚持中国特色社会主义文化发展道路，确立和坚持马克思主义在意识形态领域指导地位的根本制度，积极塑造主流舆论新格局，社会主义核心价值观广泛传播，网络生态持续向好，意识形态领域形势发生全局性、根本性转变。加快完善文化管理体制和生产经营机制，建立健全现代公共文化服务体系和文化产业体系，文化事业和文化产业日益繁荣，人民群众的文化获得感幸福感不断增强。改革发展成果更多更公平惠及全体人民。党的十八大以来，我们党把让老百姓过上好日子作为我们一切工作的出发点和落脚点，在收入分配、就业、教育、社会保障、医疗卫生、住房保障等方面推出一系列重大举措，着力解决人民群众急难愁盼问题。就业创业体制机制不断健全，在 14 亿多人口的大国实现了比较充分的就业；建成世界上规模最大的教育体系、社会保障体系、医疗卫生体系，不断提升社会治理社会化、法治化、智能化、专业化水平，续写了社会长期稳定奇迹。生态文明建设发生了历史性、转折性、全局性变化。党的十八大以来，我们牢固树立和践行绿水青山就是金山银山的理念，推动生态文明建设从理论到实践都发生了历史性、转折性、全局性变化。我们坚持山水林田湖草沙一体化保护和系统治理，全方位、全地域、全过程加强生态环境保护，污染防治攻坚向纵深推进，绿色、循环、低碳发展迈出坚实步伐。

中国特色社会主义基本国情教育能够让人们了解本国政治、经济、自然生态等方面基本情况，使全党、全民，尤其是年青一代在考虑和处理一切问题时都能从中国基本国情出发，并激发热爱祖国、振兴中华的思想感情，自觉加入抵制历史虚无主义思潮的队伍。中国特色社会主义基本国情证明是历史和人民选择了中国共产党。和历史虚无主义的认识相反，中国化马克思主义不仅仅不是虚无的，恰恰相反，它是成功的，并且以其巨大的成功成为反对历史虚无主义的铁证。

综上所述，对待历史虚无主义的正确态度，最根本的就是运用历史唯物主义的历史观和方法论，坚持实事求是，具体问题具体分析；要旗帜鲜明地对历史虚无主义加以抵制和反对，敢于亮剑。一方面，思想宣传部门以及历史工作者、研究者，对历史虚无主义所攻击的党史、国史、军史重大问题，要提高回应反击力度和及时性；要深化对一些党史热点难点问题的研究，加大宣传教育力度。另一方面，广大党员干部和普通民众要提高政治敏锐性和政治判断力，深刻认识历史虚无主义的本质和要害，不要被一些标新立异的观点所迷惑，人云亦云、随意跟风，要将思想和行动聚集到不断推进中国特色社会主义伟大事业和实现中华民族伟大复兴中国梦的历史使命中。

（四）新时代史学研究工作者的责任与担当

新时代史学工作者应当不负党和国家的嘱托和殷切希望，加快构建中国特色历史学学科体系、学术体系、话语体系，自觉担负起史学研究、教学、阐释的使命与责任；扎实做好正本清源、追根溯源的工作，旗帜鲜明地反对历史虚无主义，引导人们树立正确的历史观、民族观、国家观、文化观。

第一，史学研究要与新时代中国特色社会主义伟大事业联系起来。史学作为党领导下的哲学社会科学的重要组成部分，其重要任务就是要从历史的角度，研究阐述好中国特色社会主义道路在中华大地上形成的必然性，以马克思主义为指导，在对历史的深入研究中把握规律。

第二，史学研究要从继承弘扬中华优秀传统文化的高度为建设中国特色社会主义发挥独特作用。史学是中华优秀传统文化最深厚的载体，史学研究应当深入系统研究中华优秀传统文化的思想体系、知识智慧及其当代价值，分析其在各历史时期的思想先导、求新变革、锐意进取中的历史作用，为回答现实重大问题提供史学支持。

第三，史学研究要解决好"为什么人"的问题。历史学就主流来说，从来都有一个"为什么人"的问题。人民群众是历史的创造者，是唯物史观的最基本原理，是马克思主义史学的灵魂，也是马克思主义史学的根本。坚持唯物史观与坚持为人民研究历史是相统一的，它达到了古往今来其他史学流派所没有达到的高度。史学工作者必须坚持这个导向。相反，如果史学研究脱离了人民、脱离了时代，"就不会有吸引力、感染力、影响力、生命力"。

历史研究并不仅仅是史学工作者个人的事业，更是人民的事业、党和国家的事业。对历史的正确认识，代表着一个国家和民族哲学社会科学的水准，标志着一个国家和民族的认识高度，也反映出一个国家和民族的成熟度。习近平总书记的历史观"是站在为人民谋幸福、为民族谋复兴、为世界谋大同的战略高度认识历史和历史科学，我们必须认真学习，深刻体会"①。"史学研究应该站在时代的制高点上，反观人类历史，把握人类历史发展规律，从对历史的深入思考中汲取智慧……新时代中国史学研究只有坚持以习近平新时代中国特色社会主义思想为指导，才能解决时代面临的历史问题，才能回答历史之问和时代之问，才能开创新时代中国史学发展新局面"②。我们是一个拥有数千年优秀史学传统的大国，更是一个拥有深厚马克思主义史学基础的大国，因此，全国广大史学工作者应"坚持历史唯物主义立场、观

① 高翔：《今天，我们需要什么样的历史学》，《光明日报》2019 年 6 月 17 日第 14 版。
② 高翔：《新时代史学研究要有更大作为》，《人民日报》2019 年 11 月 4 日第 9 版。

点、方法，立足中国、放眼世界，立时代之潮头，通古今之变化，发思想之先声"，就能够"推出一批有思想穿透力的精品力作，培养一批学贯中西的历史学家，充分发挥知古鉴今、资政育人作用，为推动中国历史研究发展、加强中国史学研究国际交流合作作出贡献"。

新时代，发展和繁荣历史学科需要坚定不移地以马克思主义为指导。加强马克思主义理论学科对历史学学科发展的引领，是当代中国哲学社会科学区别于其他哲学社会科学的根本标志。习近平新时代中国特色社会主义思想是马克思主义中国化的最新理论成果，是当代中国马克思主义、21 世纪马克思主义，将这一重要思想贯穿哲学社会科学各学科各领域，是广大哲学社会科学工作者清醒的理论自觉、坚定的政治信念、科学的思维方法。因此，发展和繁荣历史学科，要以中国为本、借鉴国外，挖掘历史、把握当代，关怀人类、面向未来的思路，着力提升原创能力和水平，立足中国特色社会主义伟大实践，坚持不忘本来、吸收外来、面向未来，善于融通古今中外各种资源，不断推进学科体系、学术体系、话语体系建设的创新，构建一个在马克思主义理论学科引领下的全方位、全要素的历史学学科体系。在历史问题研究上，历史学学科要正确区分学术问题和政治问题的界限，对政治原则问题，要旗帜鲜明、立场坚定，敢于斗争、善于交锋；对学术问题，要按照学术规律来对待，不能简单化，要营造良好的历史学学科的学术研究环境。

四、马克思主义理论学科对历史学学科的借鉴

（一）历史文化资源的借鉴

唯物主义历史观也称历史唯物主义，是整个马克思主义科学体系的理论基石，在新的历史发展背景下坚持和发展唯物史观具有重要的学术和现实意义。历史文化新资源的开发和利用及成果在为唯物史观的科学性论证提供史料证明的同时，也为唯物史观的发展提供可资借鉴的资源。

历史学伴随着考古学的进步，在史料的发现、整理与研究上，通过大

量出土遗迹和遗物，基本勾勒出中国广袤大地上人类演化、社会发展、文化进步的漫长画卷，展现了波澜壮阔的中华文明历程和中华五千年文明史的延续。伴随着多学科合作的不断深入，近20多年来，现代科技手段与考古发掘研究的结合日益紧密，科技考古利用自然科学相关学科的方法和技术对考古遗址进行勘探，对出土遗迹进行鉴定、测试与分析，增强对绝对年代、生产模式、人地关系、人类体质特征和健康状况及人类行为活动的认识，一系列重大发现已经使我国成为世界瞩目的考古圣地，科研成果逐年增长。

历史学学科科研成果的取得，促进了具有中国特色的文明起源和发展理论的形成，进一步创新性地发展和证实了马克思主义唯物史观和辩证唯物主义的科学性；证明了中华文明源远流长、博大精深，是中华民族生生不息、发展壮大的丰厚滋养，也为人类文明进步作出了重大贡献。在漫长的历史进程中，中华民族以自强不息的决心和意志，筚路蓝缕，跋山涉水，走过了不同于世界其他文明体的发展历程。中华优秀传统文化的风骨神韵、革命文化的刚健激越、先进文化的繁荣兴盛，共同铸就了我们坚定文化自信的强大底气。习近平总书记在党的二十大报告中作出"推进文化自信自强，铸就社会主义文化新辉煌"的重大部署。马克思主义理论学科通过对历史文化资源的借鉴，深入贯彻党的二十大战略部署，推进文化自信自强，夯实传播中华文明的思想根基，坚守中华文化立场；对外展示好习近平新时代中国特色社会主义思想是中华文化和中国精神的时代精华，讲好中华文明故事，推动文明交流互鉴，展现可信、可爱、可敬的中国形象，努力为全面建设社会主义现代化国家、全面推进中华民族伟大复兴营造有利的外部舆论环境，为推动构建人类命运共同体作出新的贡献。因此，历史学学科与马克思主义理论学科是和谐统一的关系。历史学学科的发展和创新需要坚持以马克思主义唯物史观为指导，不断建立健全学科体系。而历史学学科通过挖掘与发现大量的全新资源、不断探索历史学理论与方法论，同样为马克思主义理论学科的发展作出了独特的学科贡献。

（二）历史学研究方法的借鉴

马克思主义理论学科与历史学学科之间有着统一的关系，马克思主义理论学科需要从历史学学科中汲取智慧和营养，进而与历史学学科协同发展，加强跨学科研究，培育学科新生长点。历史学学科对马克思主义理论学科的影响，还在于研究方法的借鉴上。历史学的研究方法主要有：考据法，即收集和考证材料的方法，也是最基本的研究方法；计量史学，通过一些统计的数据进行计量，然后得出相应的结论；口述历史方法，用现代化手段收集人们口述的历史资料，用来研究历史；比较史学，通过对两种或两种以上的历史现象的比较来加深、扩大和验证对历史认识的方法等。马克思主义科学是对自然、社会和人类思维规律的科学全面系统的反映及对人类社会实践经验的科学总结的科学，而历史学的研究方法对其发展有重要的影响作用。

其中，口述历史方法在中共党史研究中发挥了重要作用。在新民主主义革命时期，中国共产党便十分注重党史资料的收集和保存。1935 年中央红军长征到达陕北后，毛泽东等中央领导人便有意向全体红军指战员征集长征故事。《红军长征记》便是在众多口述资料中经过红军总政治部编辑整理后形成的史料。1936 年埃德加·斯诺到达陕北中央苏区后，在采访毛泽东等中央领导人与广大红军战士的同时，结合《红军长征记》文本内容，撰写了《红星照耀中国》，这一将口述史料与文本内容相结合形成的历史文学著作，成为后来国内外研究中共党史的重要参考资料。中华人民共和国成立后，史学界开始具有现代意义的口述史调研实践，为党史研究增添了许多鲜活的史料。改革开放前，高级军事将领和党政要人的回忆录《星火燎原》《红旗飘飘》和全国政协主编的《文史资料选辑》成为当时重要的口述党史资料。改革开放以来，"口述史学"这一概念表述开始被学者使用。许多老领导、老同志通过口述的方式回忆自己一生的革命工作经历或某个时期的具体历史事件，其中具有代表性的著作有李维汉的《回忆与研究》、徐向前的《历史的回顾》、师哲的《在历史巨人身边》和《峰与谷》、薄一波的《若干重大决策与事件的回顾》、胡乔木的《胡乔木回忆毛泽东》等。这些著作的主要特点是研究性强，通过作者口述史实、他人整理并对照档案文献写成文稿，再由口述者审阅修改，征求专业部门意见后，交由权威出版机构出版。进入 21 世纪，以研究性为目的，经官方审定的回忆录大量出版，各类期刊开设专栏通过刊登口述文章的方式广泛收集口述党史史料，比如《百年潮》杂志、《中共党史资料》丛书等。党的十八大以来，中共中央党史研究室在征集、整理、出版口述党史史料中发挥了重要作用，相继出版了《中国共产党口述史料丛书》《新中国口述史（1949—1978）》《改革开放口述史》和《改革开放四十年口述史》等系列口述史料丛书，丰富了口述史料种类，深化了对党史重要事件和人物的认识。

运用口述历史方法是深化党史研究、总结历史经验和把握历史规律的重要方法。我们要积极借鉴历史学研究方法，将我党光辉历史生动形象地呈现出来，真正做到学史明理、学史增信、学史崇德、学史力行，为全面建设社会主义现代化强国、实现中华民族伟大复兴的中国梦汲取智慧和力量。

第六篇

马克思主义理论学科引领教育学学科发展

教育学是一门研究人类的教育活动及其规律的社会科学。它广泛存在于人类生活中。通过对教育现象、教育问题的研究来揭示教育的一般规律。教育活动伴随人类社会的产生而产生，教育学是研究教育活动的理论，其作为一门独立的学科产生于 17 世纪的欧洲。在经历了 18 世纪末的社会研究科学化时期后，在 19 世纪初进入科学化发展时期。进入 20 世纪，教育学的科学化发展进入一个新阶段，21 世纪是教育学发展的新时期，教育学的科学化发展表现出一系列时代特征，形成了一个多学科组成的教育学学科体系。但是在学科体系化程度和学科建设过程中，仍有提升的空间。马克思主义理论学科的发展取得了良好的成效，对教育学学科发展具有引领作用。

一、教育学学科发展现状

教育学的发展总体上可以分为"前学科时期""前科学时期"和"科学化时期"三个阶段。在"前学科时期"，教育学还没有成为一门独立的学科，教育理论主要散见于哲学和其他学科的著述之中，专门论述教育理论的知识体系尚未单独建立起来。在"前科学时期"，教育学作为一门独立的学科已经产生，但理性思辨和逻辑演绎仍然是其阐述教育理论的基本方式，科学的研究方法还未能在教育学研究中被广泛运用。"科学化时期"主要指的是从科学的教育学产生至今，教育学从理论、方法到研究活动都不断呈现出越来越突出的科学性。追求概念的严谨性、方法论的清晰性和结论的可验证性成为教育学发展的基本趋势。[1]

---

① 柳海民：《教育学原理》，北京：高等教育出版社，2019 年版，第 11 页。

（一）教育学的发展历程

1."前学科时期"

在"前学科时期"，人们对教育的认识停留在零散、肤浅的教育经验，并未进行抽象化和系统化，也并未实现从经验到理论的提升。在这一阶段，教育思想在历史的长河中孕育，教育思想逐渐体现在中外思想家的思想体系中。早在春秋时期和古希腊、古罗马时期，有关教育的论述多见于思想家的各种著作中，而少见单独论述教育的著作。我国的孔子（前551—前479）、孟子（约前372—前289）、墨子（约前468—前376）、荀子（约前313—前238）等诸子百家的论著中，有很多关于教育的论述。在文艺复兴时期，关于教育的论述已初具专业化。1623年，培根第一次将教育学作为"指导阅读"的独立学科提出。1632年，捷克教育家夸美纽斯（1592—1670）的《大教学论》捷克文本完稿，学界通常视之为近现代独立形态的教育学的开端。[①]"把一切事物教给一切人类全部艺术"，并愿意"用先验的方式去证明这一切，就是从事物本身的不变的性质去证明"[②]。这表明，夸美纽斯已经开始从人们零散的教育经验中提取了深刻且系统的并具有普遍意义的教育理论，这部著作也是在"前学科时期"专门研究和论述教育的著作，在其之后，专门论述教育理论的著作日益增多，教育作为一门独立的学科逐渐产生，内容日渐丰富。1755年，康德（1724—1804）进入哥尼斯堡大学任教，在任教期间，他讲授多门课程，其中就包括教育学课程。这也是教育学进入大学课程的较早历史记录，表明当时教育学已经作为一门独立的学科进入大学课程体系，这也是教育学向学科化发展的一个新阶段。同一时期，瑞士教育家裴斯泰洛齐（1746—1827）在瑞士开办学校，进行了很多教育实验，并根据实验提出了一系列关于教育教学方法的理论。这些教育家的思想变化及实践成果都预示着教育学作为一门独立的学科即将迈入科学化的阶段。

---

① 柳海民：《教育学原理》，北京：高等教育出版社，2019年版，第9页。
② ［捷］夸美纽斯：《大教学论》，傅任敢译，北京：人民教育出版社，1984年版，第3页。

2."前科学时期"

在"前科学时期",人们对教育的现象的认识逐渐体现出一系列知识相互联系的逻辑性,同时随着知识的细化分类,经过自然科学以及社会科学的发展,教育理论日渐丰富,教育学的发展逐渐步入科学化发展道路。从18世纪末到19世纪中叶,随着经济学、人口学、生理学、心理学、统计学的研究在欧洲逐渐发展,"社会科学"一词出现。19世纪初至19世纪中后叶,法国哲学家奥古斯特·孔德及法国社会学家迪尔凯姆,都在著作中体现出人类认识发展向"实证科学"和"社会事实"转变,为科学的社会研究确立了一系列规范。在这一时期,德国古典哲学、心理学蓬勃发展,为科学教育学的产生提供了一定的逻辑理论基础。德国古典哲学创始人康德认为人类精神无法测量,因为缺乏空间性的特征,他认为理性思辨和逻辑演绎是教育学成为一门科学的关键。

康德的学生林克整理了康德在哥尼斯堡大学讲授教育学的讲义等资料,于1803年出版了《康德论教育》。由此可以看出,康德虽然指出了教育学科学化发展的方向,但是并未经过"实验"的检验,也就是说,康德时期的教育学还未建立在科学事实的基础之上,因此我们只能说教育学的科学化开始萌芽,但是并未真正开始科学化。

3."科学化时期"

1806年,德国哲学家、心理学家、科学教育学奠基人赫尔巴特(1776—1841)试图通过"实验"的方法对人的心理进行测量,受心理学逐渐成为一门科学的影响,赫尔巴特的观点阐述了教育学自身的科学化进程。1806年,赫尔巴特出版《普通教育学》,在书中他明确了教育的目的和途径:"教育学作为一种科学,是以实践哲学和心理学为基础的。前者说明教育的目的;后者说明教育的途径、手段与障碍。"[①]赫尔巴特明确将教育学定性为一门"科学",他关于教育学的性质、理论构成和方法论基础等思想,被教育领域广

[①][德]赫尔巴特:《普通教育学·教育学讲授纲要》,李其龙译,北京:人民教育出版社,1989年版,第190页。

泛接受。赫尔巴特的理论研究和实践成果，标志着教育学作为一门独立形态的科学的产生和确立。在这一时期，美国哲学家、教育家杜威（1859—1952）在批判、继承赫尔巴特教育理论的基础上，开启了教育学科学化发展的新局面，教育学科学化也不再局限于一门学科。尔后，在教育学的科学化发展阶段，马克思和恩格斯在《关于费尔巴哈的提纲》等重要论著中，批判了空想主义的错误理论，论证了人在教育活动中的主体地位，为教育学的科学化发展提供了极其重要的哲学基础。马克思和恩格斯对教育学科学化发展最大的贡献在于确立了辩证唯物主义和历史唯物主义的科学理论和科学方法，特别是马克思主义关于人的全面发展的理论，为我们科学认识教育现象提供了理论武器，为教育学的科学化发展奠定了重要的哲学基础和提供了思想指引。

（二）教育学的学科门类

第一，明晰教育学与教育科学的不同内涵。教育学是一门研究人类教育活动及其内在规律的科学，它是一门基础学科；教育科学是运用科学方法研究人类教育活动的诸多学科的总称，这些学科都以人类社会的教育现象为研究对象，分别从不同角度、不同层次和不同方面探索和揭示教育规律。[①] 教育学是教育科学体系中的基础学科，处于教育科学体系一级学科的地位。在教育科学体系中的诸多学科中，教育学侧重探讨教育的基本规律、基本原理和基本方法。

第二，教育学是教育科学体系中十分重要的基础学科。教育学在总体上阐述教育的基本规律、基本原理和基本方法，其能够从教育科学体系中的其他学科的研究中获得支持，同时为其他学科提供教育学理论基础的支撑。教育学在经历了"前学科时期""前科学时期""科学化时期"，以科学事实为基础，在理性和逻辑的引导下，通过对人类社会中的教育现象的科学研究，发现和揭示教育规律。包括教育学在内的所有教育科学，都是依据人类的教

---

① 柳海民：《教育学原理》，北京：高等教育出版社，2019 年版，第 1 页。

育实践，发现和揭示教育规律，并最终接受教育实践的检验。

第三，教育学一级学科下面有一系列二级学科。有分别研究不同类别的学校教育的学科，包括普通教育学①、职业教育学、高等教育学、学前教育学、特殊教育学等；有从不同学科和不同视角研究教育现象的学科，如教育哲学、教育心理学、教育史学、教育经济学、教育管理学、教育社会学、教育政治学、教育法学、教育人类学、教育伦理学、教育文化学、教育技术学、比较教育学等；有着重探讨具体的教育研究方法的学科，如教育统计学、教育测量学、教育评价学等；有从教育学内部逐步分化出研究教育活动不同环节和教育现象内在不同领域的一系列学科，如教学论、课程论、德育论、教育研究方法论等。人类社会的教育现象在不断发展变化，教育科学的发展目前还没有达到成熟和稳定的阶段，其分化发展仍然比较活跃，教育学领域还有很多新兴学科在不断产生并加入教育科学的学科体系中来。

第四，人的教育活动具有一定价值取向。教育科学研究的重要对象是人们在教育活动中的各种价值取向。教育学要通过科学的研究手段，来分析这些价值取向及其成因，揭示这些价值取向及其内在规律对人们教育活动的影响。这里有两点要格外注意：一是教育科学研究活动本身是客观的；二是教育规律是不以人的主观意志为转移的。由此可见，在教育科学研究的过程中，我们要本着马克思主义实事求是的原则，严格以科学的方法，以事实为依据对人的教育活动进行理性分析，努力排除主观影响，保障教育规律的论证和描述的客观性、公正性和科学性。

（三）教育学的主要研究领域

关于教育学的研究领域，首先，从教育学的定义可见，教育学是一门研究人类的教育活动及其规律的社会科学，它广泛存在于人类生活中，通过对教育现象、教育问题的研究来揭示教育的一般规律。其次，从教育学发展的

---

① 本文中"普通教育学"指的是专门研究普通中小学教育的学科，是处于一级学科"教育学"之下的二级学科，与作为一级学科的研究教育一般原理的"教育学"相区别。

历史脉络可见，随着教育学的发展，教育学正在从"学科"转向"领域"，在教育学进入科学化发展阶段后，其不再局限于一门学科，而是成为由众多学科组成的教育科学体系中的智慧之学。因此，教育学的主要研究领域可以划分为三个方面：一是教育学研究对象；二是教育学特殊的研究对象；三是从不同学科研究教育现象视角分析教育学的研究主要领域。

1. 教育学的研究对象

教育学的研究对象是人的教育活动，其中既包括具体个人的教育活动，也包括人类社会中的各种教育现象和教育问题，这些教育现象和教育问题实际上是人类群体的教育活动在社会生活中的具体表现形式。[①]教育学从不同的层次对人的教育活动展开研究，即个体、群体、国家、民族、整个人类等不同层次；同时教育学也从不同层面描述人类社会中的教育现象，即微观、中观、宏观等不同层面。由此，揭示和探讨其中的基本规律、基本原理和基本方法，进而指导人在不同层次的教育活动以及分析不同层面的人类社会教育现象。

2. 教育学特殊的研究对象

以班级授课制为基本特征的近现代学校教育的产生，促使独立形态教育学的产生，由此可见，学校教育是教育学的特殊而重要的研究对象。学校教育作为教育学特殊的研究对象，其特殊性主要体现在三个方面：一是学校教育是教育学最主要的研究对象，学校以外的家庭教育、社会教育等研究内容占比远少于学校教育；二是教育学对学校教育的研究具有深入性和翔实性；三是教育学对学校教育的研究具有专门化和典型化。除此之外，作为教育学的一个特殊研究对象，学校教育既具有其他教育现象都具有的教育的一般属性，又具有其他教育现象所不具有的一系列特殊属性。[②]在人类社会中，每一种教育现象均有其长处和短处，有其一般性功能和特殊性功能，在进行教育学的研究过程中，应以辩证的方式看待学校教育这一特殊的研究对象与教

---

① 柳海民：《教育学原理》，北京：高等教育出版社，2019 年版，第 3 页。
② 柳海民：《教育学原理》，北京：高等教育出版社，2019 年版，第 7 页。

育学其他研究对象之间的关系，只有在实际的教育活动中，扬长避短，尽量规避在某些方面的负向作用，才能更好地发挥学校教育和其他各种教育对象对人的发展的正向作用，从而更好地促进人的发展。

3. 从不同学科研究教育现象视角分析教育学的研究主要领域

教育学的研究领域较为广泛，其各研究领域之间相互联系、相互渗透，共同构成了完整的教育学体系。通过不断深化对这些研究领域的认识和探索，教育学可以更好地为教育的发展和改革提供理论支持和实践指导。其一，教育心理学。教育心理学是研究在教育情境下人类的学习、教育干预的效果、教学心理，以及学校组织的社会心理学，重点是把心理学的理论或研究所得应用在教育上。其二，教育社会学。教育社会学是以社会科学为原理，研究教育现象、教育问题及与社会之间相互制约关系的学科，是教育科学的重要分支。教育社会学是介于教育学与社会学之间的一门边缘学科。其三，教育经济学。教育经济学是研究教育和经济之间关系的经济学分支学科，是介于经济学、教育学、数学之间的边缘学科、交叉学科。其四，教育法学。教育法学是以教育法、教育法律现象及其发展规律为研究对象的法学和教育学的交叉学科。其五，课程与教学研究。课程与教学研究关注教学内容和方法，研究如何设计和实施有效的教学方案。其六，学前教育学研究。学前教育学是研究学前年龄阶段儿童教育规律的科学，是教育学的一个分支学科。其七，特殊教育研究。特殊教育是运用特殊的方法、设备和措施对特殊的对象进行教育。其八，教育管理与领导研究。教育管理与领导研究关注教育组织与管理、教育政策与决策等方面的问题。

二、马克思主义理论学科引领教育学学科发展的必要性

马克思主义是马克思和恩格斯等在吸收人类关于自然科学、社会科学和思维科学一切优秀成果的基础上，结合各国革命和建设的具体实践，创立并不断发展起来的科学理论体系。研究教育在人类文明发展中的作用等教育

问题，离不开马克思主义理论的指导。我们在运用这些科学理论从事具体的教育实践时，必须坚持马克思主义理论的指导，在实践过程中不断深化对人类社会教育现象及其规律的科学认识。马克思主义指导中国教育理论的新发展，既体现在我们的教育理论和教育研究过程中，也贯穿于我们所有的具体教育实践活动中。我们只有始终在马克思主义理论指导下，一切从实际出发，理论联系实际，才能保证教育学作为一门科学健康发展，才能使其真正在具体教育实践活动中有效地发挥指导作用。

马克思主义理论学科是我国哲学社会科学的带头学科和最进步的理论学科，既有研究重大理论和实践问题的任务，也有培养人、教育人的任务。马克思主义理论学科的建设从立场、观点、方法上引领教育学学科发展。

（一）形成具有中国特色的教育学学科体系

第一，明晰中国特色教育学学科体系的内涵。教育学学科体系是教育领域知识的结构化组织，是由若干相互联系和相互作用的教育学分支学科组成的具有一定结构和功能的学科整体。它以学科门类、学科归属和学科设置以及相互之间的联系等为核心问题，遵循知识体系自身的逻辑，在继承与创新、优化与超越的螺旋上升中运行。[①] 中国特色教育学学科体系是指：立足中国教育实际，把握教育改革发展的时代特征，博古通今，总揽教育理论与实践的历史脉络与古今之变，不断推进符合中国特色社会主义发展建设的具有中国特色的教育学知识创新、理论创新、方法创新。

第二，提升马克思主义理论学科引领作用。首先，马克思主义理论学科处于国家需求的重大战略性地位。新时代十年，在党和国家各项政策的大力推动下，马克思主义理论学科上规模、上层次，形成了学位点布局覆盖面大、学科性教学理念明确、教师队伍人数多、专业人才培养质量提升的基本格局。马克思主义理论学科作为国家需求的重大战略性学科，肩负着为党政机关、高等院校、科研院所等机构培养高质量人才的重要任务。其次，新时

---

① 郑金洲：《新时代中国特色教育学学科体系构建》，《教育研究》2023 年第 4 期。

代十年，马克思主义理论学科为国家培养了一大批从事马克思主义理论研究、宣传和教育教学的优秀专业人才，他们活跃在科研、教学、出版、行政等领域，发挥着重要作用。马克思主义理论学科在新时代十年所取得的成绩，为我们树立学科高质量发展意识增强了信心、坚定了决心。① 再次，马克思主义理论学科对中国特色教育学学科体系建设具有全方位的引领作用。进入新时代，教育领域按照加快中国特色哲学社会科学学科体系建设的要求，明确了中国特色的教育学学科体系是中国哲学社会科学学科体系构建的重要"教育力量"。新时代中国特色教育学学科体系是以马克思主义为指导的。中国特色教育学学科体系构建未来发展正呈现出持续深化马克思主义教育理论研究的思想引领、进一步完善中国特色教育学学科体系总体布局的实践导向、在学科分类发展的基础上推进学科间的融通与融合的"大学科"意识、培育一批教育领域的战略型研究人才的学科队伍建设、加强教育学学科体系基础理论研究的思维水平深化等态势。

第三，马克思主义理论学科从立场、观点、方法等方面全面引领教育学学科发展。马克思主义理论学科运用马克思主义的立场、观点和方法，研究马克思主义理论及其运用。马克思主义理论学科的发展始终站在人民大众的立场上，充分体现马克思主义的世界观、人生观、价值观。"马克思主义基本原理学科"等六个二级学科在马克思主义理论一级学科中结成一个有机的整体，相互联系，体现马克思主义辩证唯物主义的观点。六个二级学科有各自的研究内涵和研究范围、研究方向，但在目标上具有一致性，都是研究马克思主义理论及其运用。其中，"马克思主义基本原理学科"研究马克思主义科学内涵、精神实质和内在逻辑，为其他五个二级学科的研究提供坚实的理论基础、基本立场、观点和方法，具有基础性的地位和作用；"马克思主义发展史学科"对马克思主义产生、发展的历史过程及规律进行研究；"马克思主义中国化研究学科"对马克思主义理论与中国具体实践相结合所形成

---

① 张雷声，李梦云：《新时代马克思主义理论学科高质量发展研究》，《思想理论教育导刊》2023 年第 3 期。

的、能够反映马克思主义科学内涵和精神实质的、既一脉相承又与时俱进的新的理论成果进行研究;"国外马克思主义研究学科"对当代国外马克思主义相关的理论、思潮、流派的发生、演进及其基本思想进行研究;"中国近代史基本问题研究学科"是围绕历史和人民怎样选择了马克思主义、中国共产党和社会主义道路,专门系统研究中国近现代的历史进程及其基本规律和主要经验的学科;"思想政治教育学科"运用马克思主义的立场、观点和方法,研究人们思想品德的形成和发展,以及思想政治教育规律,培养人们正确的世界观、人生观、价值观。由此可见,马克思主义理论学科始终坚持马克思主义的立场、观点、方法,形成一个目标一致,各有研究内容,但又具有严密逻辑性的学科体系,为教育学学科的发展提供了可借鉴的优秀范本。

第四,马克思主义理论学科的特点为整体性、实践性、科学性与意识形态相统一。"思想政治教育学科"提出了学科理论研究和建设的"整体性"要求,马克思主义理论学科的整体性具体表现在马克思主义哲学、马克思主义政治经济学、科学社会主义三部分相互联系着的理论对客观世界的整体反映;马克思主义理论是在理论与实践的结合中创立的,这反映了马克思主义理论发展的特质,理论来自实践、指导实践并在实践中不断发展,这是马克思主义理论学科与其他学科的根本区别;马克思主义理论是人类思想文化智慧的结晶,马克思主义在对人类社会发展一般规律的揭示中,在对科学真理的阐释中,体现了理论逻辑的力量和学术价值的魅力,马克思主义理论又具有为无产阶级劳动人民服务的意识形态功能,科学性和意识形态性在马克思主义理论中得到完美的结合。

(二)构建符合中国国情的话语体系

1. 构建符合中国国情的话语体系的概念界定

话语体系是思想理论体系和知识体系的外在表达形式,打造话语体系需要了解其内涵、定位和功能,这包括明确话语体系和思想理论体系的异同关系,以及明确其宗旨,即做大做强话语权。话语权与人们争取经济、政治、文化、社会地位和权益的话语表达密切相关。此外,具有影响力的话语体系及其话语权都具有政治性意蕴、学理性支撑、哲学性思维、通识性表述、有效性传播等五个核心要素。这些要素分别表达的是立场、观点、方法、表述、传播，它们具有内在逻辑联系，是一个由内容到形式的逻辑进程。话语体系是一个国家软实力和巧实力的集中体现，它蕴含着一个国家的文化密码、价值取向、核心理论，并决定其主流意识形态的地位和国际话语权的强弱。因此，构建符合中国国情的话语体系对于提升国家的文化影响力、国际地位和话语权具有重要意义。教育学话语是哲学社会科学话语体系的一部分，是教育学的话语表达形式。有学者指出，教育学话语是主体在一定社会文化背景下，针对教育和教育学的研究对象的主体意志的实践性表达，它具有科学性与普适性、规范性与实践性、民族性与历史性的特征。[①] 新时代理解的中国特色教育学话语体系，主要是站在建设中国特色哲学社会科学这一大背景下，试图打破教育学的西方霸权，提炼属于中国的教育学概念、命题，建构中国的理论，为解决人类共同面临的教育问题贡献中国智慧。[②]

2. 构建符合中国国情的话语体系的重要意义

中国教育学应该具有中国的话语体系，构建具有中国特色、中国风格、中国气派的教育学话语体系，这既是中国教育学的内在要求，又是改变中国教育学对西方的依附状态，使中国教育学走向世界并在世界舞台上发出中国声音的有效途径。近年来，学术话语体系研究受到学界广泛关注。2016 年 5 月，习近平总书记在哲学社会科学工作座谈会上指出："发挥我国哲学社会科学作用，要注意加强话语体系建设。"[③] 教育学作为哲学社会科学中的重要学科，在加快中国特色哲学社会科学体系构建的背景下，研究符合中国国情，体现中国特色社会主义的教育学话语体系，是新时代发展的必然要求。中国特色社会主义教育学话语体系研究，对于建设和完善中国特色社会主义教育学体系、引导新时代中国教育的改革发展、更好阐释和认同中国特色社

---

① 王燕敏：《教育学话语的方式、结构与特征》，《南通大学学报》（社会科学版）2015 年第 1 期。

② 冯建军：《中国特色社会主义教育学话语体系研究》，《社会科学战线》2023 年第 5 期。

③ 习近平：《在哲学社会科学工作座谈会上的讲话》，《人民日报》2016 年 5 月 19 日第 2 版。

会主义教育道路、提升中国教育学的国际话语权和国际影响力，具有重要的学术价值和社会意义。

3. 构建符合中国国情的教育学话语体系的实施路径

首先，要筑牢中国特色社会主义教育学话语体系的理论和思想根基，坚持以马克思主义为指导，以习近平新时代中国特色社会主义思想为指引；其次，要总结中国特色社会主义教育历史发展的经验，深入中国特色社会主义教育改革实践，在中国特色社会主义教育改革发展的实践上建构的学术话语体系，更具说服力；再次，要传承中国特色社会主义教育学话语的文化基因，根植中华民族优秀文化，形成中国特色、中国风格的教育学；最后，要理性分析、批判和借鉴西方教育理论中的科学成分，在立足中国文化的同时，在考虑文化差异、制度差异的基础上，取其精华，弃其糟粕。

（三）确定教育学学科发展的目标定位和价值导向

中国特色社会主义教育学学科的发展，需要立足中国国情，坚持政治性和学术性的统一：坚持马克思主义为指导，坚持习近平新时代中国特色社会主义思想为指引；坚持理论性与实践性的统一：扎根中国特色社会主义教育改革的实践，总结经验；坚持历史性与现实性的统一：根植中华民族优秀传统文化，创新性发展；坚持本土化与世界化的统一：理性分析批判和借鉴吸收西方教育理论的科学成分。

应从以下几个方面把握教育学学科发展的目标定位和价值导向：

第一，树立具有创新性且符合中国特色的学术思想目标。首先是精准把握中国特色社会主义教育学的基本概念、核心思想、思想体系，从基础上建立中国特色社会主义教育学；其次，批判和借鉴西方教育理论中的科学成分，既要避免依赖，也要合理地批判、借鉴；最后，梳理习近平总书记关于教育的重要论述，树立政治性与学理性相结合的学术思想目标，构建中国特色社会主义教育学学科的发展新格局。

第二，树立具有科学性且符合中国国情的学科建设目标。首先，中国教育学的发展有百年的历史经验，其发展历程经历了舶来品时期、教育学中国化时期、中国化的教育学时期、中国特色社会主义教育学时期，逐渐确立符合中国国情的学科建设目标；其次，建立中国特色社会主义教育学，不仅推动了马克思主义教育思想中国化，而且创新发展了中国化的马克思主义教育学。

第三，树立具有实践性且体现中国特色的服务社会目标。首先，中国特色社会主义教育学的发展离不开教育实践，同时也为教育实践提供指导；其次，完善"马克思主义理论研究和建设工程"重点教材教育学的话语体系，充分体现习近平新时代中国特色社会主义教育思想的实践性；最后，中国特色社会主义教育学的发展，为形成中国特色社会主义教育学话语体系打下坚实的基础，充分体现中国特色社会主义教育的发展优势、制度优势和文化优势，人才培养服务社会的优势，向世界传达出中国声音。

三、马克思主义理论学科引领教育学学科发展的举措

马克思主义是适应实践发展要求并能指导社会实践不断前进的理论，这也决定了它的发展具有与时俱进、不断创新、引领时代潮流的特点。在整个哲学社会科学的学科中，马克思主义居于指导地位，它通过自身的科学性、学术性和先进性，通过执政党的地位和权威，渗透到社会的各个领域和层面，对整个社会和文化起到一种教育和规范作用，并对政治稳定和经济发展起到巨大的推动作用。由此可见，马克思主义理论具有意识形态性，这也是马克思主义理论学科不同于其他学科的特殊性。促进马克思主义理论学科引领教育学学科发展，一是坚持马克思主义立场、观点、方法，引领中国教育学发展的原则和方向；二是坚持党对教育学学科建设的领导；三是通过马克思主义理论学科体系的引领，建设符合中国特色的教育学学科体系；四是发挥马克思主义理论学科具体在学科的整体建设、师资队伍、人才培养方面对教育学学科发展的引领作用。

（一）坚持马克思主义立场观点和方法是中国教育学发展始终坚持的原则和方向

纵观教育学发展史，中国教育坚持以马克思主义为指导思想，构建中国教育学学科体系。首先，学科体系的建设离不开正确的指导思想，新中国成立以后，马克思主义成为指导社会主义革命和社会主义建设的理论基础，与此相适应，建设什么样的教育学学科体系、怎样建设教育学学科体系等问题的提出，迫切需要并必须确立马克思主义在教育学学科体系建设中的指导地位。[①] 其次，纵观教育学的发展史，自中华人民共和国成立至今，马克思主义在教育学学科体系建设中的指导地位逐步确立，其间教育学的发展经历了引介、学习和批判国外教育学的阶段。

自 1901 年，教育学、教育史等学科从国外引进，在中华人民共和国成立后的一段时间，旧中国的教育学学科体系建设，受西方教育学和苏联模式的影响。其次，改革开放之后，中国教育的发展急需本土化学科体系的建设，教育学者逐渐意识到既不能照搬照抄国外的教育学发展模式，也不能闭门自守，需要处理好从舶来品到中国教育学自身发展的关系。教育学者在引进和借鉴国外教育学研究成果的基础上，更加注重批判地吸取其精华，以适应中国国情和实践发展的需要。在批判借鉴国外教育学研究成果的基础上，中国教育学学派逐渐形成，教育学研究者开始探讨"建设中国特色社会主义教育学"的必要性和内涵，并积极探索方法论和路径，但是在这一时期的中国特色社会主义教育学只呈现出教育学学科体系建设的局部，没有体现在整体的建设上。进入 21 世纪，随着新时代中国特色社会主义的发展，中国特色社会主义教育学学科体系的建设逐渐向全局性发展，在这一时期，涌现了符合中国教育实践需求的教育思想和教育理论，经济建设、政治制度、文化建设都离不开中国特色社会主义教育学学科体系的完善，相互具有导向

---

① 侯怀银：《新中国成立以来教育学学科体系建设的回顾与展望》，《西北师大学报》（社会科学版）2022 年第 4 期。

作用。

自 1949 年至 1956 年，马克思主义在教育学学科体系建设中的指导地位逐步确立，在这一过程中，教育学发展也经历了引介、学习和批判国外教育学的发展过程。在批判国外教育的过程中，中国教育学吸取精华，辩证地看待教育学引进来、走出去的关系；自觉树立辩证唯物主义和历史唯物主义的世界观，运用马克思主义的观点研究教育问题。教育学在从引介、学习到批判的历程中，逐步确立了马克思主义观点与理论的指导地位。

综观新时代发展历程，始终坚持马克思主义的指导地位，践行人的全面发展观。在习近平新时代中国特色社会主义思想发展的过程中，教育学发展更加突出中国特色。首先，始终把马克思主义作为指导思想，从学科建设、教材编写到课堂教学以及学术研究等各环节，将马克思主义的基本立场、观点和方法有机融入其发展过程的方方面面。其次，新时代坚持马克思主义的指导地位，就是要研究和坚持新时代中国化的马克思主义，坚持并运用好贯穿其中的立场、观点、方法。再次，坚持马克思主义与中国实际相结合，特别是与中华优秀传统文化相结合，在马克思主义中国化的历史进程中，与中国的具体实际相结合，与中国优秀的传统文化相结合，逐渐探索符合中国国情的教育学学科体系建设。最后，马克思主义中国化的过程中，中国教育学发展适应时代需求，具有科学性、综合性和实践性。教育学的科学性体现在科学的世界观和方法论；综合性体现在以问题为导向，打破学科壁垒，进行多元化的研究；实践性体现在直面中国教育实践问题，以中国教育经验构建中国教育理论，以解决实践问题。

（二）坚持党对教育学学科建设的领导

马克思主义理论教育是中国共产党运用马克思主义基本原理和马克思主义立场、观点、方法来教育、武装无产阶级和广大人民群众的实践活动。中国共产党一贯重视马克思主义理论教育与学习。坚持用马克思主义理论教育全党和全国人民是中国共产党的一大优良传统和政治优势。中国共产党成立以来，特别是新中国成立以来的全部历史证明，中国共产党的马克思主义理论教育是社会主义革命、建设、改革事业取得一个又一个胜利的重要保证。认真总结中国共产党开展马克思主义理论教育的基本经验，对于指导我们今天的马克思主义理论教育、加强党的建设、高举中国特色社会主义伟大旗帜、夺取全面建设小康社会新胜利具有重大意义。中国共产党开展马克思主义理论教育的优良传统和已经积累的基本经验是马克思主义理论学科形成的历史基础。①

加强马克思主义理论教育，坚持马克思主义在意识形态领域的指导地位，具有十分重要的意义，这对引领教育学学科始终坚持马克思主义的指导地位，坚持中国共产党的领导具有引领作用。

第一，党和国家始终把教育事业摆在优先发展的战略地位。教育学作为研究教育规律，指导教育实践的科学，构建具有中国特色的教育学学科体系至关重要。在全国教育大会上，习近平总书记指出："教育是民族振兴、社会进步的重要基石，是功在当代、利在千秋的德政工程，对提高人民综合素质、促进人的全面发展、增强中华民族创新创造活力、实现中华民族伟大复兴具有决定性意义。教育是国之大计、党之大计。"②

第二，纵观新中国成立 70 多年，中国教育学建设和发展的历史，马克思列宁主义、毛泽东思想、邓小平理论、"三个代表"重要思想、科学发展观、习近平新时代中国特色社会主义思想，为中国教育学学科建设指明了方向、奠定了理论基础。中国共产党历来高度重视开展马克思主义理论的教育和学习。在社会主义现代化建设的新时期，我们党始终强调马克思主义理论的教育和学习，这对坚持意识形态的正确政治方向，推动我国社会主义现代化建设具有十分重要的意义，对教育学学科坚持中国共产党的领导具有引领作用。

第三，坚持党对教育工作的全面领导是办好教育的根本保证。习近平总

---

① 张雷声：《马克思主义理论学科体系建构与建设研究》，北京：经济科学出版社，2011年版，第 3 页。

② 《习近平在全国教育大会上强调：坚持中国特色社会主义教育发展道路　培养德智体美劳全面发展的社会主义建设者和接班人》，《人民日报》2018 年 9 月 11 日第 1 版。

书记历来高度重视党对教育工作的领导。2018 年 9 月，习近平总书记在全国教育大会上强调，要坚持党对教育事业的全面领导。中国共产党是中国特色社会主义事业的坚强领导核心，是最高政治领导力量。要从根本上保证中国特色社会主义不变质，就必须毫不动摇地坚持中国共产党领导。我国教育体量世界最大，发展不平衡，群众的教育需求差异大。如何运行好、发展好这样庞大而复杂的教育体系，加强党的领导尤为重要。[①] 始终坚持党的领导主要体现在以下三个方面：首先是增强"四个意识"，坚定"四个自信"，做到"两个维护"，即增强政治意识、大局意识、核心意识、看齐意识，坚定中国特色社会主义道路自信、理论自信、制度自信、文化自信，坚决维护习近平总书记党中央的核心、全党的核心地位，坚决维护党中央权威和集中统一领导；其次是履行好把方向、管大局、作决策、抓班子、带队伍、保落实的领导职责，加强党对教育事业的全面领导，确保党的路线方针政策在各级各类学校得到贯彻落实；最后是健全党对教育事业全面领导的体制机制，全面贯彻党的教育方针，不断完善党对教育事业的领导体制，加强党对教育事业的统筹管理。

第四，高度重视中国化的马克思主义理论教育对教育学发展的引领作用。把握科学的马克思主义观，用发展的眼光看待马克思主义，高度关注马克思主义理论教育的中国化，这是中国共产党开展马克思主义理论教育的基本经验。马克思主义理论教育中国化具有指引教育学发展的作用，具体体现在四个方面：首先，开展科学的马克思主义观教育，正确认识和科学对待马克思主义；其次，坚持开展马克思主义学风教育，对于构建风清气正的教育学学风具有积极的作用；再次，坚持开展马克思主义理想信念教育，理想是人类的一种高级的精神活动，在很大程度上决定着一个人的思想与行为模式，中国共产党人始终坚持马克思主义的理想信念教育不动摇，在教育学的发展中，始终致力于培养中国特色社会主义的建设者和接班人，因此必须要

---

① 本书编写组：《习近平总书记教育重要论述讲义》，北京：高等教育出版社，2020 年版，第 20 页。

用马克思主义的世界观、人生观和价值观对青年学生进行引导和教育；最后，与时俱进是马克思主义的理论品质，中国共产党的理论创新是一个解放思想、实事求是、与时俱进的过程，也是马克思主义中国化的过程，教育学学科的发展，也应注重与时俱进和理论创新的过程，这是马克思主义理论学科对于教育学学科发展最具有时代意义的引领。

（三）建设符合中国特色的教育学学科体系

第一，厘清教育学中国化和中国特色教育学的关系。首先，教育学中国化是合理借鉴和吸收外来教育学的精华部分，并与符合中国国情的教育实际相结合，使教育学的发展更具有中国化的特色。在对中国教育实践的认识和应用这一过程中，逐渐形成具有中国特色的教育学理论、方法，构建符合中国特色的教育学学科体系。从这个角度，可以说教育学中国化是批判的过程，构建中国特色教育学是最终目标。其次，创建中国教育学学科体系，既需要积累，又需要原创，积累和原创是创建中国教育学的基本方式，中国教育学要根据本学科发展的内在逻辑建构自身独特的理论系统，以较完善的学科理论和模式对我国正在深入开展的教改实践实现解释、指导、规范和预测的功能。[①]

第二，正确处理教育学学科体系与学术体系和话语体系的关系。首先，教育学学科体系、学术体系和话语体系是教育学建设中的"三大体系"，有其各自的内涵。广义的教育学学科体系是指教育学内部各类学科所组成的整体结构系统；狭义的教育学学科体系专指作为一门学科的教育学中以学科内容为基础所构成的结构系统。教育学学术体系是教育学学科中以教育问题为导向开展学术研究活动形成的学术成果系统。教育学话语体系是在交往行为中对教育学学术成果进行言说的言语表达系统。[②]其次，中国教育学"三大

[①] 侯怀银：《我国新时期教育学科体系建设和发展的回顾与展望》，《教育研究》1998年第12期。

[②] 侯怀银：《新中国成立以来教育学学科体系建设的回顾与展望》，《西北师大学报》（社会科学版）2022年第4期。

体系"之间相互联系，共同作用于中国教育学学科的发展过程。教育学学科体系是教育学发展的基础，也是学术体系和话语体系的支撑，学术体系是教育学发展的重点，话语体系是学术体系和学科体系之间的纽带，"三大体系"相互联结、相互作用，共同推动中国教育学学科发展，因此，一定要清晰认知学科体系建设的基础性地位。最后，充分发挥教育学学科体系建设的基础性和支撑性作用。综观中国教育学史的发展，中国教育学已形成了一个以教育学为中心，科目门类多样、内容涵盖丰富、较为完整并具有自己组织结构的学科体系，这个体系基本上确立了教育学在中国发展的基本框架，教育学得以在此基础上不断取得进展和成就。

第三，正确处理教育学学科与其他相关学科的关系。首先，教育学学科具有其自身的独立性，在强调教育学学科独立性的同时也要注重教育学学科与其他相关学科的联系，使教育学学科的发展能够吸收其他学科发展过程中的合理成分；其次，要不断加强教育学学科自身的建设发展，尤其是其本身的原创理论建设和知识生产；再次，要坚定教育学发展的立场，既要肯定交叉学科的价值，又要辩证地看待交叉学科发展与教育学学科发展之间的关系，使交叉学科的发展具有教育学学科的内涵，坚定教育学学科发展的立场；最后，要重视教育学跨学科研究的实际意义。教育学学科以开放的姿态吸收其他学科的优秀研究成果，与相关学科建立起动态的、良性循环的交流方式，通过跨学科研究和交叉学科的产生发展，新的教育学学科体系在跨学科研究和学科交叉融合中不断创新发展。

第四，正确处理教育学学科体系的发展与中国教育实践的关系。首先，明晰教育实践是教育理论的源泉。正确认识和处理教育学学科体系建设与教育实践的关系，使中国特色的教育学学科体系建设具有显著的实践性，扎根中国的教育实践，并为教育实践服务，在实践中得到检验和提升；其次，增强对教育问题的感悟和洞察力，把研究的焦点放在人民群众所需求解决的教育实践问题上，把研究的视角放在现实社会重大教育问题上，把教育学学科体系建设与中国特色社会主义发展在实践中紧密结合；最后，教育学的研究的目的是使教育适应社会的发展需求、人类生存发展的需要，既能促进教育理论的创新，也能推动和指导当前的中国教育改革和发展的实践。我们必须根据中国的现实教育实践活动来探讨教育学学科建设，关注教育发展过程中最现实的问题，结合中国的国情、社会发展的需求，以人民群众的需求为出发点，逐渐构建符合中国国情，具有中国特色社会主义的教育学学科体系。

第五，加强教育学学科体系建设的制度规范性。首先，教育学学科体系具有内在的逻辑性，加强教育学学科体系建设的规范性，一方面可以以学科制度约束学科建设行为，另一方面也可以增强教育学学科体系构建过程中的各门分支学科的内聚力。其次，教育学的学科体系构建与发展是一个长期的过程，加强教育学研究的学术规范，可以通过规范性的制度化建设，提升教育学学科建设中的科学性和理论的原创性。再次，在加强教育学学科体系建设的制度规范性的过程中，需要进一步厘清教育学各分支学科的性质和研究对象，揭示和研究各分支学科的内在联系。同时，在宏观的视角上，从整个教育学学科体系构建的背景下，思考教育学学科发展，同时关注教育学分支学科的发展，从整体发展统筹局部发展、局部发展促进整体发展的视角，构建教育学学科体系的新的发展空间。最后，既要处理好各分支学科发展与教育学学科发展之间的关系，也要处理好各分支学科发展中知识的借鉴和批判的关系，我国规范教育学学科体系构建的过程，也是在推动各分支学科自主发展的过程，深入研究教育学各分支学科的发展历程、发展特点及理论的形成与发展等问题，既要强调自主发展，也要强调教育学的规范性。

（四）发挥马克思主义理论学科在教育学学科建设、师资队伍、人才培养等方面的引领作用

习近平总书记在二十大报告中指出："教育是国之大计、党之大计。培养什么人、怎样培养人、为谁培养人是教育的根本问题。"[①] 育人的根本在于立德。教育要全面贯彻党的教育方针，落实立德树人根本任务，培养德智体

---

① 习近平：《高举中国特色社会主义伟大旗帜　为全面建设社会主义现代化国家而团结奋斗——在中国共产党第二十次全国代表大会上的报告》，北京：人民出版社，2022年版，第34页。

美劳全面发展的社会主义建设者和接班人。由此可见，教育在社会主义现代化建设中的重要地位和作用。马克思主义理论学科的科学化发展在人才培养中具有重要的引领作用，科学性与意识形态性、理论性与实践性的统一是马克思主义理论学科建设的重要特征，马克思主义理论学科培养具有坚定马克思主义信仰、具有深厚理论基础的研究和教育的综合型人才，并不断推进马克思主义理论创新，这样的人才培养模式对于教育学学科的发展具有引领作用，对推进中国特色社会主义事业的健康发展具有重要意义。

1. 整体建设

马克思主义理论学科建设中，科学性和整体性是其最显著的特征，并始终牢固树立学科意识，主要体现在整体性意识和归属感意识方面，这对教育学学科建设和发展具有引领作用。首先，学科意识是在学科建设中形成的自觉态度和导向，体现人们遵循学科内在发展的规律。其次，马克思主义理论学科的学科意识突出表现在从事该学科教学与研究的人们对该学科的认同感、归属感和历史意识。最后，马克思主义理论学科的学科意识建设具有引领教育学学科意识的作用，教育学学科的发展应借鉴马克思主义理论学科建设中取得的优秀成果，通过提升人们对教育学学科的整体性把握意识和归属感意识，牢固树立学科意识，只有这样，才能够不断适应当今社会的政治经济发展，才能够在发展中克服困难，不断进步。

2. 师资队伍建设

马克思主义理论学科建设中，教师队伍的积极性和整体素质较高，这对教育学学科的教师队伍建设和发展具有积极的引领作用。首先，教师是学科建设的主体，学科队伍的建设是学科建设的基本保证，同时学科队伍的整体素质直接会影响学科的未来发展，习近平总书记指出，教师是教育发展的第一资源，是国家富强、民族振兴、人民幸福的重要基石。[①] 其次，教育学学科的发展具有历史继承性，因此培养和造就一支高素质的高等学校教育学

---

① 本书编写组：《习近平总书记教育重要论述讲义》，北京：高等教育出版社，2020年版，第201页。

理论课教师队伍，是十分重要且迫切的任务。最后，马克思主义理论学科的教师队伍建设具有引领教育学学科教师队伍建设的作用，教育学学科的发展应借鉴马克思主义理论学科教师队伍建设中取得的优秀成果，例如以学术带头人和学术骨干带动教师队伍的整体发展，并且同时建设高质量、专业化、科学化的学科梯队，通过学术交流进修等方式不断提升教育学教师的整体素养和知识储备。在这一过程中，既要注重教师的政治素养的提升，更要注重教师思想道德素质的提升，教师既要有扎实的专业知识储备，又要具备获取现代化的信息能力，始终践行以人为本的原则，同时以发展的眼光看待教育事业。

3. 人才培养模式

马克思主义理论学科建设中，人才培养模式具有科学性与意识形态性、理论性和实践性的统一，这对教育学学科的人才培养模式具有积极的引领作用。首先，人才培养模式是为了实现一定的培养目标而形成的较为稳定的结构状态和运行机制，包括人才的培养目标、培养过程、培养制度、培养评价等诸多方面，但是在整个人才培养模式的诸多环节中，处于核心地位的是培养目标，马克思主义理论学科的培养目标随着经济社会的发展而与时俱进，这也是教育学学科在发展中所应具备的优秀特质，在社会发展过程中，教育学学科的人才培养模式也应顺应社会的需求进行适当调整，以培养适应社会主义现代化发展的建设者和接班人。其次，马克思主义理论学科人才培养模式具有其特殊性，即特别强调培养人才的政治素养。在教育学学科的人才培养中，既应注重学生德智体美劳的培养，也应注重培养学生的思想道德素养和爱国主义情怀，始终把热爱祖国放在至关重要的位置。再次，马克思主义理论学科人才培养模式具有统筹性，表现在横向的马克思主义理论学科与其他学科，以及马克思主义理论所包括的几个二级学科之间的关系，纵向的马克思主义理论专业本科教育、硕士教育、博士教育之间的关系层面，在横向和纵向的关系统筹中，马克思主义理论学科是与时俱进的，这也是对教育学学科人才培养的重要启示。最后，教育学学科的人才培养模式应适应当下经济社会的发展。教育学学科应注重培养有理想信念与家国情怀、专业素养、

研究能力、国际视野与交流合作、人文精神与终身学习精神的高素质专业
人才。

四、马克思主义理论学科对教育学学科的相关借鉴

在教育学学科的发展过程中，马克思主义是指导思想，作为一种思想方
法和行动指南，马克思主义在我们学习和研究教育学的过程中具有重要的指
引作用。辩证唯物主义和历史唯物主义是指引我们正确认识不同历史时期教
育问题的最基本的思想方法，科学社会主义理论是指导社会主义教育改革和
发展实践最重要的科学理论。马克思主义理论学科的发展能够引领教育学的
发展方向。首先，运用辩证唯物主义和历史唯物主义的思想方法指导实践；
其次，在具体实践上，结合我国教育改革和发展的具体实践，与时俱进，开
拓创新，以不断创新的马克思主义理论来解决我国教育改革和实践过程中遇
到的新情况新问题，推动具有中国特色的教育学理论在新时代的新发展。

（一）思想政治教育学科对教育学一般原理的借鉴和应用

第一，思想政治教育学科对教育学人的全面发展教育理论的借鉴。首
先，思想政治教育学科运用马克思主义的立场、观点和方法，研究人们思想
品德的形成和发展，以及思想政治教育规律，培养人们正确的世界观、人生
观、价值观，在具体教育实践中，思想政治教育正是教育学科践行马克思主
义关于人的全面发展理论的观点，指导我们认识学生身心发展规律，并运用
这些规律来正确开展教育活动，成功促进学生身心发展的重要科学指南。其
次，马克思主义关于人的全面发展学说，是中国特色社会主义教育学的理论
基础，也是实现中国教育目的的理论基础。教育是促进人的发展的活动，人
的全面发展，既是教育的目标，也是人类社会发展的目标，因此，马克思主
义关于人的全面发展教育理论为社会主义教育目的指明了方向，是社会主义
教育应当努力达到的目标。社会主义建设者和接班人的全面发展通常包含德

育、智育、体育、美育和劳动技术教育，简称"五育"，"五育"之间各有侧重，共同构成全面发展教育的整体，促进人的全面发展。

第二，思想政治教育学科对教育学中的德育内容具有借鉴作用。首先，我们通常意义上所说的德育是学校德育，包括政治教育、思想教育和道德教育，政治教育旨在培养学生正确的政治观念和政治信仰，思想教育旨在培养学生正确的世界观、人生观和价值观，道德教育旨在促进学生的道德发展和良好道德行为习惯的养成。其次，德育的内容丰富且具有实践意义。德育包括：世界观、人生观和价值观教育，用辩证唯物主义和历史唯物主义来引导青年学生树立正确的人生目标和生活态度，爱国主义、集体主义和社会主义教育，社会主义公民意识教育、理想信念教育、道德教育、民主法治教育，民族精神、时代精神和中华优秀传统文化教育，这些内容都是培养中国特色社会主义建设者和接班人，使其完善道德品质、培育理想人格、提升政治素养的关键。

第三，思想政治教育学科对教育学中塑造良好教育环境对个体身心发展的重要性的借鉴。恩格斯指出："归根到底，自然和历史——这是我们在其中生存、活动并表现自己的那个环境的两个组成部分。"① 此处，恩格斯提及的"自然"和"历史"，就是我们赖以生活的自然环境和社会环境。环境是影响个人身心发展的外部因素，但是环境不能决定人的发展，环境对人的身心发展有积极的作用，同时也有消极的影响，因此塑造良好的教育环境对于人的发展具有积极的导向作用。首先，思想政治教育是运用马克思主义理论与方法，专门研究人们思想品德形成、发展和思想政治教育规律，培养人们正确的世界观、人生观、价值观的学科，由此可见，良好的教育环境对于形成正确世界观的重要性。其次，思想政治教育学科具有综合性的特征，我们不能孤立地从事思想政治教育，它包含了广泛的领域，在研究的过程中，需要综合运用不同学科的成果研究和解决问题，其涉及许多其他相关学科的知识，例如教育学、哲学等，教育学科强调个人发展的能动性和良好环境对塑

---

① 《马克思恩格斯全集》（第三十九卷），北京：人民出版社，1974 年版，第 64 页。

造人的积极影响，这是值得思想政治教育学科借鉴的。

第四，思想政治教育学科对教育学中隐性教育方式的借鉴。隐性教育方式指教育者通过无计划、间接、内隐的社会活动使受教育者不知不觉地受到影响的教育过程。它强调以"潜移默化""润物无声"的方式对受教育者的思想、观念、价值、道德、态度、情感等产生影响。例如"孟母三迁"的故事，从环境熏陶的角度强调隐性教育的合理价值。思想政治教育中的隐性教育，是指思想政治教育者将科学的世界观、人生观、价值观以及党的理论、路线、方针、政策等内容，以生动活泼、喜闻乐见的形式渗透在受教育者的日常生活中，使他们在不知不觉中受到熏陶的一种教育形式。新的历史时期，隐性教育成为思想政治教育的一种特殊且最有效的教育形式，这是思想政治教育学科对教育学的有效借鉴。

第五，思想政治教育学科对教育学中教育性教育原则的借鉴。教育性教育原则是德国近代著名的哲学家、教育家赫尔巴特提出的，其强调德育和教育的统一，即在教学过程中渗透思想品德教育。道德教育通过教学来进行，教学是道德教育的基本途径，教育学科对于学生世界观、人生观、价值观的教育对思想政治教育学科具有借鉴意义，教育者在教育过程中不仅要关注知识和技能的传授，也要注重学生的情感、态度以及价值观的发展，从而促进学生的全面发展。

（二）马克思主义理论学科对教育学前沿问题的借鉴

第一，马克思主义理论学科对习近平关于教育的重要论述的践行。马克思主义是在广泛吸取和借鉴人类文明成果基础上创立起来的科学体系，它揭示了社会发展的一般规律，同时适应实践发展要求并指导社会实践不断前进，具有与时俱进、不断创新和引领时代潮流的特点。习近平总书记关于教育的重要论述是在中国特色社会主义进入新时代、中国教育发展面临新任务、新要求的背景下形成的。习近平总书记聚焦培养什么人、怎样培养人、为谁培养人这个根本问题，始终联系"两个一百年"奋斗目标和中华民族伟大复兴的中国梦来回答和破解这一问题，强调要坚持中国特色社会主义教育发展道路，培养德智体美劳全面发展的社会主义建设者和接班人。在全国教育大会上，习近平总书记指出，在实践中，我们就教育改革发展提出了一系列新理念新思想新观点。一是坚持党对教育事业的全面领导，二是坚持把立德树人作为根本任务，三是坚持优先发展教育事业，四是坚持社会主义办学方向，五是坚持扎根中国大地办教育，六是坚持以人民为中心发展教育，七是坚持深化教育改革创新，八是坚持把服务中华民族伟大复兴作为教育的重要使命，九是坚持把教师队伍建设作为基础工作。[①]马克思主义理论学科始终关注教育前沿问题，与时俱进地阐释马克思主义，海纳百川、勇于创新。

第二，马克思主义理论学科对教育强国思想的践行。党的二十大报告把教育科技人才单独成章进行布局，吹响了加快建设教育强国的号角。我们要建设的教育强国，是中国特色社会主义教育强国，必须以坚持党对教育事业的全面领导为根本保证，以立德树人为根本任务，以为党育人、为国育才为根本目标，以服务中华民族伟大复兴为重要使命，以教育理念、体系、制度、内容、方法、治理现代化为基本路径，以支撑引领中国式现代化为核心功能，最终是办好人民满意的教育。我们要全面贯彻党的教育方针，坚持以人民为中心发展教育，主动超前布局、有力应对变局、奋力开拓新局，加快推进教育现代化，以教育之力厚植人民幸福之本，以教育之强夯实国家富强之基，为全面推进中华民族伟大复兴提供有力支撑。[②]马克思主义理论学科始终践行教育强国的思想，培养德智体美劳全面发展的社会主义建设者和接班人。

（三）马克思主义理论学科对教育学研究方法的借鉴

在教育科研中，会使用各种人文科学和社会科学的研究方法，根据研究目的和对象的不同，可以适当选择不同的研究方法。根据侧重的研究方式不同，可以总体分为两大类：重理论思辨的研究方法和重文本的分析方法。

---

① 本书编写组：《习近平总书记教育重要论述讲义》，北京：高等教育出版社，2020年版，第7—9页。
② 习近平：《扎实推动教育强国建设》，《求是》2023年第18期。

在教育学学科研究中，一般针对问题的不同，会综合使用相应的研究方法，以达到事半功倍的研究目的。例如将文献法、历史分析法与调查法相结合进行研究。马克思主义理论学科在研究和阐述问题时，也可借鉴综合性的研究方法，在研究的过程中，充分发挥不同研究方法的积极作用，从而达到最佳的研究状态，得出既符合历史逻辑又贴合实际的研究结论，形成有效性的研究。

求木之长者，必固其根本。综上可见，在马克思主义理论研究上，马克思主义完整的世界观、方法论贯穿于马克思主义理论的各个方面，其科学性和学术性引领教育学学科的发展；在人才培养方面，马克思主义理论学科强调"专业宽、基础厚、能力强"，既注重人文精神与社会科学素养，也注重马克思主义理论素养，对教育学的人才培养具有借鉴作用；在教育教学方法上，马克思主义理论学科注重专业教育与通识教育相结合、强调启发式教育、学术创新教育与学术规范教育相结合，对教育学科的教学方式具有重要引领作用。马克思主义理论学科对教育学的理论研究具有引领作用，同时教育学学科的发展对马克思主义理论学科的借鉴作用主要体现在三个大方面。一是思想政治教育学科对教育学一般原理的借鉴和应用，具体体现在人的全面发展理论、德育、教育环境对人身心发展的影响、隐性教育方式、教育性教学原则这五个部分；二是马克思主义理论学科对教育学前沿问题的借鉴，主要体现在对习近平关于教育的重要论述的践行和对教育强国思想的践行两个部分；三是马克思主义理论学科对教育学研究方法的借鉴。由此可见，教育学学科的发展对马克思主义理论学科具有借鉴意义。

第七篇

马克思主义理论学科引领
社会学学科发展

建设具有中国特色、中国风格、中国气派的中国社会学是当今中国社会学的时代任务，也是中国社会科学研究者的时代使命。中国社会学的百年发展历程鲜明地体现出，是马克思主义引领了中国社会学的高速成长。只有坚持马克思主义理论的引领，才能更好地应对西方社会学的"话语霸权"及中国社会学的"失语"，防范社会学领域中的错误思潮，从而有效指导我国社会学研究的开展。只有坚持马克思主义的指导地位、以人民为中心的立场、以历史唯物主义和唯物辩证法为基础工具和实践调查的基本方法，才能真正建立和发展适合于中国特色社会主义事业要求的中国特色社会主义社会学。

一、社会学学科发展历程

"社会学是关于社会良性运行和协调发展的条件和机制的综合性具体社会科学"[①]。自 1839 年孔德提出"社会学"一词算起，社会学学科的发展至今有 180 多年的历史。在赫伯特·斯宾塞、埃米尔·涂尔干、马克斯·韦伯等人的倡导下，社会学这门新学科开始引起欧美各国学者和民众的关注。同时，卡尔·马克思和弗里德里希·恩格斯开创的马克思主义社会学也在欧洲大地迅速传播开来。20 世纪初叶，西方社会学著作由日本等国传入中国。此后，社会学在中国生根发芽，并且不断成长壮大。

（一）中国社会学的兴起与沉寂（19世纪末—1953年）

在"社会学"一词引入中国之前，中国学者常用"群学"一词来代称之。1902 年，清末民初学者章太炎将日本学者岸本能武太的《社会学》一

---

① 郑杭生：《社会学概论新修》，北京：中国人民大学出版社，1994 年版，第 1 页。

书翻译成中文，"社会学"一词从此在中国正式出现。1913 年，中国第一个社会学系在上海私立沪江大学设立。1923 年，中国共产党早期主要领导人瞿秋白到上海大学创办了社会学系并出任系主任，在他的领导下，上海大学成为传播马克思主义社会学的主要阵地。此后，燕京大学和中央大学也陆续设立社会学系，并分别由吴文藻和孙本文来领导。

与此同时，国内掀起了马克思主义社会学传播和发展的热潮。1920 年前后，李大钊撰写了《我的马克思主义观》《唯物史观在现代社会学上的价值》等社会学相关文章。1924 年，瞿秋白出版了《现代社会学》和《社会科学概论》，用历史唯物主义的基本观点对中国社会结构变迁进行了考察和分析，并结合革命实践论述了当时中国社会的经济关系、阶级斗争和社会矛盾。两年后，李达出版了被称为"20 世纪前期马克思主义社会学研究的最高成就"的《现代社会学》。孙本文于 1927 年至 1929 年间先后出版了《社会学上之文化论》《文化与社会》《社会的文化基础》《社会变迁》等一系列从社会学视角开展文化研究的著作。这些学术著作不仅推动了马克思主义社会学的广泛传播，而且直接影响了中国共产党领导的革命实践。此外，对新兴的实证社会学和文化社会学领域也产生了深远影响。时至 20 世纪 30 年代，中国社会学蓬勃发展，百花齐放，形成了马克思主义学派、综合学派、社区学派、乡村建设学派等多个比较成形的中国社会学派。

中华人民共和国成立后，社会科学和文化教育事业处于复杂的改造环境中。1951—1953 年期间，中国政府借鉴了苏联政府对高等教育的改革模式，进行了大规模的院系调整，原有的社会学系、社会学课程纷纷被取消。尽管社会学领域的一些问题仍然在其他学科名义下继续研究，但整个学科的不复存在给中国社会学造成了无可挽回的巨大损失。[①]

（二）中国社会学的发展渐入佳境（1978—2012 年）

1978 年，由党的十一届三中全会开启的改革开放大潮引发了经济、社

---

① 郑杭生，杨敏，奂平清等：《品味社会学》，南京：江苏人民出版社，2014 年版，第 14-20 页。

会与文化各个领域的急速变迁。因社会主义现代化建设的新需要，中国社会科学院委托社会学家费孝通教授向过去从事社会学教学与研究的学者征求恢复和重建社会学的意见。1979年3月15日，全国哲学社会科学规划会议筹备处在北京召开"社会学座谈会"，共同探讨社会学的恢复和重建问题。在座谈会上，时任中国社会科学院院长胡乔木代表党中央为社会学正名。三天后，"中国社会学研究会"成立，标志着中国社会学正式恢复，踏上了学科重建的征途。1979年3月30日，邓小平同志在中共中央召开的理论工作务虚会上发表了著名谈话《坚持四项基本原则》，指出："政治学、法学、社会学以及世界政治的研究，我们过去多年忽视了，现在也需要赶快补课。"①

接了学科重建"帅印"的费孝通教授用"五脏六腑"勾画出社会学科重建的基本框架："五脏"是指学会、研究所、学系、图书资料中心和书刊出版部；"六腑"是指六门基本专业课程，即社会学概论、社会调查方法、社会心理学、城乡社会学、比较社会学（即过去的社会人类学）以及西方社会学理论介绍。1980年，中国社会科学院首先成立社会学研究所，同年上海大学设立了社会学重建后的第一个社会学系。1982年开始，南开大学、北京大学、中山大学、中国人民大学也相继设立了社会学系，社会学专业教育铺展开来：复旦大学于1982年开始正式招收第一届社会学本科生；南开大学与北京大学于1983年、中山大学于1984年开始招生。1984年，费孝通教授在中国社会科学院招收了博士研究生沈关宝，1985年在北京大学招收了博士研究生周拥平。1986年北京大学还设立了社会学博士后流动站。至此，重建后的中国社会学科基本建成了从本科到博士的完整的国民教育体系。②

在这一阶段，中国社会学的发展重心侧重于学科重建：引进西方社会学理论、完善社会学研究方法、挖掘社会学研究主题、形成社会学学科规范等。在本土化浪潮之下，以历史唯物主义为基础的马克思主义社会学也重新

---

① 《邓小平文选》（第二卷），北京：人民出版社，1994年版，第180-181页。
② 胡洁，周晓虹：《为中国式现代化服务：社会学学科建设40年》，《社会学研究》2023年第2期。

回到中国社会学视域之中，以郑杭生、刘少杰为代表的社会学家，开始尝试构建"社会学中国化"的中国社会学知识体系。

（三）中国社会学的发展迈入新征程（2012年至今）

党的十八大以来，中国社会学学科进入了新的发展阶段。一是接续前一个十年开展每四年一次的学科评估，到 2022 年已经完成五次学科评估；2016 年后，加快构建中国特色哲学社会科学"三大体系"，即学科体系、学术体系、话语体系建设；2018 年开始，建设一流本科专业，使得社会学学科建设水平不断提高，博士学位授权点单位也增加到 20 余家。二是社会学学科发展的重点从推动和谐社会建设继续延展至加强共建共治共享、创新社会治理以及建设活力和秩序有机统一的现代社会，不断努力使社会学服务于新时代中国特色社会主义事业，不断发展和完善中国社会学基本理论和学科体系。

在教学体系中，中华人民共和国教育部发布的《普通高等学校本科专业目录（2012 年）》中，社会学专业代码为 030301。按照国务院学位委员会、教育部公布的《学位授予和人才培养学科目录（2018 年）》，目前我国共有哲学、经济学、法学等十三个大门类。其中，在法学门类中共有六个一级学科，即法学、政治学、社会学、民族学、马克思主义理论、公安学。社会学一级学科下属社会学（专业代码 030301）、人口学（专业代码030302）、人类学（专业代码 030303）、民俗学（含：中国民间文学）（专业代码 030304）四个二级学科。

二、马克思主义理论学科引领社会学学科发展的必要性

（一）马克思主义引领中国特色社会主义社会学的必要性

习近平总书记在经济社会领域专家座谈会上的重要讲话中提出"不断

发展中国特色社会主义政治经济学、社会学"的殷切希望。① 中国特色社会主义社会学要始终坚持以马克思主义为指导。一是因为社会学界仍然存在着"西方中心论"的倾向，认为西方社会发展是人类社会发展唯一正确的途径，其他国家和地区的社会发展必须照搬其发展模式和发展道路，却没有认识到资本主义制度的固有局限；二是因为部分学者效仿西方社会学研究，倡导所谓"价值中立"论，掩盖了学术研究的阶级倾向。西方"宪政民主""普世价值""新自由主义"等错误思潮也不断涌入混淆视听，误导了中国社会学的研究方向。

第一，应对西方社会学"话语霸权"、中国社会学"失语"的紧迫需求。新时代以前，中国社会学的知识体系和制度体系的构建主要依靠对欧美社会学的知识移植。无论是在改革开放前中国社会学的早期发展过程中，还是在改革开放后中国社会学的恢复重建过程中，中国社会学都严重依赖于西方社会学，这导致其一度陷入简单的"拿来主义"的困境。当前中国学者已经认识到，西方与中国在社会性质和经济制度上存在根本差异：中国共产党领导的多党合作和政治协商制度与西方政党的两党制、多党制存在差异；中国的社会主义市场经济体制与西方现代资本主义市场经济体制也有着本质的不同。因此，基于西方经验的学术话语很难全面、系统、准确地理解中国社会，社会学学科建设迫切需要转向中国社会生活的实际经验和社会实践，摆脱对西方社会学的简单模仿和生搬硬套。尽管我们在经济和军事等硬实力领域已经取得了令世界瞩目的成就，但在文化软实力和国际话语权方面，与西方相比还存在着较大差距。从来没有一个时代像今天这样，如此迫切地呼唤中国掌握世界学术话语权，树立自立、自信和自强意识。

坚持马克思主义在中国哲学社会科学中的指导地位，才能摆脱"失语危机"，逐步建立起具有中国特色的学术话语体系。马克思主义理论体系是经实践检验，对社会发展有着深远影响的真正的科学理论。习近平总书记指出："在人类思想史上，就科学性、真理性、影响力、传播面而言，没有一

---

① 习近平：《在经济社会领域专家座谈会上的讲话》，《人民日报》2020年8月25日第2版。

种思想理论能达到马克思主义的高度，也没有一种学说能像马克思主义那样对世界产生了如此巨大的影响。""无论时代如何变迁、科学如何进步，马克思主义依然显示出科学思想的伟力，依然占据着真理和道义的制高点。"① 马克思主义理论体系大量吸收和借鉴了人类哲学社会科学已经取得的重要成果并在实践中不断地丰富、发展和完善：其辩证唯物主义哲学吸收了费尔巴哈哲学中唯物主义和黑格尔哲学中辩证法的合理内核；科学社会主义吸收了法国空想社会主义的积极要素；政治经济学吸收了英国古典经济学的研究成果。马克思主义深刻揭示了自然界、人类社会和人类思维发展的普遍规律，特别是揭示了资本主义与社会主义的发展规律，不仅为人类社会发展进步指明了方向，也为哲学社会科学的研究提供了坚实的理论基石。新时代中国特色社会主义社会学学科的发展应始终坚持马克思主义的指导性，推动马克思主义的立场、观点和方法在社会学领域的具体应用；同时，尊重并弘扬中华文化的主体性。在全球化背景下，也要具备全球视野，积极借鉴国外社会科学领域的优秀成果，丰富和完善自身的理论框架和研究方法，努力构建兼具中国特色和世界情怀的话语体系，推进中国哲学社会科学国际化，增强话语权和影响力。

第二，防范中国特色社会主义社会学研究领域中的错误思潮。近十年来，随着新自媒体的爆炸式发展，某些有着大量粉丝体量的科普机构和科普人士成为一些非政府组织，甚至是某些西方组织和国家的"爪牙"和"马前卒"，在社交媒体上公然为某些反华势力和组织"站台"，使很多知识科普蒙上了一层挥之不去的"阴霾"。西方"宪政民主""普世价值""新自由主义""市民社会"等错误思潮仍不断涌入混淆视听，导致社会科学研究者对马克思主义的绝对指导地位存在模糊甚至错误的认识：有人认为马克思主义理论已经过时，不适用于全球化时代；有人认为马克思主义只是一种意识形态的说教，不能满足现代哲学社会科学的学术规范；有人对马克思主义理论学习采取敷衍、应付的态度，导致马克思主义在哲学社会科学研究领域被边缘化。

---

① 习近平：《在哲学社会科学工作座谈会上的讲话》，《人民日报》2016年5月19日第2版。

作为一种来源于实证主义的观念，"价值中立"曾被当作金科玉律，以及评判懂不懂社会学的试金石。法国社会学和实证主义的创始人奥古斯特·孔德曾把社会学看作"社会物理学"。在他看来，社会学的科学性，就是像自然科学那样的具有科学性和精确性。美国社会学家 J.H. 特纳也认为社会学研究应该成为像自然科学那样客观的、价值中立的科学活动。德国社会学家马克斯·韦伯在《以学术为业》的演讲中提出了"价值中立性"作为社会学研究的方法论准则。他强调，在学术研究中，研究者应保持中立的态度，避免将个人的价值标准强加于研究对象。这一观点经过后来发展，成为"价值中立"这一社会学方法论原则。"价值中立"原则在局部上展现了一定的合理性：它强调了研究的客观性和科学性，提醒研究者在探究社会现象时，应尽量避免主观偏见和情感因素的影响，以确保研究的准确性和可靠性。这一点在社会科学研究中尤为重要，因为社会现象往往涉及复杂的价值观念和利益关系，研究者若不能保持中立，就难以得出客观、公正的结论。然而，"价值中立"原则在总体上存在根本缺陷：它将科学与价值截然割裂，认为科学研究应当完全排除价值因素。这种观念在社会科学中尤为不切实际，因为社会科学的研究对象——社会现象，往往与人们的价值观念、利益诉求紧密相连。完全排除价值因素，不仅会使研究失去深度和广度，还可能导致研究结果偏离实际情况。社会科学的研究目的不仅是描述和解释社会现象，还要探讨社会现象背后的深层次原因，提出解决问题的策略。这一过程不可避免地涉及价值判断和价值选择。

早在 20 世纪 60 年代，美国社会学家赖特·米尔斯就在《社会学的想象力》一书中批判了以塔尔科特·帕森斯为代表的"价值中立社会学"。英国社会学家安东尼·吉登斯也在《批判的社会学导论·序言》中指出："社会学不可能是一种中性的知识活动，它不能不关心对其研究对象可能产生的实际影响。"[①] 20 世纪 80 年代，"价值中立"论曾在中国社会学界盛行。"价值

———————————

① ［英］吉登斯：《批判的社会学导论》，郭忠华译，上海：上海译文出版社，2007 年版，序言第 1 页。

中立"作为一种学术研究领域的价值主张,其实质在于尝试脱离具体的意识形态框架,以中立的态度来理解、看待和评价事物以及进行哲学社会科学研究。这种主张看似有利于科学研究的客观公正,但实际上却具有极高的迷惑性和欺骗性。一些学者在研究中过于追求所谓的"普遍性"和"客观性",却忽视了本土文化和价值观的独特性和多样性,削弱了学术研究的深度和广度。中国社会学从来不是"价值中立"的社会学。正如郑杭生在总结中国社会学百年轨迹时所指出的:"中国社会学应中国社会的现实需要而产生,而发展,目的都是以不同形式为现实服务。这是中国社会学的优良传统。在中国,从来没有那种单纯的'为学术而学术'的社会学。这对两大系社会学来说均是这样。"①

"价值中立"还常常借助对资本主义国家科技成果和文艺作品的赞美,误导人们认为科学研究和文艺创作应该是无价值导向的。然而,这些成果和作品背后全部隐藏着西方资本主义价值观的世界输出。此外,一些网络学术论坛也成为国内外敌对势力俘获青年学生认同感的重要阵地,通过学术论文或研究报告传播特定的价值观念或政治立场,致使许多人盲目迷信资本主义制度体系和思想观念,对我国社会主义制度产生了怀疑,甚至失去了文化自信。随着信息的不断披露,我们显然可以看到是某些西方资本主义国家假借科普之名行指责中国之实。这提醒我们不得不警惕哲学社会科学研究领域的意识形态问题,注重科普领域的价值引领问题,警惕打着"普世"或"中立"旗号的阴谋与恶意。

新时代中国特色社会主义社会学的构建离不开马克思主义理论的引领。一是要以马克思主义的立场、观点、方法作为科学研究的基本工具;二是要强化社会科学研究者的思想引领,抓好理论学习;三是要有效推进用习近平新时代中国特色社会主义思想凝心铸魂,树立正确的政治立场和价值追求。社会科学研究者只有真正了解了、弄懂了、认同了马克思主义,才能清晰地辨识"普世价值""历史虚无主义""宪政民主"等错误思潮,在社会学学科

---

① 郑杭生:《中国社会学百年的轨迹》,北京:中国人民大学出版社,2005年版,第350页。

自主构建的过程中与之进行坚决斗争；才能不断回答中国之问、世界之问、人民之问、时代之问，从而为建设社会主义现代化强国，实现中华民族伟大复兴而凝心聚力。

（二）构建具有中国特色的社会学学科体系

马克思主义理论为社会学的发展奠定了科学的理论基础，提供了正确的立场、观点和方法，指明了研究社会发展规律的科学路径。一是要坚持无产阶级和人民大众的立场，这是马克思主义社会学与西方社会学的根本区别。二是要以唯物辩证法和历史唯物主义为工具，以社会调查为方法观察社会生活、分析社会现象，并在实践中不断检验理论、修正理论和发展理论。

第一，坚持马克思主义的指导地位是中国特色社会主义社会学的灵魂。哲学社会科学具有鲜明的意识形态属性。习近平总书记指出："坚持以马克思主义为指导，是当代中国哲学社会科学区别于其他哲学社会科学的根本标志，必须旗帜鲜明加以坚持。""在我国，不坚持以马克思主义为指导，哲学社会科学就会失去灵魂、迷失方向，最终也不能发挥应有作用。"[1] 构建中国特色社会主义社会学，必须全面、准确地认识和处理马克思主义作为指导思想与作为学术资源的关系。以马克思主义为指导，研究和解决社会学学科中的理论问题和现实问题，使整个学科建立在马克思主义理论基础之上，使马克思主义立场、观点、方法成为贯穿整个学科的灵魂。坚持以马克思主义为指导，中国社会学就从根本上坚持了科学精神、科学原则；掌握了马克思主义，中国社会学就从根本上掌握了自己的未来；离开了马克思主义，中国社会学就只能停留在浅薄、虚幻的现象表层，无法进入历史和社会的深处。历史深刻地证明：只有坚持以马克思主义为指导，才能推动哲学社会科学的繁荣发展，为国家和民族的伟大事业注入强大动力。

习近平新时代中国特色社会主义思想作为马克思主义中国化时代化的最新成果，为当今社会发展作出了开创性、全面性、历史性的贡献，是构建中

---

[1] 习近平：《在哲学社会科学工作座谈会上的讲话》，《人民日报》2016年5月19日第2版。

国特色哲学社会科学的根本指南。坚持以习近平新时代中国特色社会主义思想为指导，是新时代中国哲学社会科学最显著的时代特征、最鲜明的理论品质。习近平总书记强调指出："坚持把马克思主义基本原理同中国具体实际相结合、同中华优秀传统文化相结合。"① 一方面，中国特色社会主义社会学建设必须将马克思主义基本原理同中国具体实际相结合，除了坚持和运用基本原理外，还要对马克思主义经典作家在研究各种具体事物和问题时所形成的思想成果、具体结论和具体方法进行深入学习和应用；另一方面，必须将马克思主义基本原理同中华优秀传统文化相结合，在坚持中华文化主体性和马克思主义主导性的基础上，推动中华优秀传统文化创造性转化和创新性发展。双重结合的路径不仅有助于推进马克思主义理论学科和社会学学科的融合发展，形成具有中国特色、中国风格、中国气派的中国社会学，还能为我国的社会主义现代化建设提供坚实的理论支撑和实践指导。

第二，把握人民立场是中国特色社会主义社会学的根本底色。党的二十大报告指出，"必须坚持人民至上。人民性是马克思主义的本质属性，党的理论是来自人民、为了人民、造福人民的理论，人民的创造性实践是理论创新的不竭源泉"②。人民是历史的创造者，是推动社会发展的决定性力量。马克思主义为社会学观察和研究社会问题提供了科学的立场和视角，即坚持把握人民立场。这是马克思主义社会学与西方社会学的根本区别。资产阶级社会学企图在不触动资本主义制度的条件下解决社会矛盾，实现社会的良性运行，其实质是站在资产阶级的立场上观察问题。在《共产党宣言》中，马克思、恩格斯指出："过去的一切运动都是少数人的，或者为少数人谋利益的运动。无产阶级的运动是绝大多数人的，为绝大多数人谋利益的独立的运动。"③ 马克思主义始终以维护社会绝大多数人的利益为根本宗旨，这就为从

---

① 习近平：《在庆祝中国共产党成立 100 周年大会上的讲话》，《人民日报》2021 年 7 月 2 日第 2 版。

② 习近平：《高举中国特色社会主义伟大旗帜　为全面建设社会主义现代化国家而团结奋斗——在中国共产党第二十次全国代表大会上的报告》，北京：人民出版社，2022 年版，第 19 页。

③《马克思恩格斯文集》（第二卷），北京：人民出版社，2009 年版，第 42 页。

根本上解决社会问题提供了唯一科学的观察问题的立场和视角。

费孝通教授也一再强调要坚持人民的主体地位，提出了科学是为了人民的利益，为了人类中绝大多数人乃至全人类的共同安全和繁荣，为了满足他们不断增长的物质和精神生活的需要。习近平总书记在哲学社会科学工作座谈会上的讲话中明确我国哲学社会科学要有所作为，就必须坚持以人民为中心的研究导向。新时代中国特色社会主义社会学必须始终坚持以人为本的价值立场，坚持以回应人民期望为导向的实践原则，以服务人民、造福人民为最大责任。无论是以家庭为单元，还是以社区或单位为单元，要让全体人民都参加到建设中来，以人民主权的原则参与管理和治理，公正公平地享受建设的成果，这是中国特色社会主义的最大优势，也是中国社会学的最大优势。坚持人民的核心地位，不仅是中国特色社会主义社会学话语体系核心价值的体现，也使学术话语成为政策话语与社会话语之间的桥梁，从而全面阐述中国实践。

当前我国社会主要矛盾已经转化为人民日益增长的美好生活需要和不平衡不充分的发展之间的矛盾。按照中央的战略部署，"人民生活更加美好，人的全面发展、全体人民共同富裕取得更为明显的实质性进展"[1]，是中共第十九届中央委员会通过的 2035 年远景目标的重要内容。社会学拥有从"解释世界"到"改变世界"的相对完整的学科体系和知识体系，当前迫切需要把内部各个分支更好地整合成一个从解释到解决、从理论到实务的知识系统和学科链，以便更好地服务国家和社会发展。

第三，历史唯物主义和唯物辩证法是中国特色社会主义社会学的基础工具。历史唯物主义是马克思主义哲学中关于人类社会发展一般规律的理论，是科学的社会历史观和认识、改造社会的科学方法论。历史唯物主义强调经济基础在各种社会要素中的关键地位，构建了以"生产力—生产关系—上层建筑"为框架的阐述方式；强调在阶级社会中阶级分析的重要性，阶级斗争

---

① 《中共中央关于制定国民经济和社会发展第十四个五年规划和二〇三五年远景目标的建议》，《人民日报》2020 年 11 月 4 日第 1 版。

是社会基本矛盾在阶级社会中的表现，是阶级对立社会发展的直接动力；强调社会形态由低级向高级发展，资本主义社会最终将为社会主义社会和共产主义社会所取代；强调人民群众是历史的创造者，克服空想社会主义者把无产阶级仅仅看成一个受苦受难的阶级，而把历史进步和社会更替的希望寄托于少数天才人物的局限。

西方社会学者包括反对马克思主义的学者，通常把历史唯物主义直接看作马克思主义社会学。社会学恢复重建时期的"丁费之辩"就关于"历史唯物主义与社会学的关系"这一问题的不同观点曾进行辨析。丁克全发表论文指出："马克思主义社会学或唯物史观社会学，可以分为广义的和狭义的两种：广义的，是根据马克思主义观点，尤其是唯物史观，而树立的社会学，不限定是讲的上列公式；狭义的，则是讲解上述公式而构成的社会学。"[①] 作为恢复重建时期全国社会学学科建设的负责人，费孝通教授在《关于社会学的几个问题》中则明确指出历史唯物主义在社会学中的指导作用。"历史唯物主义给我们提供了研究大量的长远的社会生活和社会发展的一些基本观点、基本方法、基本理论。但是历史唯物主义本身并没有，也不企图代替关于社会的各方面现象的具体研究的科学。历史唯物主义的对象不等于整个社会科学的对象，也不等于社会学的对象。"[②] 尽管学术界在历史唯物主义与马克思主义社会学的关系问题上存在争议，但普遍认为历史唯物主义并不能完全等同于马克思主义社会学。

要坚持唯物辩证法，用普遍联系和永恒发展的眼光，对社会现象开展动态的矛盾分析，在稳定中揭示变化，在变化中看到稳定；在整体中关注局部，在局部中联系整体；在社会背景下考察个人，在个人活动中揭示社会关系，把各种社会现象放到特定的历史条件中开展具体分析。对自然物的研究一般可以独立进行，但对整体的"流动"的社会却不能孤立地、重复地研究。既不能孤立地研究人，也不能单独研究社会。在新时代背景下，中国特

---

① 丁克全：《关于社会学内容体系的建议——兼论社会学与历史唯物主义》，《社会科学战线》1981 年第 3 期。

② 费孝通：《关于社会学的几个问题》，《社会科学研究》1982 年第 5 期。

色社会主义社会学的发展需要灵活运用和丰富发展马克思主义基本原理和方法论，去提出问题、观察问题、分析问题和解决问题。社会学研究应遵循社会历史发展规律，深入探究社会现象、社会变迁和社会发展规律。只有这样，才能不断推动中国特色社会主义社会学的创新发展，为构建和谐社会提供有力的理论支撑和实践指导。

第四，调查研究是中国特色社会主义社会学的重要法宝。马克思强调要在实践中去认识世界、理解世界和改变世界。中国共产党自成立以来，始终重视调查研究工作在推动中国革命、建设、改革开放事业发展进程中的重要作用，坚持以调查研究解决现实问题、推动理论创新，形成了重视调查研究、善于调查研究的优良传统。毛泽东同志对社会调查方法的贡献巨大，他特别重视实地调查研究，曾提出："我们研究中国就要拿中国做中心，要坐在中国的身上研究世界的东西。""不研究中国的特点，而去搬外国的东西，就不能解决中国的问题。""我们要把马、恩、列、斯的方法用到中国来，在中国创造出一些新的东西。……用马克思主义的立场、方法来解决中国问题。"[1]"没有调查，没有发言权。"[2] 在 20 世纪的二三十年代，毛泽东同志通过大量的实地调查了解农民生活和农村社会，探索土地革命的规律和实行工农武装割据的经验；在社会主义革命和建设时期，他组织农业合作化调查，以掌握农业社会主义改造的规律。所有这些都是毛泽东同志开展调查研究的生动体现，也大大丰富了社会学研究方法，至今仍然对中国社会调查活动，尤其是基层群众社区治理工作有着重要的影响。费孝通教授一生都通过实践调查来观察问题、发现问题、分析问题，从而总结问题现象背后的影响因素与形成规律，并进一步将理论认识运用到社会发展的实践需求中。他一生中开展过大量的社会调查，包括江村经济、云南三村、瑶山调查、小城镇调查与民族地区研究，从而形成了"乡土中国"的一系列研究成果，提出了小城镇、区域发展研究等重要概念，为理解中国的城镇化进程以及城乡关系等提

---

① 《毛泽东文集》（第二卷），北京：人民出版社，1993 年版，第 407-408 页。
② 《毛泽东选集》（第一卷），北京：人民出版社，1991 年版，第 109 页。

供独到的见解。①

　　社会学一是要在课堂上学，扎实掌握社会学基本知识、基本理论和基本观点；二是要在实践中学，通过深入社会、观察社会、体验社会，来了解社会现象，获得丰富生动的社会感受，在实践中不断深化对社会学理论的认识。调查研究是认识世界的基本方法，包含了从感性认识到理性认识的完整过程。调查研究在"实践—认识—实践"的多次反复过程中实现对客观世界正确认识的基础上得以达到主观和客观的统一。习近平总书记指出："只有以我国实际为研究起点，提出具有主体性、原创性的理论观点，构建具有自身特质的学科体系、学术体系、话语体系，我国哲学社会科学才能形成自己的特色和优势。"②"调查研究是做好决策咨询的基础。"③新时代，中国社会科学研究者要学习贯彻习近平新时代中国特色社会主义思想，深入开展调查研究，不断用从中国社会中观察到的事实和实践经验来生成研究，才能真正推进中国特色社会主义社会学理论和应用水平的提升。

　　第五，融通研究领域是中国特色社会主义社会学的成熟条件。费孝通教授在体现社会学学科建设深邃思想的《试谈扩展社会学的传统界限》一文中强调"社会学是一种具有'科学'和'人文'双重性格的学科"④。中国社会科学院学部委员、社会学家景天魁沿着费孝通教授的思路，将中国特色社会学建设要扩展研究领域、实现理论基础整合和基本方法融通的理论主张，归结起来称为社会学融通主义。⑤他提出新时代要从更新中国特色社会学学科观念入手，创建社会学中国化 2.0 版。

　　一是社会学学科需要扩展其研究领域，涵盖更多社会现象，如政治、经

① 王建民：《社会调查与文化自觉——从中国现代学术建构看费孝通的学术转向》，《河北学刊》2017 年第 4 期。

②《习近平在哲学社会科学工作座谈会上的讲话》，《人民日报》2016 年 5 月 19 日第 2 版。

③《习近平在中央党校建校 90 周年庆祝大会暨 2023 年春季学期开学典礼上的讲话》，《人民日报》2023 年 4 月 1 日第 1 版。

④ 费孝通：《费孝通全集》（第 17 卷），呼和浩特：内蒙古人民出版社，2009 年版，第 438、464 页。

⑤ 景天魁：《论中国特色社会学的学科观念》，《人文杂志》2023 年第 9 期。

济、文化等，以更好地理解中国社会的复杂性。二是社会学学科需要整合不同理论基础，如马克思主义、西方社会学和群学等，以形成中国特色的社会学理论体系。从经典理论入手去寻找整合点，将整合点确定为中国特色社会学的初始概念，可以保持理论的继承性和连续性。三是在社会学研究中，将实证与非实证、经验与理论、特殊性与普遍性、科学性与人文性等对立面进行统一，实现方法论的融通。通过直观整体性与系统整体性的古今贯通、群学与西方社会学的中西会通，达致融通古今中西的新境界。

三、马克思主义理论学科对社会学学科的借鉴

在社会学的百年发展历程中，诞生了许多较为成熟的社会学理论。这些理论对于我们全面建设社会主义现代化国家有一定的参考意义。例如，由美国社会学家塔尔科特·帕森斯等人提出并发展的结构功能理论侧重对社会系统的制度性结构进行功能分析。社会是一个庞大的系统，它由四个子系统即行为有机体系统、人格系统、社会系统和文化系统组成。社会系统的各部分相互依存和相互交换，使整个社会系统趋于均衡。在社会系统中，执行上述四种功能的子系统分别是经济系统、政治系统、社会共同体系统和文化系统。社会系统与其他系统之间、社会系统内的亚系统之间不断进行互动，在社会互动中具有输入—输出的交换关系，金钱、权力、影响和价值承诺都是其中的一些交换媒介，这样的交换使社会秩序得以结构化，使系统保持稳定性。结构功能理论的局限性在于过度强调社会整合，忽视社会冲突，不能合理地解释社会变迁。但结构功能理论有助于我们对维系社会系统均衡、社会良性运行所需的各项条件有更深一层的认识。

（一）马克思主义理论学科对社会学学科知识体系的借鉴

马克思主义理论学科中的思想政治教育学科是马克思主义理论一级学科下属的一个二级学科，其社会性特点显著。深入借鉴和有效运用社会学的相

关知识，对于思想政治教育学学科体系的丰富和完善具有重要意义。思想政治教育学和社会学都关涉人的研究，思想政治教育中的人并不是孤立、抽象的人，而是具体的、社会关系中的人。个体的思想品德素质形成与发展过程具有社会性，主流意识形态的发展同样受到社会多种因素的影响。思想政治教育与社会关系、社会结构、社会运行等社会要素之间的密切联系，决定了思想政治教育学与社会学二者具有紧密的学科关联。思想政治教育在应对和解决思想意识、社会观念、意识形态等领域的困惑、矛盾和问题时，必须直面当代中国社会的重大现实问题和理论挑战，揭示各种思想问题和意识形态问题产生的深层次社会根源和机制。因此，社会学对于思想政治教育具有重要的学科价值。在思想政治教育中，思想政治教育者可以借鉴社会学中的社会舆论、社会角色理论和人的社会化理论，以增强思想政治教育的针对性和实效性。例如，由郑杭生和杨敏提出的社会互构论以社会与个人的关系为研究主题，阐释了多元社会行动主体间"互构"和"谐变"的关系，给思想政治教育主客体关系以重要启发。"系统—个体"的综合性研究视角同样为思想政治教育中的理想信念教育、价值观教育和法治教育等内容的实施和贯彻提供了新的价值导向和有效的实践指导。

在现代社会，人们的思想行为问题与物质利益问题紧密相连，社会精神文化问题与经济政治问题相互渗透，这使得思想政治教育在发挥规范和约束受教育者行为的功能时，必须深入探索其背后的社会根源。在这一过程中，社会学知识发挥着不可或缺的作用。比如，对于青少年犯罪问题，社会学能够帮助我们理解和分析青少年道德失范、行为越轨背后的社会机制，如社会化过程、亚文化影响、社会资本理论等。同时，社会学还能帮助我们从社会工作的专业视角出发，提供有效的社会干预策略，这对于加强未成年人的思想道德建设具有重要的理论和实践价值。

（二）马克思主义理论学科对社会学中田野调查法的借鉴

起源于西方的田野调查法是社会学中常用的实证调查法之一，是由英国功能学家马林诺夫斯基在实践中奠定的。田野调查法是指研究者深入研究对象所生活的场域，在与研究对象一起生活的过程中，进行细致观察和深度访谈，以求达到对研究对象及其文化的全貌性研究和深刻理解。田野调查法主要分为参与观察与深度访谈两种方式：参与观察是指观察者主动融入观察对象的生活或工作场所，成为其中的一员，通过直接参与来观察其行为模式、互动方式。这不仅有助于研究者理解被观察者的社会背景，更能揭示其思想意识的发展脉络。深度访谈是指研究者与当地人进行深入的对话交流，挖掘其内心世界。这需要研究者根据研究主题，精心选择具有代表性的访谈对象，通过建立信任和情感联系，实现真正的深度交流，从而理解当地文化的深层含义。在田野调查中，研究者还需要注意主位取向和客位取向的关系问题。主位取向，是指研究对象所倾向于认为的观念或态度；客位取向，是指研究者或局外人所倾向于认为的原因或动机。田野调查要求研究者不仅要深入体验和理解当地人的主位观念，还要运用客位取向从外部视角对这些观念进行批判性思考，探索其背后的原因和动机。田野调查结束之后，研究者需要以描述性和记事性的手法撰写田野调查报告，展示研究对象的整体特征和活动全过程，勾画出特定社区和人群的文化图像。

田野调查法适用于研究一些小型社区、特定群体的文化特征及其变迁。费孝通教授曾"五上瑶山"，通过对广西大瑶山的访问与研究，将田野研究与国家民族发展具体过程、具体问题密切结合，最终形成了"中华民族多元一体格局"的重要论断，促进了民族共同体的文化认同与文化自觉意识的凝聚提升，进而形成推动地方社会治理与民族发展的助力。党的十八大以来，以习近平同志为核心的党中央高度重视民族工作，多次强调"中华民族大家庭""中华民族共同体""铸牢中华民族共同体意识""推进中华民族共同体建设"等概念。2019 年，习近平总书记在全国民族团结进步表彰大会上指出："一部中国史，就是一部各民族交融汇聚成多元一体中华民族的历史，就是各民族共同缔造、发展、巩固统一的伟大祖国的历史。"[1]2021 年，习近平总书记在中央民族工作会议上进一步强调，"要准确把握和全面贯彻

---

① 《习近平在全国民族团结进步表彰大会上的讲话》，《人民日报》2019 年 9 月 28 日第 2 版。

我们党关于加强和改进民族工作的重要思想，以铸牢中华民族共同体意识为主线，坚定不移走中国特色解决民族问题的正确道路，构筑中华民族共有精神家园，促进各民族交往交流交融，推动民族地区加快现代化建设步伐"[①]。2023 年 10 月，中国人民大学人类学系成立，以族群人类学为主攻方向，围绕"铸牢中华民族共同体意识"和"构建人类命运共同体"展开工作。在中华民族共同体意识研究中，可以通过对各民族聚居的社区开展系统且长期深入的田野调查，从民族交往、交流、交融的视角梳理各民族建设多元一体的民族共同体的历程，并将研究成果对公众加以宣传。这对于各族人民增强民族文化自信心及对中华民族的认同感，铸牢中华民族共同体意识，增强各民族共同繁荣发展的信念，具有重要意义。

田野调查关注现实的人及其现实生活，直面社会、观察社会、体悟社会。从交叉学科建设来看，可以将田野调查法引入马克思主义理论学科并作为基本研究方法。例如在基层社会治理工作中，党政机关及人民政府可以通过深入群众生活分析和整理一线所获得的调研材料，更为准确地去把握当下社会存在的问题与隐患，对人民大众的社会组织、社会结构、社会行为进行分析，不断地调整与改善执政理念和执政政策。这不仅为我们党开展群众路线教育实践活动提供了科学的论据，还为我们党在认识与学习马克思主义的群众观点上提供了新的思考角度和方式，在中国特色社会主义进入新时代的历史背景之下焕发新的生机与活力。

（三）马克思主义理论学科对社会学中社会治理的借鉴

中国的现代化建设和城镇化发展已经进入了新时代，与此同时，国际形势风云变幻，大国博弈的广度和烈度上升。如何加强党建引领、提升社会治理效能成为讨论重点。党建引领蕴含着中国特色社会学理论创新的新路径，对于推动服务型政府改革、引领中国社会公共性有序发展、实现治理网络全

[①]《习近平在中央民族工作会议上强调：以铸牢中华民族共同体意识为主线　推动新时代党的民族工作高质量发展》，《人民日报》2021 年 8 月 29 日第 1 版。

覆盖具有重要战略意义。2013 年，中共十八届三中全会作出的《中共中央关于全面深化改革若干重大问题的决定》中首次使用了"社会治理"这一概念，提出要"提高社会治理水平，维护国家安全，确保人民安居乐业、社会安定有序"①。2019 年，中共十九届四中全会通过的《中共中央关于坚持和完善中国特色社会主义制度　推进国家治理体系和治理能力现代化的若干重大问题的决定》中把社会治理工作放在突出重要的位置，"社会治理是国家治理的重要方面。必须加强和创新社会治理，完善党委领导、政府负责、民主协商、社会协同、公众参与、法治保障、科技支撑的社会治理体系，建设人人有责、人人尽责、人人享有的社会治理共同体，确保人民安居乐业、社会安定有序，建设更高水平的平安中国"。②此外，还提出要把社会主义核心价值观融入法治建设和社会治理。2022 年，党的二十大报告提出："完善社会治理体系，健全共建共治共享的社会治理制度，提升社会治理效能。"③

"社会治理"不同于"社会管理"。"社会治理"强调的是多元主体协商合作，强调的是政府的有限责任及治理主体与治理对象的积极互动。任何社会都有相应的治理体系。在中国的社会治理实践中，社会治理的主要含义是：政党、政府、社会组织、企事业单位、社区以及个人等多种主体通过合作、对话、协商、沟通等方式，依法对社会事务、社会组织和社会生活进行引导和规范，解决社会问题，加强社会整合与社会团结，激发社会活力，防止社会解组，引导社会预期，增强社会发展动力，最终实现公众利益最大化。社会治理以维护社会稳定，增进社会团结，实现社会和谐为目标。结合中国的历史传统、现实国情、政治生态和社会诉求，我国的社会发展和社会治理不再仅仅以西方为参照，已经逐步进入自觉建设的时期，初步过渡到由

---

① 《中共中央关于全面深化改革若干重大问题的决定》，《人民日报》2013 年 11 月 16 日第 1 版。

② 《中共中央关于坚持和完善中国特色社会主义制度　推进国家治理体系和治理能力现代化若干重大问题的决定》，《人民日报》2019 年 11 月 6 日第 1 版。

③ 习近平：《高举中国特色社会主义伟大旗帜　为全面建设社会主义现代化国家而团结奋斗——在中国共产党第二十次全国代表大会上的报告》，北京：人民出版社，2022 年版，第 54 页。

学习走向超越的阶段，并开始以更为积极主动的姿态构建具有中国特色的社会治理体制和模式。

社会治理体系和治理能力现代化是国家治理体系和治理能力现代化的重要方面。在新时代背景下，加强和创新社会治理显得尤为重要。这不仅有助于满足人民日益增长的美好生活需要，更是推进国家治理体系和治理能力现代化的必然选择。在这一进程中，一是应始终坚持党的全面领导，确保社会治理的正确方向和有效实施。同时，坚持以人民为中心的发展思想，将保障和改善民生作为社会治理的基石，确保社会治理成果更多更公平地惠及全体人民。二是坚持和完善共建共治共享的社会治理制度，基于社会治理共同体高质量发展促进高效能治理，是新征程中国式现代化的重大课题。构建社会治理新格局要把社会治理放到新的更加突出的位置，从面向小社会的小治理转向面向大社会的大治理，从"为社会"转向"靠社会"。要鼓励多元主体参与社会治理，让社会大众充分参与到社会治理中，形成社会治理的合力。既强调政府的主导作用，又注重发挥社会各方面的积极性和创造性，共同推动社会治理的创新与发展。

中国社会学的百年发展历程鲜明地体现出马克思主义引领和推动了中国社会学的高速成长。正是基于坚持马克思主义的指导地位，中国社会学得以在波澜壮阔的历史长河中迅速成长，并逐步形成了具有鲜明中国特色的、适合于中国社会发展要求的、与中国特色社会主义事业紧密相连的中国特色社会主义社会学。中国社会学不仅积极回应了世界百年未有之大变局和中华民族伟大复兴的时代命题，更针对我国建设和我党执政过程中遇到的重大理论问题和实践问题，如社会主要矛盾的转化、社会治理体系的完善、社会公平正义的实现等进行了深入研究。中国特色社会主义社会学的发展应始终坚持马克思主义的指导地位，紧密结合中国的实际情况，不断推进理论创新和实践探索，为实现中华民族伟大复兴的中国梦提供坚实的学术支撑。同时，积极参与到全球治理和人类命运共同体构建中，贡献中国智慧和中国方案。

第八篇

马克思主义理论学科引领
新闻学学科发展

在当今信息爆炸、媒介多元化的时代背景下，新闻学作为一门关注信息传播、社会舆论和公共沟通的学科，其重要性越发凸显。然而，新闻学的发展并非孤立进行，它深受其他社会科学理论的影响，特别是马克思主义理论。马克思主义理论，作为一套全面深刻的社会分析框架，不仅为我们理解社会现象提供了独特的视角，也为新闻学的发展注入了强大的动力。

一、新闻学学科发展现状

（一）新闻学的产生

新闻传播活动是人类特有的一种有意识的社会性的信息传播活动，是人类生产实践和社会实践的产物。新闻传播活动的产生和演化取决于多种社会因素。从文字出现、活字印刷术发明，到电视首播、计算机问世，现代新闻传播业随着媒介信息技术的发展有了巨大演进，铅字、数字、算法都被人类文明赋予新闻使命和社会责任。传统媒体和新兴媒体融合发展，大数据和人工智能应用日渐广泛，万物皆可实现互联，人人皆能参与传播，新闻史翻开了辉煌的一页，谱写着人类社会发展的新篇章。

新闻学的产生来自新闻传播活动和新闻业的实践发展需要。早在远古时代，人类就开始了原始形态的信息传递。早期人类在共同的生产和生活中，已经能够使用手势、图形、器物和声音传递信息、相互联络和交流思想情感。使用语言进行口头交流是人类使用最多的信息传递形式，并经历了漫长的时期。文字出现以后，信息的保真度大幅提高，文字交流成为信息传递的主要手段。造纸、印刷等传播技术的推广应用，为文字的传播提供了便利条件。国家产生以后，以文字为载体的宫廷指令和布告是古代报刊的萌芽。随着电报、广播、电视、网络、手机等媒介相继出现，现代化的有声语言、图示符号、声光符号等迅速发展起来，与文字符号一起，共同构成人类现代新闻信息传播的载体，新闻传播活动由此发生了根本性变化。

新闻事业是指传播新闻信息的有组织的新闻机构及其活动的总称。新闻事业作为人类的一种社会性新闻传播活动，是在一定的社会条件下进行的，其发展不仅与信息传播技术发展水平有关，更与社会变革紧密联系在一起，社会的经济基础和政治制度对新闻事业发展有着直接影响。

近代新闻事业的萌芽和发展与资产阶级反对封建专制的斗争密不可分。资本主义新闻事业是在资产阶级报纸的基础上发展起来的，一开始就和资产阶级的商业活动相联系。15世纪初处于萌芽状态的资产阶级报纸出现在地中海沿岸的一些城市，它以手抄的方式提供有关航海、贸易等方面的信息。经过几个世纪的发展，资本主义新闻事业已经成为拥有先进的科技手段、由资本主义国家或垄断财团控制、维护资产阶级经济利益、表达资产阶级政治主张的重要工具。

随着19世纪无产阶级革命运动的发展以及20世纪社会主义在一些国家的胜利，无产阶级和社会主义新闻事业开始登上人类历史舞台。马克思、恩格斯创立的辩证唯物主义和历史唯物主义，奠定了无产阶级科学世界观的基础。在马克思主义理论的指导下，无产阶级明确自身所担负的历史使命，提出独立的政治纲领，并且组成工人阶级政党，从"在"的阶级成长为"自为"的阶级。在这一历史进程中，产生了马克思主义的报刊，开创了无产阶级报刊历史和新闻事业新纪元。新闻事业发展的客观现实提出了开展新闻学研究的要求。经济基础和政治制度不同，新闻事业的基本立场和工作方针也就不同，从而产生不同立场、观点和内容的新闻理论。我们要以马克思主义为指导，科学看待各种新闻理论，结合中国特色社会主义新闻工作实践，实事求是地加以分析和借鉴，汲取其中有益成果，为我所用。

（二）新闻学的发展

新闻学是随着新闻业的实践总结发展而来的。资产阶级早期的新闻理论集中体现为新闻出版领域的自由主义理论，它是在资产阶级反对封建专制的斗争中产生的，至今仍然是资产阶级新闻理论的基石。这一理论是 17 世纪由英国人约翰·弥尔顿首先提出，经 18 世纪美国人托马斯·杰弗逊以及 19世纪英国人约翰·密尔等人进一步丰富和发展起来的。自由主义理论代表新兴资产阶级的经济利益，反映资产阶级争取政治权利、建立资本主义经济制度和政治制度的要求。在资本主义上升时期，这一理论促进资本主义新闻事业的发展，推动资产阶级反对封建专制制度的斗争。但是，由于这一理论是以抽象的"人性""理性"作为出发点，在实践过程中必然产生许多问题和矛盾。在资本主义制度下，报刊不可能不受金钱的支配和资本的控制，所谓任何人都可以拥有报刊、都可以在报刊上发表意见，对穷人来说实际上是句空话。自由主义的新闻理论提倡"观点的自由市场"，而现实却是报业的自由竞争必然导致垄断，报业垄断又限制了表达观点的"自由"。自由主义新闻理论陷入自身无法克服的矛盾之中。

为了修正传统自由主义理论的缺陷和矛盾，20 世纪 20 年代，社会责任理论出现。1923 年，美国报纸主编协会制定《报业法规》，提出报纸的责任问题。1924 年，美国报纸主编协会主席卡斯珀·约斯特在《新闻学原理》一书中提出，报业要对社会负责，在必要的情况下，可以运用法律限制出版自由。1947 年，美国芝加哥大学校长罗伯特·梅纳德·哈钦斯主持新闻自由委员会，发表《一个自由而负责任的新闻界》等报告，提出社会责任理论。这一理论主张实行"有限制的新闻自由"，政府可以"干预和控制"新闻活动。此后，西方新闻学研究还出现了多种理论和学派。随着电子媒体的兴起和信息理论研究的深入，产生了传播学及其各种流派，对新闻学研究产生一定影响。1980 年，联合国教科文组织发表题为《多种声音，一个世界》的研究报告，提出建立国际信息传播新秩序的理念。

自 1848 年以来，随着无产阶级革命事业的蓬勃兴起和社会主义建设事业的发展，无产阶级和社会主义新闻事业创立并发展。在马克思主义的指导下，无产阶级及其政党创办马克思主义报刊，开创无产阶级新闻事业，建立并发展社会主义新闻事业。以马克思主义为指导，服务于无产阶级及其政党的马克思主义新闻观逐步形成并不断发展。以辩证唯物主义和历史唯物主义为理论基础，以无产阶级革命新闻活动和社会主义新闻活动为实践依据，马克思主义新闻观为新闻学的发展提供了科学的理论指导，成为马克思主义的重要组成部分。在中国特色社会主义建设的历史进程中，随着中国特色社会主义新闻实践的探索，社会主义新闻理论始终以马克思主义新闻观为理论基础，与时俱进，不断创新发展，逐步形成中国特色社会主义新闻理论。

（三）新闻学中的新闻门类与类型

新闻学是研究新闻传播与新闻报道的学科，它对新闻的分类与类型进行了深入研究。新闻门类和类型的划分对于新闻工作者具有重要的指导意义，它有助于准确传达信息、理顺新闻报道的思路。新闻门类根据报道的内容总共划分为五类。第一类：时政新闻。时政新闻是最重要也是最频繁出现的新闻门类之一。它以政治领域中发生的重大事件为主题，包括国内外重要会议、国家政策法规、政治人物动态等。时政新闻常常牵动民众的思想情绪，对国家和社会的发展起着重要的推动作用。第二类：社会新闻。社会新闻是关注社会各个领域的新闻门类，涵盖面广泛。社会新闻主要报道社会问题、社会事件、社会组织、社会热点等，目的是让公众了解社会现象和动态。第三类：经济新闻。经济新闻是报道经济领域的新闻门类。它关注经济发展、金融市场、企业运营等方面的内容。经济新闻对于商业从业者和投资者具有很大的参考价值，可以帮助他们了解市场动态，作出正确的决策。第四类：文化新闻。文化新闻是涵盖文化艺术、文化传承等方面内容的新闻门类。文化新闻主要报道文化活动、文化人物、文化产业等，旨在传达和推广文化知识，促进文化多样性的发展。第五类：科技新闻。科技新闻是关注科技领域的新闻门类。随着科技的进步，科技新闻日益重要。科技新闻主要报道科学研究、技术创新、科技产品等，帮助公众了解科技发展对社会的影响。

新闻类型根据报道模式的区别同样也划分为五大类。第一类：信息报道类新闻。信息报道类新闻是最基础的新闻类型之一，它以事实为基础，客观叙述事件、事故、灾难等。这种新闻类型强调准确性和实事求是，让公众了解事件的始末，提供客观的报道。第二类：评论类新闻。评论类新闻是在信息报道的基础上增加评论、解析、分析等元素，它旨在提供对事件的深入思考和个人观点。评论类新闻允许新闻工作者发表自己的见解，但需要基于事实和理性。第三类：特写类新闻。特写类新闻是深入报道某个事件或者人物的特定方面，从而展现更全面的信息。它通过细致入微的描写和观察，将事件或人物的内在和外在特点展示给公众。第四类：采访类新闻。采访类新闻是在实地采访的基础上，通过对受访者进行提问和回答的方式，获取信息并进行报道。采访类新闻是一个挖掘和呈现真相的过程，通过受访者的回答，让公众更加了解事件和人物。第五类：观点类新闻。观点类新闻是报道某种观点或者看法的新闻类型。它可以是某个专家的意见，也可以是公众的集体声音。观点类新闻帮助公众了解不同的观点，促进社会对话和思考。

新闻门类和类型的划分是为了更好地传达信息和引导读者，不同的门类和类型在报道中有不同的重点和方式。作为新闻工作者，我们要根据实际情况选取合适的新闻门类和类型，并注重内容的准确性和客观性，以提供真实、有价值的新闻报道。

二、马克思主义理论学科引领新闻学学科发展的必要性

随着信息技术革命的推进，互联网的急剧发展，传统信息传播的时间与空间壁垒不断被打破，现代社会新闻传播的自由度不断扩张。在这一时代背景下，西方新闻自由主义思潮乘机粉墨登场。这一思潮对我国一些新闻工作者乃至广大社会成员形成严重误导，有些人打着"新闻自由"的幌子，别有用心地散布一些不利于改革开放与现代化建设大局的言论，消解社会正能量，污染社会舆论环境。习近平多次强调党的新闻舆论工作乃是治理国家的重大事情。而作为坚定而清醒的马克思主义者，针对西方新闻自由主义思潮

的理论误区与实践危害，有必要以马克思主义的新闻自由观为指导，从理论与实践的双重维度予以批判性研究。这一研究的目的在于：清晰地勾勒西方新闻自由主义思潮的基本谱系，揭示出这一思潮的阶级本质、理论误区、现实表征、实践危害，在此基础上提出应对这一错误思潮的有效路径。

新闻观是新闻舆论工作的灵魂。党的新闻舆论工作必须挺起精神脊梁。马克思主义新闻观是党的新闻舆论工作的精神脊梁，是党的新闻舆论工作的"定盘星"。习近平总书记用"定盘星"来比喻马克思主义新闻观的作用，为新闻舆论工作提供了行动准绳。

第一，只有坚持马克思主义新闻观的指导地位，才能保证党的新闻事业健康发展。我们党是以马克思主义为指导思想的政党，这就决定了党的新闻舆论工作必须以马克思主义新闻观为根本指南。一部社会主义新闻事业诞生和发展的历史，就是在马克思主义新闻观正确指导下成长壮大的历史。中国共产党从成立之初，就认识到运用新闻媒体宣传党的主张、发动群众打击敌人的重要作用，从而积极有效地运用这个武器。中国革命、建设、改革的历史经验表明，我们在每个历史时期取得的胜利和成就都离不开新闻舆论工作。重视新闻舆论工作、善于运用"笔杆子"，是中国共产党人的"看家本领"；坚持马克思主义新闻观的"定盘星"作用，是党的新闻舆论工作不断取得胜利的法宝。

第二，只有坚持马克思主义新闻观的指导地位，才能保证党的新闻事业的前进方向。离开马克思主义新闻观的正确指导，党的新闻事业就会迷失方向、误入歧途。20世纪90年代初苏联解体和东欧剧变，就是从否定马克思主义在意识形态领域的指导地位开始的，就是从放弃党对新闻舆论工作的领导权开始的，就是从所谓的新闻"公开性"开始的。舆论阵地失守，错误思潮泛滥，导致苏联最终解体，一个执政70多年、拥有2000多万党员的大党一夜之间土崩瓦解。历史经验告诉我们，只有坚持马克思主义新闻观的指导地位，使马克思主义新闻观成为新闻工作者的思想武器和行为准则，才能保证新闻舆论工作的主导权始终牢牢掌握在忠于党、忠于人民、忠于马克思主义的新闻舆论工作者手中。坚持马克思主义新闻观的"定盘星"作用，才能保证党的新闻事业永远沿着正确方向前进。

第三，只有坚持马克思主义新闻观的指导地位，才能自觉抵制西方错误新闻观的影响。近年来，随着中西文化交流的深入，代表西方资产阶级利益的新闻思想不可避免地传入我国。一些人宣扬西方新闻观，标榜媒体是"社会公器""第四权力""无冕之王"，鼓吹抽象的绝对的"新闻自由"。其实，西方媒体都是受西方意识形态支配的，是受一定的利益集团支配的。特别是每逢选举，西方媒体充斥着各政党、各派候选人提供的宣介内容，这些都是要花大价钱的。"独立媒体"可以独立于政府、独立于政党，却不可能独立于资本。媒体可以"独立"地问责政客、指责政党、批评政府，可以让某位政客落马、某个政党败选、某届政府下台，但它们绝对不会从根本上去质疑、批评、反对资本家老板和资本主义制度。任何新闻媒体都有鲜明的意识形态属性，没有什么抽象的绝对的新闻自由。事实表明，争夺意识形态领域领导权的斗争一刻也没有停止过。要不要坚持马克思主义新闻观，说到底就是要不要坚持党对新闻舆论工作的领导。只有坚持马克思主义新闻观的"定盘星"作用，才能认清西方所谓"新闻自由"的虚伪性和欺骗性，自觉抵制西方新闻观的错误影响。

第四，只有坚持马克思主义新闻观的指导地位，才能与时俱进地发展党的新闻事业。马克思主义唯物论和辩证法要求我们用历史的、发展的、辩证的眼光看待事物。一方面，马克思主义新闻观是被历史和实践反复证明了的科学真理，具有穿越时空的永恒价值，不会因为媒体格局和传播手段的变化而过时，必须永远坚持。另一方面，马克思主义新闻观不是僵死的教条，而是开放的、不断发展的理论体系，只有坚持与时俱进，结合发展变化了的实际，全面、客观、辩证、历史地研究分析新闻舆论工作的新情况新问题，才是对待马克思主义新闻观的正确态度。现在，中国特色社会主义进入新时代，党的新闻舆论工作也进入新时代。新闻舆论工作越是面临复杂挑战，广大新闻工作者越是要坚持用马克思主义新闻观武装头脑、指导实践、推动工作，不断开辟党的新闻事业发展新境界。

三、马克思主义理论学科引领新闻学学科发展的举措

（一）新闻学学科的发展要坚持党的领导

新闻事业是党和人民事业的重要组成部分，具有鲜明的政治属性。牢牢掌握党对新闻工作的领导权，就是要坚定新闻事业的政治方向，确保新闻事业发展始终沿着正确的道路前进。这就要求我们在新闻工作中，始终坚持党的领导，坚决贯彻党的基本路线和方针政策，坚决维护党的团结统一，坚决维护党的领导地位和权威。只有这样，新闻事业才能始终保持正确的政治方向，为党和人民事业发展提供有力的舆论支持。做好新闻舆论工作，关键在党。"加强和改善党对新闻舆论工作的领导，是新闻舆论工作顺利健康发展的根本保证"①。中国共产党是我国新闻舆论工作的领导核心，在党和国家发展的历史长河中，新闻舆论始终承担着体现党的意志、宣传党的主张的作用。面对新时代国际国内舆论形势的新变化，我们更有必要认清舆论引导的重要性，把提升党的新闻舆论引领力放在更加突出的位置，创新工作思路与方法，不断将其落到实处。在全媒体时代，各类从事新闻信息服务、具有媒体属性和舆论动员功能的传播平台层出不穷。因此，党需要不断增强对新闻舆论的引领力，将各级各类媒体都置于自身的领导和管理之下，不断提升自身的媒介素养，善用媒体引导公众情绪，推动实际工作等。对于我们党来说，增强新闻舆论引领力，争取人心，获得人民群众的拥护和支持是提升其执政能力的必然要求。

（二）新闻科学研究要坚持正确方向

第一，坚持正确的政治方向，必须坚持党性原则。党性原则是党的新闻舆论工作的根本原则。无论时代如何发展、媒体格局如何变化，党管媒体的根本原则始终不能变，这是事关国家意识形态安全、政治安全的大问题。广

---

① 《习近平谈治国理政》（第二卷），北京：外文出版社，2017 年版，第 334 页。

大新闻舆论工作者要深入学习宣传党的理论和路线方针政策，学习宣传习近平新时代中国特色社会主义思想，掌握这一重要思想的重大意义、丰富内涵、精神实质、基本要求，掌握贯穿其中的立场、观点、方法，增强贯彻落实的思想自觉和行动自觉。坚持以党的旗帜为旗帜，以党的意志为意志，深入宣传党的主张，准确解读党和国家政策，在思想上政治上行动上同以习近平同志为核心的党中央保持高度一致，坚决维护习近平同志党中央的核心、全党的核心地位，坚决维护党中央权威和集中统一领导。遵守政治纪律、宣传纪律、工作纪律，守规矩、听招呼、有底线，做到党中央提倡的坚决响应，党中央要求的坚决照办，党中央禁止的坚决不做。保持高度的政治坚定性和鲜明的战斗风格，敢于同各种错误的思想观点作斗争，不搞"爱惜羽毛"那一套。

第二，坚持正确的政治方向，必须坚持马克思主义新闻观。马克思主义新闻观是党的新闻舆论工作的指针，也是新闻工作者的精神之"钙"，是"灵魂"和"脊梁"。新闻工作者要成为党的政策主张的传播者、时代风云的记录者、社会进步的推动者、公平正义的守望者，心中必须"安装"马克思主义新闻观的"定盘星"。以马克思主义新闻观统领新闻舆论工作，必须认清西方所谓"独立媒体"的本质。"独立媒体"理念是西方新闻观的重要理念之一。所谓"独立媒体"，是指在财政、经费、所有权上独立于政府和政党的私人媒体。西方新闻观认为，媒体只有独立于政府和党派的控制，才能保持"政治中立"，作出客观、公正、准确的报道。而马克思主义新闻观认为，新闻事业具有阶级性，任何媒体表达立场、传递思想、影响人心，都带有意识形态属性。无产阶级有无产阶级的新闻观，资产阶级有资产阶级的新闻观，各自为本阶级的经济利益和政治统治服务。1957年3月，毛泽东在同新闻出版界代表谈话时就说："在阶级消灭之前，不管通讯社或报纸的新闻，都有阶级性。"[①]

第三，坚持正确的政治方向，必须坚定人民立场。人民立场是我们党的

---

① 《毛泽东文集》（第七卷），北京：人民出版社，1999年版，第263页。

根本政治立场。新闻舆论工作是党的一项重要工作，在"为了谁"的问题上，新闻工作者必然要同党的性质、宗旨相一致。习近平总书记指出："新闻舆论工作者要增强政治家办报意识，在围绕中心、服务大局中找准坐标定位，牢记社会责任，不断解决好'为了谁、依靠谁、我是谁'这个根本问题。"[①] 党的新闻舆论工作本质上就是群众工作，承担着宣传群众、动员群众、服务群众的庄严使命。广大新闻舆论工作者要坚持以人民为中心的工作导向，把体现党的主张同反映人民心声有机统一起来，把人民群众的实践作为新闻舆论工作的源头活水，把人民群众是否满意作为检验新闻舆论工作成效的首要标准。新闻工作者要进一步增进同群众的感情、拉近同群众的距离，不仅要"身入"，更要"心入""情入"，真正站稳群众立场、回应群众关切、满足群众需求。同时新闻工作者也要坚持人民群众主体地位，让人民群众唱主角，把更多版面、镜头、荧屏留给普通群众，忧患着人民的忧患，欢乐着人民的欢乐，推出更多有思想、有温度、有品质的新闻作品，把党的理论和路线方针政策变成人民群众的自觉行动，把人民群众创造的经验和面临的实际问题反映出来，反映好人民群众最关心、最直接、最现实的利益问题，架好党和人民之间的桥梁。

（三）强化马克思主义新闻观教育

第一，加强马克思主义新闻观的学习，首先要全面、准确了解和把握马克思主义新闻观的一系列基本原理，切实提高理论素养。新闻的意识形态属性，对新闻真实、客观、公正要求的全面论述，新闻舆论工作的党性原则，人民报刊思想，重视新闻传播的社会效益，等等，都是马克思主义新闻观的重要内容。当今社会，受拜金主义和利益至上观念的影响，虚假报道、低俗之风、有偿新闻、有偿不闻等新闻"公害"在全球范围内不时泛起，引发社会大众的广泛质疑，这恰是对马克思主义新闻观基本原理的有力反证和现实

---

① 中共中央宣传部新闻局：《习近平总书记党的新闻舆论工作座谈会重要讲话精神辅助材料》，北京：学习出版社，2016 年版，第 8 页。

呼唤。

第二，加强马克思主义新闻观的学习，重要的是学习和掌握辩证唯物主义和历史唯物主义的思想方法，坚持实事求是的基本原则，运用正确的立场观点方法认识事物、思考问题、解决问题。西方新闻界秉持的所谓"新闻专业主义"，在一些具体操作层面的方法和经验，可以学习和借鉴。但是，由于意识形态和基本政治制度的差异，一旦上升到全局高度或者深入本质层面时，照搬和模仿"新闻专业主义"的立场和主张，往往就会出现认识偏差和行为谬误，甚至给党和人民事业带来严重后果。因此，学习马克思主义新闻观，应注意通过比较和鉴别，深刻认识其作为我国新闻舆论工作指导思想的科学性、先进性和有效性。

第三，加强马克思主义新闻观的学习，还应结合我国国情和时代发展，不断分析新情况、解决新问题，拓展和丰富马克思主义新闻观内涵。马克思主义新闻观在我国的发展和丰富，前提就是与中国的革命、建设、改革实践相结合。盲目照搬国外的新闻理论或者经验，在实践中难以解决我国的具体问题。习近平总书记指出："宣传思想工作创新，重点要抓好理念创新、手段创新、基层工作创新，努力以思想认识新飞跃打开工作新局面，积极探索有利于破解工作难题的新举措新办法，把创新的重心放在基层一线。"① 面对传播方式和传播理念的日新月异、信息的多样交换和思想的多元交锋，我们应当打破思维定式，破除不合时宜的条条框框，加快传统媒体和新兴媒体融合发展，不断发出具有影响力和传播力的主流声音。只有这样，才能把加强马克思主义新闻观的学习落到实处，推动我国新闻事业不断健康发展。

（四）培养具有人民立场的新闻专业人才

习近平总书记在党的新闻舆论工作座谈会上强调："媒体竞争关键是人才竞争，媒体优势核心是人才优势。要加快培养造就一支政治坚定、业务精

---

① 习近平：《习近平谈治国理政》（第一卷），北京：外文出版社，2018年版，第155页。

湛、作风优良、党和人民放心的新闻舆论工作队伍。"①政治坚定是新闻舆论工作者的思想之魂，业务精湛是新闻舆论工作者的立身之本，作风优良是新闻舆论工作者的成事之道，让党和人民放心是对新闻舆论工作者的目标要求。习近平总书记的这一重要论述，精辟阐明了加强新闻队伍建设的重要性和紧迫性，对新时代新闻舆论工作队伍建设提出了新的更高要求。

培养造就一支政治坚定、业务精湛、作风优良、党和人民放心的新闻舆论工作队伍，需要从以下三个方面发力。

第一，把正确政治方向放在首位，大力弘扬优良作风。习近平总书记强调，"党的新闻舆论工作者必须把政治方向摆在第一位，牢牢坚持党性原则，牢牢坚持马克思主义新闻观，牢牢坚持正确舆论导向，牢牢坚持正面宣传为主""要深入开展马克思主义新闻观教育"②。政治坚定，既是全方位的要求，也是全过程的检验。在媒体管理上要"坚持党性原则"，坚持并改善党对新闻舆论工作的领导；在研究教学上要推动马克思主义新闻观深入学校、深入课堂、深入教材、深入头脑；在新闻实践中既要纵向贯穿到采、编、制、播新闻产品生产、新闻服务的全过程中，又要横向贯穿到人、财、物、事单位管理发展的全方位实践中，从而把"八个讲导向"落实到具体工作中去。政治坚定，既要抓全面塑魂，又要抓重点人员，抓好关键少数。重点人员主要指新闻舆论单位领导班子和领导干部。新闻舆论单位领导班子和当家人，要以检验政治家办报的5条标准要求自己，增强政治意识、大局意识、核心意识、看齐意识。保持和弘扬优良作风是坚持党的新闻事业性质宗旨、履行新闻舆论工作责任使命的必然要求。要引导广大新闻舆论工作者增进对人民的感情，强化社会责任，深入基层，深入实际，锤炼脚力、眼力、脑力、笔力，推出更多有思想、有温度、有品质的作品，让党和人民放心，是做好新闻舆论工作的一贯要求，也是广大新闻舆论工作者的努力目标。只

---

① 中共中央宣传部新闻局：《习近平总书记党的新闻舆论工作座谈会重要讲话精神学习辅助材料》，北京：学习出版社，2016年版，第7-8页。

② 中共中央宣传部新闻局：《习近平总书记党的新闻舆论工作座谈会重要讲话精神学习辅助材料》，北京：学习出版社，2016年版，第6页。

有忠实履行好新闻舆论工作者的基本职责，努力达到党和人民放心的新闻舆论工作者的标准，才能不辜负党的重托、人民的希望、社会的要求、自己的期待。

第二，立足时代和实践的发展变化，发挥好人才优势这一核心优势。人才是媒体发展中最活跃最能动的因素，是最重要的优势资源。伴随我国新闻事业的快速发展，新闻队伍规模也不断扩大。截至 2017 年年底，全国共有 23 万多名记者持有有效的新闻记者证。在这支队伍中，大量人才脱颖而出，为新闻事业长期健康发展提供了有力保证。但是，新闻队伍中高素质人才还不多。特别是随着互联网的迅猛发展，媒体格局深刻变化，媒体人才已大大突破传统采编人才的范畴，数据处理工程师、产品经理、UI（用户界面）设计师等新岗位、新工种不断涌现，传媒业迫切需要能够沉下心写出深度报道的新闻人才，迫切需要懂数字开发、懂产品设计、懂用户体验、懂互动交互的具备互联网基因的人才，迫切需要能够熟练运用内容创意、产品创意、技术创意的复合创意人才。人才队伍建设不是孤立的，应该融入研究、教育、实践、管理各个层面，融入新闻业务全过程，融入产品创新、机制创新各个方面。面对激烈的竞争，主流媒体应积极引进互联网技术人才，加强对采编人员的培训，努力打造一支既有专业新闻素养，又懂新媒体传播运营，还具有互联网思维和实践能力的复合型人才队伍。

第三，深化新闻单位干部人事制度改革，充分调动新闻工作者的积极性主动性创造性。习近平总书记在党的新闻舆论工作座谈会上强调，"要深化新闻单位干部人事制度改革，对新闻舆论工作者在政治上充分信任、工作上大胆使用、生活上真诚关心、待遇上及时保障"[①]。当前，有的新闻媒体的人事管理体制还存在一些不利于人才成长的问题。比如，行政化、机关化现象比较严重，普遍面临"人才引不进、留不住"的问题；许多新闻单位使用大量编外人员，由于同岗不同责、同工不同酬，部分编外人员归属感不强，影

---

① 中共中央宣传部新闻局：《习近平总书记党的新闻舆论工作座谈会重要讲话精神学习辅助材料》，北京：学习出版社，2016 年版，第 8 页。

响其工作的自觉性和主动性；传统媒体的薪酬体系、绩效考评和晋升淘汰等激励机制不够完善，导致人才流失情况严重；等等。深化新闻单位人事管理制度改革，解决两套用人体制、两种人员身份带来的突出问题，有利于凝聚优秀人才和骨干人才，调动新闻舆论工作者的积极性、创造性，增强他们的事业心、归属感、忠诚度，为新闻舆论工作的长远发展提供有力人才支撑。这方面，很多主流媒体适应新闻业态的变化，强化用户和市场意识，创新选人用人机制，创新人员招聘、考核、薪酬、培训、激励等制度，探索适应媒体融合发展的人才管理体系，激活人才队伍活力，积累了很多宝贵的经验。

（五）培养公众媒体素养

在全媒体时代，每个人都是传媒化的人，没有人能离开传媒的影响。公众是新闻的接收者，也是新闻的传播者。只有公众具备辨别真假新闻的能力，才能有效地防止假新闻的传播。因此，我们要通过教育、培训等方式，提高公众的媒介素养。

媒体素养是在 20 世纪 30 年代由英国学者最先提出的，他们倡导通过加强青少年的媒体素养来消解经大众传播而产生的失真。媒体素养本质上属于现代公民人文素养，它不是孤立地存在于现代民主社会。公民个体或社区整体媒体素养的发展水平与政治、法制、民主、经济、文化、历史传统等社会环境密切相关。媒体素养也称传媒素养、媒介素养、媒介素质、信息素质（Information Literacy），是受众通过媒体获取、选择、保存、理解、评价、利用、传播信息的能力，是受众对传播行为和传播内容的反应、识别、质疑、吸收与批判能力的整体表现。

当前新媒体的信息传播缺少了传统媒体的审查制度和把关程序。如果受众没有很好的传媒素养，面对信息的无限性和随意性就会显得无能为力，极易受到伤害。在快餐文化时代，新媒体为了追求经济利益不得不迎合受众，往往会制造出低档的信息作品，这特别容易误导受众。提高公众的媒介素养，需要从多个方面进行努力。一是学校应该将媒介素养教育纳入课程体系，通过课堂教学，使学生掌握媒体的基本知识，提高他们的媒体解读能力。二是家庭和社会也应该承担起媒介素养教育的责任，通过各种形式的活动，帮助公众提高媒体的使用技巧和评价能力。三是政府应该制定相关政策，推动媒介素养教育的普及和发展。提高公众的媒介素养，是构建健康信息社会的重要任务。因此，我们需要从学校、家庭、社会和政府等多个层面，采取有效的措施，推动媒介素养教育的普及和发展。只有这样，在信息时代中，公众才能成为真正的信息主体，而不是被动的信息接收者。

在这个信息爆炸的时代，我们每个人都是信息的接收者，也是信息的传播者。我们的每一次点击、每一次分享，都在影响着信息的流动和传播。因此，提高媒介素养，不仅是我们的权利，更是我们的责任。我们需要用我们的知识和智慧，去筛选真实的信息，去传播有价值的内容，去构建一个健康、和谐、公正的信息社会。在这个过程中，我们需要不断地学习和实践，不断地反思和批判。我们需要学会独立思考，学会理性判断，学会批判性思维。我们需要学会尊重事实、尊重真相、尊重他人。我们需要学会用开放的心态去接纳不同的观点，用包容的心态去理解不同的文化，用公正的心态去评价不同的价值。

中国特色社会主义进入新时代，这是我国发展新的历史方位。新闻舆论工作面临着更为紧迫的时代要求，肩负着更为艰巨的历史使命。国际形势复杂多变，国际话语权竞争激烈，各种思想文化交流、交融、交锋纷繁频仍。作为国家文化软实力的重要组成部分，新闻舆论工作担负着对内凝聚国家力量、对外塑造国家形象的重任，其地位和作用日益彰显。做好新时代新闻舆论工作，要求我们以马克思主义新闻观为指导，加强新闻理论的学习研究，培养大批立足中国、放眼世界、政治坚定、业务过硬的新闻人才。学习新闻学，了解这门学科产生和发展的历史脉络，掌握它的基本知识、基本概念和基本理论，掌握马克思主义新闻学的理论基础、研究对象和学习方法，掌握新闻舆论工作的方针、原则和实践要求，对于做好新闻舆论工作有着重要意义。

四、马克思主义理论学科对新闻学学科的借鉴

（一）马克思主义理论学科对新闻舆论相关知识的借鉴

马克思主义新闻观公开提倡新闻客观性与倾向性的统一，则是基于事实与报道之间关系的辩证认识。新闻客观性的基本要求是如实地报道新闻事实；新闻的倾向性则指报道和评述新闻事实时表现出的政治立场或思想倾向。西方资产阶级新闻观标榜新闻的"绝对客观"，反对具有倾向性，然而在实际的新闻报道中，其从不忌讳具有鲜明的立场和倾向。

在我国，陆定一较早提出"新闻是新近发生的事实的报道"[①]这一定义，至今仍受到新闻界一致认可，正是因为其揭示出事实与报道之间的辩证关系。这一定义告诉我们，事实是第一性的，报道是第二性的，事实不是新闻，只有见诸报道的事实才能成为新闻。报道只能由具体的人来完成，而每一个人都是具有思想、立场和情感的个体，因此，从新闻事实的采访、选择，到报道的撰写、加工、编辑、发布，每一环节都必然渗透着个人（或者由个人组成的机构）或隐或显、或弱或强的倾向性。因此，新闻的绝对客观是不存在的。哪怕貌似客观的报道，也在表达着"无形的意见"。正如 1956 年 5 月 28 日刘少奇同志在对新华社工作的谈话中所言，新闻"必须是客观的、真实的、公正的、全面的，同时，必须是有立场的"[②]。

第一，实现新闻客观性与倾向性的统一，必须辨明新闻客观性与真实性之间的关系。在哲学概念的层面，客观相对于主观而言，是对于事实的认知态度；真实相对虚假而言，是对事实描述和认知的性质，二者并非直接对等关系。而且，新闻真实又有局部与整体、表象与本质等不同的视野与层次。这就意味着，客观的报道并不见得一定真实，比如理论、知识、文化、写作等方面的水平和修养，就是除态度之外影响真实的重要因素。同样，具有真

---

① 陆定一：《我们对于新闻学的基本观点》，《解放日报》1943 年 9 月 1 日第 4 版。

② 中共中央宣传部新闻局：《马克思主义新闻工作文献选读》，北京：人民出版社，1990 年版，第 243 页。

实性的报道，并非以客观为唯一标准，正确的立场、观点和意见，也完全可以成为真实报道的组成部分。

第二，实现新闻客观性与倾向性的统一，必须把握客观性是倾向性的基础、倾向性必须受客观性制约这一根本原则。这是因为，真实是新闻的生命，客观虽然并不直接等同于真实，却是新闻真实的前提条件。周恩来同志曾说："只有忠于事实，才能忠于真理。"因此，任何新闻报道，只能在忠实于客观事实的基础上表现自己的倾向，一旦出现有意或无意的添加、缺漏、篡改、歪曲、造假或者虚构等，其倾向性都会因为失去支撑的基石而变得毫无价值。

第三，实现客观性与倾向性的统一，必须依据新闻的本质属性，遵从新闻报道规律，恰当地运用多种新闻手段和表现技巧。具体而言，新闻报道应当坚守"用事实说话"的原则，真正体现"藏舌头的艺术"，寓倾向性于客观性之中。而新闻评论则应当坚守"就事实说话"的原则，做到立场、观念和意见的阐述都有事实依据。

第四，实现客观性与倾向性的统一，必须恰当地把握倾向性的分寸。也就是说，基于客观性制约倾向性的原则，新闻的倾向性必须在准确契合事实属性和含义的基础上作适度表达。一旦脱离了事实内涵，哪怕是超过了限度，倾向性都会遭到质疑，从而损害新闻及媒体的信誉。

（二）马克思主义理论学科对新闻历史资源的借鉴

1.新民主主义革命与社会主义革命和建设时期马克思主义新闻观中国化时代化的奠基性理论成果

毛泽东所处时代是我国新民主主义革命与社会主义革命和建设时期。这一时期党的奋斗目标和主要工作任务是：领导人民推翻"三座大山"，争取民族独立、人民解放，为实现中华民族伟大复兴创造根本社会条件，以及领导人民进行社会主义革命，推进社会主义建设，为实现中华民族伟大复兴奠定根本政治前提和制度基础。这一时期毛泽东面对新闻领域的"中国之问"和"时代之问"，一是在新民主主义革命时期如何利用新闻媒体传播新文化，宣传新思潮，唤起广大民众，组织武装斗争，抗击内外敌人，建立人民政权的问题；二是在社会主义革命和建设时期，如何利用新闻媒体建立社会主义政治制度、建设社会主义经济基础、探索符合中国国情社会主义道路的问题。在此背景下，毛泽东作为党的创始人之一和第一代领导集体的核心，在学习继承马克思、恩格斯、列宁新闻思想，以及陈独秀、李大钊等人办报经验的基础上，围绕为什么办报、为谁办报、办一张什么样的报纸，以及如何办好报纸这些基本问题进行了实践探索和理论思考，孕育并形成了毛泽东新闻思想。

毛泽东有着丰富的报刊活动经历：1919 年，他创办了《湘江评论》，发出了"时机到了！世界的大潮卷得更急了……顺它的生，逆它的死！如何承受它？如何传播它？如何研究它？如何施行它"[①] 的时代呐喊；1925 年，他作为国民党中央宣传部代理部长主编了国民党机关报《政治周报》，明确提出办报是"为了革命"，为创办政治机关报开始了最初探索；土地革命战争时期，他积极倡导红军和地方政权出版《时事简报》，在中央苏区创办《红色中华》报，建立红色中华通讯社等，为创办根据地报刊积累了经验；抗日战争时期，他在延安亲自领导创办《解放日报》，并指导其实行改版，为把该报办成真正让边区军民满意的"完全的党报"耗费了心血；解放战争时期，他在指挥作战的同时，亲自撰写了一大批报道与评述战争进程的消息、通讯和评论，犹如"投枪"和"匕首"，直指国民党反动派，为中国共产党人运用报刊引领战争走向提供了成功范例；新中国成立后，毛泽东领导党的新闻事业迅速建立起以党报为中心，包括各种媒体在内的现代新闻传播体系，并适时实现了新闻工作重心战略转移，为探索社会主义新闻事业发展道路作出了积极努力。

总之，报刊成为毛泽东传播真理、宣传革命、启迪民心、唤起民众、组织斗争、指导工作，推动党和国家各项事业发展的工具。而对这些丰富报刊活动实践的经验总结和理论思考，形成了其具有鲜明时代特征和中国特色的

---

① 毛泽东：《创刊宣言》，《湘江评论》创刊号。

新闻思想。

2. 改革开放和社会主义现代化建设新时期马克思主义新闻观中国化时代化丰富发展理论成果

"中国特色社会主义新闻理论体系"是指我国改革开放和社会主义现代化建设新时期，以邓小平、江泽民、胡锦涛为主要代表的中国共产党人，运用马克思主义的世界观和方法论，科学总结中国特色社会主义新闻工作经验，积极探索中国特色社会主义新闻理论所形成的思想理论成果。邓小平、江泽民、胡锦涛等党的领导人坚持把马克思主义基本原理同我国新闻工作具体实际相结合，在继承并发展马克思、恩格斯、列宁和毛泽东新闻思想的基础上，提出了一系列适应时代需要和具有中国特色的新闻理论观点，形成了中国特色社会主义新闻理论体系，实现了马克思主义新闻观中国化时代化的历史飞跃。

这一时期，党的奋斗目标和工作任务是领导人民解放思想、锐意进取，为实行改革开放，建设社会主义现代化国家，进而实现第一个百年目标，取得建设新时代中国特色社会主义新胜利开拓前进。这一时期，邓小平、江泽民、胡锦涛等党的领导人在新闻领域面对的"中国之问"和"时代之问"，是基于国内外复杂的政治、经济形势，如何更好地指导新闻媒体为实现改革开放、发展经济、改善民生、建设社会主义现代化国家，以及实现"两个一百年"奋斗目标，完成中华民族复兴大业，推动世界和平发展合作事业提供坚强宣传舆论阵地，营造良好宣传舆论环境。

3. 新时代马克思主义新闻观中国化时代化创新发展理论成果

党的十八大以后，我国进入了中国特色社会主义新时代。面对百年未有之大变局背景下复杂严峻的国内外形势，以习近平同志为核心的党中央需要解决如何进一步全面深化改革，大力发展经济，增强国家实力，应对来自各方挑战，沿着中国特色社会主义道路继续前进的重大问题。这一时期党的主要任务是领导全国各族人民为实现党所确立的第一个百年目标，全面建成小康社会和夺取建设新时代中国特色社会主义新胜利开拓前进。在新闻领域，党的领导人要回答的"中国之问"和"世界之问"，主要是如何应对进入新时代后互联网快速发展所带来的媒体格局、舆论格局和传媒生态所发生的重大变化，及其所带来的国家安全和舆论风险挑战。在这一背景下，习近平从党和国家事业发展全局和治国理政、定国安邦整体布局的战略高度，就新时代党的宣传思想和新闻舆论工作、网络安全和网信事业发展，以及全媒体时代传统媒体与新兴媒体深度融合发展等一系列重大理论与实践问题进行了深入思考和科学判断，发表了一系列重要讲话，形成了其独特的新时代新闻观，把中国共产党人对新时代新闻工作的规律性认识提升到一个新高度，实现了马克思主义新闻观中国化时代化的又一次新的历史飞跃。

习近平新时代新闻观高度凝练了中国共产党百年新闻思想的理论精髓，全面总结了中国共产党新闻事业百年发展的历史经验，深刻回答了新时代中国特色社会主义新闻工作的方向性全局性战略性重大问题，为马克思主义新闻观和中国特色社会主义新闻理论体系守正创新作出了重大历史贡献。习近平新时代新闻观集中体现在全国宣传思想工作会议（以下简称"8·19"讲话）、文艺工作座谈会（以下简称"10·15"讲话）、党的新闻舆论工作座谈会（以下简称"2·19"讲话）等一系列重要讲话中。在这些讲话中，习近平从党和国家工作大局出发，强调"意识形态工作是一项极端重要的工作"，并用"一项重要的工作""一件大事"和"五个事关"，重新定位了党的新闻舆论工作的性质地位。① 习近平提出了"党和政府主办的媒体是党和政府的宣传阵地，必须姓党"的重要原则；阐述了党的新闻事业要把服务党和国家"治国理政、定国安邦"，实现中华民族伟大复兴宏伟目标作为使命任务②；还用"48字"概括了新时期党的新闻舆论工作所承担的职责使命，用"四者"定位了党的新闻舆论工作者的角色身份和责任使命；指出"新闻观是新闻舆论工作的灵魂"，要"深入开展马克思主义新闻观教育"，强调要"巩固马克

---

① 《习近平在党的新闻舆论工作座谈会上强调：坚持正确方向创新方法手段　提高新闻舆论传播力引导力》，《人民日报》2016年2月20日第1版。

② 《习近平在党的新闻舆论工作座谈会上强调：坚持正确方向创新方法手段　提高新闻舆论传播力引导力》，《人民日报》2016年2月20日第1版。

思主义在意识形态领域的指导地位"①，明确了党的新闻舆论工作的指导思想。

特别需要指出的是，习近平在"2·19"讲话中提出了新闻舆论工作的"三个坚持""四个牢牢坚持"方针原则②，全面总结了中国特色社会主义新闻理论的思想精华，成为中国共产党百年新闻思想的集大成者，为新时代做好党的新闻舆论工作提供了科学指南。

习近平新时代新闻观的核心与精髓是其提出的"坚持党媒姓党""坚持以人民为中心""坚持党性人民性相统一"，这是他对中国共产党新闻思想和马克思主义新闻观中国化时代化最突出的理论贡献。这"三个坚持"所组成的系列观点，形成了一个对党媒性质地位和功能作用的完整理论结构，解决了多年来新闻工作中如何处理党性和人民性关系的重大理论问题，在思想上起到了正本清源、固本培元的重要作用。按习近平的观点，强调"坚持党媒姓党"，就是要坚持党对新闻工作的领导，恪守党性原则；强调"坚持以人民为中心"，就是要把人民放在新闻工作的最高位置，一切为了人民、服务人民、依靠人民；强调"坚持党性人民性相统一"，就是要把党性与人民性统一起来，人民性是基础，党性是根本。正如习近平所说，"从来没有不讲人民性的党性，也没有不讲党性的人民性，坚持党性就是坚持人民性，坚持人民性就是坚持党性，把两者对立和分裂开来都是错误的"③。几个观点逻辑严密、说理透彻，理论上说得明白，实践中也易于操作。

在"2·19"讲话中，习近平进一步强调，党的新闻舆论工作必须把政治方向摆在第一位，"牢牢坚持党性原则，牢牢坚持马克思主义新闻观，牢牢坚持正确舆论导向，牢牢坚持正面宣传为主"④。这四个"牢牢坚持"是党

---

①《习近平在党的新闻舆论工作座谈会上强调：坚持正确方向创新方法手段　提高新闻舆论传播力引导力》，《人民日报》2016年2月20日第1版。

②《习近平在党的新闻舆论工作座谈会上强调：坚持正确方向创新方法手段　提高新闻舆论传播力引导力》，《人民日报》2016年2月20日第1版。

③《习近平在党的新闻舆论工作座谈会上强调：坚持正确方向创新方法手段　提高新闻舆论传播力引导力》，《人民日报》2016年2月20日第1版。

④《习近平在党的新闻舆论工作座谈会上强调：坚持正确方向创新方法手段　提高新闻舆论传播力引导力》，《人民日报》2016年2月20日第1版。

的新闻舆论工作勇担职责使命的内在要求，也是带有根本和长远指导作用的基本原则和宝贵经验。"三个坚持""四个牢牢坚持"是习近平对中国共产党新闻事业百年奋斗历史经验的科学归纳和全面总结，集中反映和体现了党在新闻领域的思想智慧和理论结晶，是中国共产党人对马克思主义新闻观中国化时代化的重要理论贡献。

习近平新时代新闻观是新时代十年马克思主义新闻观中国化时代化最具标志性的理论创新成果，是中华文化和中国精神时代精华的重要组成部分，是人类文明思想史中关于中国新闻思想史的成果标识。在习近平新时代新闻观引领下，十八大以来党的新闻事业取得了重大成就，发生了深刻变革，为实现"两个一百年"和中华民族伟大复兴宏伟目标，营造了良好舆论氛围，提供了强大精神动力。

（三）马克思主义理论学科对新闻学相关研究方法的借鉴

基于主体间关系的社会交往无疑为构建中国特色新闻理论提供了崭新的世界观和认识论基点，马克思交往理论也为之提供了丰富的理论资源和坚实的理论依据，在新闻基础理论研究、历史研究与政治经济研究上给予很大帮助。

1.基础理论研究

新闻基础理论研究，即探究新闻和新闻活动的一般规律或理论的研究，也就是学界平常所说的新闻理论研究，或者称之为"理论新闻学"。其中既包括人与新闻的关系这一总问题，又涵盖了新闻起源论、新闻主客体，以及一系列衍生的基础问题。基础理论离不开现实世界的观照，应用实践又离不开思想理论的指导，二者相辅相成，不可分割。对于实践性较强、曾受"新闻无学"之批评的新闻学学科，基础理论研究的重要性则更为突出。

新闻基础理论研究需要回答学科的合法性问题。一方面，新闻、新闻活动等概念的边界正日益模糊，职业化的媒体组织形态不再垄断社会的话语权力，社会化与智能化媒体的出现也使新闻学朝向网络化、多元化主体发展；另一方面，数字化的新闻与新闻活动日益成为建构现实的重要途径，也因而更加推动媒介逻辑成为社会运转体系中不可或缺的一环，形成"媒介化社会"。在这样的社会现实背景下，基于交往范式的新闻学的研究对象是什么？它的基本假定或社会抽象是什么？它要处理和解决的基本问题是什么？

新闻基础理论研究需要关注学科的概念体系与逻辑关联。基于交往范式的新闻学必然要对既有的核心概念进行历史性的分析，对其中蕴含的理论假设与历史前提作出全面而深入的分析与批判。在这一点上，深刻嵌入马克思主义哲学思想中的马克思交往理论无疑能获得足够有力的批判武器。在这一过程中，研究者既要立足于马克思主义——"回到马克思"，又要扎根于中国实践——"立足中国土"，进而建立起一套成熟而完善的概念体系。同时，概念与概念之间的逻辑关联或许是新闻学理论得以真正"体系化"的关键所在，而不仅仅是从社会现实中进行抽象化的归纳。

2.历史研究

对于新闻传播历史研究而言，立足于主体间社会关系结构的马克思交往理论既具备历史唯物主义的属性与方法，又与人类社会的生成与演化规律紧密联系，这在三个层面上为新闻传播历史研究带来了更为广阔的研究视野。

作为研究对象本体的新闻活动或媒介间的关系仍是物象间的关系，而人与人之间的交往关系不应受其遮蔽。一方面，新闻传播史本身就是人类交往历史的一个侧面，是站在媒介角度书写的交往史，二者不可一概而论；另一方面，媒介所具备的天然的物的属性，也令我们容易陷入媒介中心主义的囹圄，所谓社会史范式的书写方式，正是从作为物象的新闻的历史，转向更深层次的社会的历史。

重视作为客观实在的媒介载体，从对形而上的新闻内容的研究拓展至具备物质性的媒介研究，并将新闻活动本身视作实践的一部分。马克思交往理论将内容、信息等抽象实体之外的物质交往范畴重新纳入新闻学的考量之中，这既对应于近年来从建构论到实践论的研究转向，又与"媒介史"范式的兴起遥相呼应。在这一视野下，媒介不只是狭义而抽象的，也是广泛的、实在的，不仅其内容成为社会信息传递的重要途径，而且其本身也是社会得以运转的重要组成部分。

关注新闻活动或媒介在生产与交往中的角色，尤其是在"生产力—交往形式"这一命题中，新闻传播史是如何参与到人类社会的演进过程中的，而不仅仅是随之改变。这与下文将要提到的政治经济研究相辅相成，是从历史角度进行媒介—社会理论的凝练、总结与反思。在保持新闻学特有研究对象的同时，这也避免了以往新闻传播史研究中出现的媒介中心主义。

3. 政治经济研究

马克思交往理论从商品和商品市场出发，天然、历史地建立在政治经济的现实语境中，"聚焦传播与政治经济权力的互构关系，以分析社会关系的整体性，关注长时段的社会转型、变迁与矛盾的历史性"[①]。它所呈现的扎根于商品关系的社会现实图景，无疑为交往范式下的政治经济研究提供了理论基础。在商品、货币和资本的形式里，物的关系遮蔽了人的关系，人们占有的物象之间的关系取代了人们自身之间的社会关系，且往往被错认为后者并奉为神圣，这一被马克思称作"拜物教"的现象为新闻学提供了必要的社会批判视角及其正当性。新闻学的政治经济研究正是要在新闻活动的生产、交换和消费等环节中重新发现人与人之间的社会关系。例如，原本用于划分媒介技术有或无的数字鸿沟，也逐渐转向媒介技术使用的不同时长、质量，成为信息不平等所带来的新的数字鸿沟。

与此同时，数字时代中出现了以信息或数据为代表的新生产要素，它意味着怎样的交往形式和生产关系？这些要素将以何种形式参与资本循环？在这一过程中，马克思预示的普遍交往能否真正获得现实的前提？这些问题既指向了当前生产方式出现的新变化、新现象，又指向了媒介技术的变革越发内嵌于社会运转体系这一基本事实。借助媒介技术，人们交往的规模已然急剧扩大，这也使得媒介技术本身具备了基础设施属性，成为生产环节中不可或缺的一部分。在媒介基础设施化和基础设施媒介化的双重效应下，一种新的社会性想象开始附身于媒介平台之上，但在普遍而平等连接的平台隐喻背

---

① 赵月枝：《国外传播政治经济学的贡献与局限——以〈传播政治经济学手册〉为例》，《全球传媒学刊》2021 年第 6 期。

后，仍然处处折射着商业利益驱使下的垄断和权力不对称。既然技术中立的乌托邦主义已然成为泡影，那么赛博空间中的网络主权、平台企业的自我审查与信息控制等问题，同样亟须以政治经济研究的视野和方法来揭示其背后的交往关系，而不仅仅是基于价值判断的道德分析。

第九篇

马克思主义理论学科引领纪检监察学学科发展

随着纪检监察体制改革不断深入推进，纪检监察工作的专业化、规范化程度越来越高。作为纪检监察工作高质量发展的智识支撑和专业保障，纪检监察学是在全面从严治党和全面依法治国的背景下建立起来的新设一级学科，是中国特色哲学社会科学体系的重要组成部分。但纪检监察学作为新兴交叉学科，学科建设仍处于发展阶段，其学科内涵、知识体系、人才培养体系以及学科建设路径等有待进一步明晰。马克思主义理论是一门从整体上研究马克思主义基本原理和科学体系的学科，是纪检监察学重要的思想理论基础。因此，推进纪检监察学学科的高质量发展急需马克思主义理论学科的引领。

一、纪检监察学学科发展现状

纪检监察是中国共产党纪律检查和中华人民共和国国家监察的简称。纪检监察学是研究党和国家监督体系、党风廉政建设和反腐败的理论、制度和实践的综合性学科。纪检监察学学科以习近平新时代中国特色社会主义思想为指导，是对中国共产党领导的纪检监察实践的经验总结和理论概括，是与马克思主义理论、中共党史党建学、法学、政治学、公安学、公共管理学等学科紧密相关的一门新兴的哲学社会科学学科。纪检监察学是国家纪检监察体制改革进一步深化的产物，设立纪检监察学学科，不仅有助于加快构建中国特色纪检监察学学科体系、学术体系和话语体系，对新时代坚持党的自我革命、实现纪检监察工作高质量发展也具有积极作用。

（一）纪检监察学的发展历程

纪检监察学学科的形成发展与纪检监察制度的实践密不可分。在古代，中国就形成了独特的监察制度设计逻辑和丰富的监察思想文化传统。纪检监察学理论研究伴随中国共产党加强党风廉政建设和反腐败斗争实践而展开。中国共产党成立之后，始终高度重视党内监督和国家监督，在党内逐步形成了比较完善的党的纪律检查制度，从土地革命时期就开始探索建立监察制度。从学科发展的历史来看，纪检监察学的研究主要是从 1978 年中央纪委恢复建制之后才开始的。①

20 世纪 80 代以来，围绕党内监督、党的纪律检查和行政监察，学术界开展了系统深入的学术研究，取得了丰硕的理论研究成果，并形成了以党内法规学、廉政学、监督学、纪律检查学、行政监察学等为主题的学科研究。1993 年纪委和监察部门合署办公后，政治学、法学、管理学等领域对纪检监察的理论研究力度逐渐加大，复旦大学、北京大学等高校开设相关研究专题。2000 年以来，部分高校、科研院所开始建立与纪检监察相关的研究机构。与此同时，多所大学依托政治学、法学、公共管理、马克思主义理论，在政治学理论、中外政治制度、宪法与行政法学、中共党史等二级学科博士点、硕士点下设立与纪检监察相关的学科方向。例如，北京大学在"政治学""法学"一级学科下开展纪检监察学学科建设；西安交通大学在"马克思主义理论"一级学科下开展"行政监察与廉政文化建设"，进行相关学科研究。②云南师范大学依托法学学科招收"纪检监察与反腐倡廉建设研究"方向的硕士研究生。西安文理学院专门设立了思想政治教育（纪检监察专业方向）本科专业。2010 年 10 月，中央纪委成立中国纪检监察学院，加大纪检监察专业人才的培养培训力度，探索纪检监察学学科建设。

党的十八大以来，以习近平同志为核心的党中央立足全面从严治党伟大实践，以前所未有的勇气和定力推进党风廉政建设和反腐败斗争，持续深化纪律检查体制改革、国家监察体制改革和纪检监察机构改革，探索出一条长期执政条件下解决自身问题、跳出治乱兴衰历史周期率的成功道路，构建

---

① 王小光：《纪检监察研究学术史（1978—2021）》，《地方立法研究》2022 年第 1 期。
② 李永忠，董瑛：《对纪检监察学科建设问题的几点思考》，《中国延安干部学院学报》
　 2011 年第 5 期。

具有中国特色的党和国家监督体系，推动纪检监察工作理论、实践和制度创新。实践的发展急需科学理论的指导，如何有效建立纪检监察理论体系，系统总结纪检监察实践成为反腐败斗争亟须解决的问题，在这一背景下，纪检监察学作为一级学科应运而生。在这一过程中，相关学科领域专家学者围绕深化纪检监察体制改革和监察法实施，从各自的专业角度开展了大量学术研究，为纪检监察学科奠定了重要的理论基础。

概括来讲，在 2018 年国家监察体制改革以前，纪检监察学长期处于一个"前学科"阶段。[①] 关于纪检监察学的学科定位归属存在不同的意见。有学者提出纪检监察学应该归属于政治学，并以监督学来统摄学科发展。也有学者提出"纪检监察的目的是对腐败进行防治以实现廉政，因而应推动廉政学学科体系的建设"[②]。2018 年《中华人民共和国监察法》颁布后，纪检监察学的概念、内涵、学科体系等获得长足发展。王冠、任建明以国内全日制普通高等学校作为调查样本，分析了各高校在推动纪检监察学学科建设的实践成果和不足。[③] 王旭提出中国自主的纪检监察学知识体系应该具有本土性、独立性、融通性、稳定性和原创性的基本特征，由纪检监察理论、党的纪律学、监察法学、廉政学四部分有机构成。[④]

2021 年 12 月，教育部发布《关于公布 2021 年普通高等学校本科专业备案和审批结果的通知》，在法学门类法学专业类下增设了纪检监察专业（专业代码 030108TK），内蒙古大学成为首个招收"纪检监察"本科专业的高校。2022 年 9 月，国务院学位委员会发布《博士、硕士学位授予和培养研究生的学科专业目录》，新设纪检监察学一级学科（专业代码 0308），开启了纪检监察学学科建设全新篇章。在此期间，中国政法大学、中国人民大学、西南政法大学、辽宁大学、江苏大学、四川师范大学等十余所高校成立

---

① 褚宸舸：《论纪检监察学的研究对象和学科体系》，《新文科教育研究》2022 年第 2 期。

② 王希鹏：《廉政学的学科定位与理论体系——兼论纪检监察学科建设何以可能》，《广州大学学报》（社会科学版）2014 年第 2 期。

③ 王冠，任建明：《廉政学科建设的现状、问题与建议——以国内全日制普通高等学校为调查对象》，《廉政文化研究》2021 年第 4 期。

④ 王旭：《建构中国自主的纪检监察学知识体系》，《求索》2022 年第 6 期。

了纪检监察学院，以作为新时期纪检监察教学与相关人才培养的重要阵地。清华大学、复旦大学等高校设立了纪检监察研究院，推动科研和博士、硕士研究生培养工作。多个省市纪委监委自主或与高校合作建立纪检监察（干部）学院，加大纪检监察干部教育培训。2023年，纪检监察学学科建设进入实质性阶段，辽宁大学、四川师范大学、新疆师范大学、河南财经政法大学等四所高校招收纪检监察本科生。与此同时，纪检监察学科评议组正式组建，各项工作取得了扎实稳步的进展。2024年1月，中国学位与研究生教育学会发布《研究生教育学科专业简介及其学位基本要求》，明确了纪检监察学的学科内涵、学科范围、培养目标等。至此，在规范层面正式确立了纪检监察学的学科性质和专业地位。

（二）纪检监察学的学科门类

任何学科体系都具有一定的结构和层次，都具有其内部明确的分支类别性和等级层次性。①纪检监察学作为一个完整的学科体系，应当重点研究纪检监察的一般性理论、法律法规和制度机制、纪检监察实践以及党风廉政建设和反腐败的基本规律。根据中国学位与研究生教育学会《研究生教育学科专业简介及学位基本要求》中的相关要求，纪检监察学主要设置4个二级学科门类。

1. 纪检监察理论

纪检监察理论是学科体系的核心和基础，其他二级学科的设立都以此为理论基础展开。纪检监察理论二级学科主要研究关于纪检监察工作的普遍性和规律性认识，对纪检监察制度和实践的基本原理与发展规律进行概括与提炼，着眼于纪检监察专门知识体系的构建，推动实现纪检监察专业知识的系统化、理论化。具体研究方向包括纪检监察基础理论、纪检监察史、比较监察、纪检监察活动规律等。

---

① 张震，廖帅凯：《纪检监察作为一级学科的理论逻辑》，《重庆大学学报》（社会科学版）2022年第6期。

2. 党的纪律学

纪检监察学具有很强的政治属性，其根本目的是巩固和加强党的全面领导。① 党的纪律学的核心是《中国共产党章程》中明确的党的纪律。习近平总书记指出："要用好以党章、准则、条例、规定为主体的管党治党制度利器，推动主体责任和监督责任一贯到底。"② 党的纪律学二级学科主要围绕党的纪律概念、原理、制度与实践，对中国共产党的纪律理论、纪律制度规范、纪法关系、纪律建设等问题展开研究。具体研究方向包括党的纪律原理、党的领导在纪检监察中的具体贯彻、纪律检查法规制度、纪律审查等。

3. 监察法学

腐败现象既是政治现象，也是法律现象。要打赢反腐败斗争，必须依靠完善的法律制度作为支撑。监察法学作为国家监察体制改革的重要成果，目前已经被广泛应用于学科建设实践中。监察法学二级学科主要围绕监察法律法规的原理、制度与适用，研究国家监察法原理及其运行、国家监察法相关法及其与相关法律法规的衔接与协调等问题。具体研究方向包括监察法原理、监察职权运行的一般规律、监察法律法规、监察调查、职务违法与职务犯罪等。

4. 廉政学

设立纪检监察学一级学科旨在标本兼治推进党风廉政建设和反腐败斗争。"反腐败"的根本目的在于"倡廉"，廉政理念下的"纪检监察"是一种制约腐败现象、维护权力的公共性及政治有效性的政治行为。廉政学是针对腐败和反腐败进行全面深入研究的应用型学科，主要研究国家廉政活动和廉政制度建设。③ 廉政学从本质上是纪检监察学中的思想政治文化知识构成，主要研究党的十八大以来形成的党风廉政建设基本经验、党和国家监督制

---

① 王希鹏：《纪检监察学科建设前瞻》，《中国纪检监察报》2022 年 1 月 20 日第 6 版。
② 中共中央纪律检查委员会，中华人民共和国国家监察委员会，中共中央党史和文献研究院：《习近平关于坚持和完善党和国家监督体系论述摘编》，北京：中央文献出版社、中国方正出版社，2022 年版，第 37 页。
③ 王希鹏：《廉政学的学科定位与理论体系——兼论纪检监察学科建设何以可能》，《广州大学学报》（社会科学版）2014 年第 2 期。

度、腐败与反腐败问题、中外廉政制度比较等内容。具体研究方向包括廉政理论、党风廉政建设、腐败治理、反腐败国际合作等。

（三）纪检监察学的研究领域

学科的研究领域是学科建立的基础。"任何一门科学，从理论形态上说，都是由范畴建构起来的理论大厦。"① 纪检监察学是关于纪检监察规律和发展方向的知识体系，既包括对纪检监察工作实践经验的总结和提炼，也涵盖对纪检监察制度的分析和思考。因此，纪检监察学的研究领域由本体论、制度论、运行论等三部分组成，重点回答"纪检监察的本质是什么""纪检监察制度有哪些""纪检监察如何运行"等一系列理论和实践问题。主要包括纪检监察基本原理、纪检监察制度和纪检监察实践等三个方面。

1. 纪检监察基本原理

理论是实践的起点和归宿。与其他一级学科一样，纪检监察学也需要对有关纪检监察的基本原理及其思想学说展开研究。纪检监察基本原理聚焦纪检监察的基本概念、基本规律的概括与提炼，以便更好服务于全面从严治党的战略布局和纪检监察工作高质量发展。党的十八大以来，以习近平新时代中国特色社会主义思想为根本指导，习近平法治思想、党的自我革命战略思想、习近平总书记关于党和国家监督体系重要论述是重大理论创新与重要指导成果。这些有关纪检监察的重大理论创新成果为纪检监察基本原理的研究提供学理支撑。从这个层面来看，纪检监察基本原理可以从如下几方面展开：纪检监察的概念、属性和基本范畴；纪检监察工作的性质与程序地位；纪检监察学的指导思想；纪检监察的基本政策与工作方法；纪检监察工作的基本原则与一般规律以及在纪检监察实践中形成的党和国家监督理论、全面从严治党理论、一体推进"三不腐"理论等。

2. 纪检监察制度

纪检监察制度是党的纪律监察制度和国家监察制度的统称，由党的纪律

---

① 张文显：《论法学的范畴意识、范畴体系与基石范畴》，《法学研究》1991 年第 3 期。

检查机关和国家监察机关行使两种职能。党的十八大以来，我们党以前所未有的勇气和决心推进全面从严治党，构建起一套行之有效的权力监督制度和执纪执法体系，出台了《中国共产党纪律处分条例》《中国共产党纪律检查机关监督执纪工作规则》《中华人民共和国监察法》《中华人民共和国监察官法》《中华人民共和国公职人员政务处分法》等法律法规。而在这套制度和体系中，纪检监察制度是核心的组成部分，是纪检监察活动的制度框架和重要依据。从"纪检"到"监察"再到"纪检监察"，纪检监察体制改革的整体方向都围绕如何"把权力关进制度的笼子"来进行制度设计。因此，纪检监察制度可以从以下四个维度展开研究：一是横向研究，即纪检监察制度演进的研究；二是纵向研究，即厘清党内法规和监察法律法规二者间的内在逻辑；三是体制机制研究，主要研究监察法规的立法实施以及党内法规中的监督规范体系实践；四是制度比较研究，主要研究纪检监察制度与民主监督、舆论监督、社会监督等其他监督制度的关系比较。

3.纪检监察实践

实践是纪检监察学科活力的源泉，纪检监察理论在实践中的运用和转化是纪检监察学研究的一个基本视域。纪检监察学具有极强的实践性，是基于纪检监察的工作需求而产生的一门实践驱动型学科，为推动国家治理体系和治理能力现代化提供重要的学理支撑。[①]这意味着纪检监察学不同于以往的学科发展遵循的"社会实践成熟——建立学术理论体系"的常规路径，而是选择"建立理论体系——指导社会实践"的特殊路径。[②]因此，纪检监察学学科建设，要着眼于对纪检监察实际问题的理论思考，着眼于对纪检监察实践的变革和发展。纪检监察实践是指纪检监察机关根据《中华人民共和国监察法》《中国共产党纪律检查机关监督执纪工作规则》等法律法规及党内法规规定，在监督执纪工作中采取的具体措施。基于这样的思考，纪检监察实践可以针对全面从严治党面临的重点难点问题以及纪检监察实务中的实际

---

① 谭宗泽：《纪检监察人才培养的政治素质论》，《新文科教育研究》2023年第2期。

② 常保国，周艺津：《纪检监察学一级学科建设：视角与任务》，《广州大学学报》（社会科学版）2023年第6期。

问题等开展研究，主要包括：纪检监察措施、监督检查、审查调查、案件审理、巡视巡察、处分处置、反腐败国际合作等，构建解决具体纪检监察案件的可行方案。

二、马克思主义理论学科引领纪检监察学学科发展的必要性

马克思主义引领哲学社会科学，是时代的要求，是从思想上深化认识世界变革、时代变革的现实需要。[①] 马克思主义理论学科在发挥马克思主义引领作用，带动中国哲学社会科学繁荣发展中发挥了重要作用。纪检监察学是中国共产党以马克思主义为指导、结合中国纪检监察实践而逐渐形成并最终确立起来的一门新学科，与马克思主义中国化研究、思想政治教育两个马克思主义理论二级学科有共同的特质和落脚点。作为新时代中国特色哲学社会科学，纪检监察学的理论源头正是马克思主义。因此，在马克思主义理论学科下培育纪检监察学学科，有利于深化纪检监察学学科研究，构建中国特色纪检监察学学科自主知识体系，培养德才兼备的纪检监察法治人才。

（一）深化纪检监察学学科研究的客观需要

纪检监察学学科作为研究党的纪律建设和反腐败斗争的学科领域，需要坚实的理论基础作为支撑。马克思主义理论不仅揭示了社会发展的客观规律，也为人们认识和理解社会现象提供了科学的方法论。在纪检监察学学科的研究中，马克思主义理论能够帮助我们深入剖析腐败现象的本质、成因及其演变规律，揭示反腐败斗争的内在逻辑和必然趋势。从这个层面来看，马克思主义理论学科是纪检监察学学科构建的核心理念。

第一，马克思主义理论为纪检监察学学科研究提供理论基础。习近平总

[①] 韩喜平，王思然：《马克思主义引领哲学社会科学体系的内在逻辑》，《东南学术》2023年第 2 期。

书记强调，"深入实施马克思主义理论研究和建设工程，加快构建中国特色哲学社会科学学科体系、学术体系、话语体系"[1]。纪检监察学科作为一门研究纪检监察理论和实践的学科，其发展和完善离不开科学理论的指导。马克思主义揭示了人类社会发展的客观规律，阐述了无产阶级革命和无产阶级专政的理论，为纪检监察学科提供了关于权力监督、反腐败斗争等方面的理论指导。纪检监察学学科致力于研究权力监督、反腐败斗争等问题，而马克思主义理论揭示了人类社会发展的客观规律，特别是关于权力运行、社会阶级斗争等方面的深刻分析，为纪检监察学学科提供了科学的理论指导。在马克思主义理论的指导下，纪检监察学学科研究能够更加深入地探讨权力监督的本质，准确把握纪检监察工作的规律，从而推动纪检监察学学科的发展和创新。

第二，马克思主义理论为纪检监察学学科研究提供思想资源。纪检监察学学科作为一门应用性很强的学科，其研究内容涉及政治、法律、伦理等多个领域。马克思主义关于人的全面发展、社会公平正义等价值理念，为纪检监察学学科提供了重要的思想资源和价值导向。纪检监察学学科研究的核心在于探讨权力监督与反腐败斗争的机制和策略，而马克思主义关于权力监督学说、社会阶级以及经济基础等方面的重要论述，能够为纪检监察学学科提供关于权力运行、腐败根源等问题的思想资源，开辟马克思主义权力监督学说中国化时代化新境界。这些理论观点为我们全面理解纪检监察工作的复杂性和艰巨性，制定反腐败策略提供理论支撑。

第三，马克思主义理论为纪检监察学学科研究提供方法论指导。任何学科的发展都离不开特定的研究方法。马克思主义中的历史唯物主义及辩证法等，为纪检监察学学科研究提供了重要的方法论指导。历史唯物主义揭示了社会发展的客观规律，强调经济基础与上层建筑之间的相互作用。运用历史唯物主义的方法，可以深入剖析腐败现象产生的历史根源和社会根源，从而更全面地理解腐败的本质和规律。辩证法强调事物的矛盾性和发展性，要求

---

① 习近平：《习近平著作选读》（第一卷），北京：人民出版社，2023 年版，第 36 页。

我们在研究问题时全面、系统地分析各种因素之间的相互作用和相互影响。运用辩证思维的方法，可以深入剖析腐败现象与其他社会问题之间的内在联系，揭示腐败问题的复杂性和多样性。由此可见，马克思主义理论能够为"如何研究纪检监察学"提供科学的研究方法和分析工具，有助于我们更深入地理解纪检监察工作的历史演变和发展趋势。

（二）构建中国自主的纪检监察学知识体系的根本遵循

2022年4月，习近平总书记在考察中国人民大学时指出，"加快构建中国特色哲学社会科学，归根到底是建构中国自主的知识体系"①。从中国哲学社会科学发展的内在逻辑和世界社会科学发展趋势来看，中国自主知识体系的哲学社会科学应该以马克思主义为引领。②纪检监察学是围绕完善党和国家监督体系、推进党风廉政建设和反腐败斗争形成的知识体系，是马克思主义中国化时代化的产物，是全面从严治党的实践成果。要讲清楚党和国家监督体系的优势，必须有一套能够自圆其说的知识体系作为话语支撑。从这个层面看，纪检监察学贯穿着鲜明的马克思主义政治立场、政治观点、政治方向和政治思维，其知识体系的建构必然是由马克思主义引领的。马克思主义理论学科能够为我们构建系统化、专门化的纪检监察学自主知识体系提供根本遵循。

第一，在知识来源方面，纪检监察学具有明显的马克思主义属性。学科是理论的规范化总结。纪检监察学知识始终是来自中国共产党立党为公、执政为民的执政理念和勇于自我革命的决心。正如习近平指出的，"党的十八大以来，我们继承和发展马克思主义建党学说，总结运用党的百年奋斗历史经验，深入推进管党治党实践创新、理论创新、制度创新，对建设什么样的长期执政的马克思主义政党、怎样建设长期执政的马克思主义政党的规

---

① 《习近平在中国人民大学考察时强调：坚持党的领导传承红色基因扎根中国大地　走出一条建设中国特色世界一流大学新路》，《人民日报》2022年4月26日第1版。

② 韩喜平，王思然：《马克思主义引领哲学社会科学体系的内在逻辑》，《东南学术》2023年第2期。

律性认识达到新的高度"①。纪检监察学的基本概念如"纪律检查""国家监察""监督""党的自我革命""政治监督""国家监督""双重领导体制""一体推进三不腐"等都来自中国共产党在革命、建设、改革实践中的提炼和总结，具有极强的中国本土问题意识和鲜明的中国特色、中国气派、中国风格，体现出马克思主义政党独有的自我监督革命品格。

第二，在知识运用方面，纪检监察学具有显著的实践性。学科的发展来自社会实践的需要。纪检监察学是一门应用性而非纯粹理论性的学科，它是基于党和国家的纪检监察工作需求而产生的一门实践导向型的新型学科。要形成独立的纪检监察学学科必然需要一套有效融通实践知识、有机生成独立知识体系的供给。这就使纪检监察学要始终围绕纪检监察实践提炼知识、发展知识，进而为推动国家治理体系和治理能力现代化提供重要的知识支撑。实践是哲学社会科学知识的根本来源。习近平总书记指出："实践性是马克思主义理论区别于其他理论的显著特征。"②马克思主义理论立足于实践解决人类发展的现实问题，始终强调理论与实践的统一。概言之，马克思主义是分析问题和解决问题的理论指南和思想引领，马克思主义理论学科研究方法上的整体性特征决定了其在指导反腐工作、化解反腐难题上的优势。由此可见，纪检监察学具有显著的实践品格。构建中国自主的纪检监察学知识体系，推动党风廉政建设和反腐败斗争，必须充分发挥马克思主义的引领作用。

（三）培养德才兼备的纪检监察人才的现实要求

学科建设的目的在于人才培养。习近平总书记在党的二十大报告中指出："培养造就大批德才兼备的高素质人才，是国家和民族长远发展大计。"③《中

---

① 习近平：《习近平谈治国理政》（第四卷），北京：外文出版社，2022年版，第550页。

② 《习近平在纪念马克思诞辰200周年大会上的讲话》，《人民日报》2018年5月5日第1版。

③ 习近平：《高举中国特色社会主义伟大旗帜　为全面建设社会主义现代化国家而团结奋斗——在中国共产党第二十次全国代表大会上的报告》，北京：人民出版社，2022年版，第36页。

华人民共和国监察官法》第三十二条明确规定，"培养德才兼备的高素质监察官后备人才，提高监察官的专业能力"。习近平总书记在二十届中央纪委三次全会上强调，"纪检监察机关是推进党的自我革命的重要力量，肩负特殊政治责任和光荣使命任务，必须做到绝对忠诚、绝对可靠、绝对纯洁"①。由此可见，在深入推进全面从严治党，不断深化纪检监察体制改革的背景下，党和国家急需大量纪检监察专业人才。纪检监察机关肩负着党和人民重托，必须牢记打铁必须自身硬的政治要求。从这个层面看，马克思主义理论不仅能够为纪检监察工作提供科学指导，而且有助于培养德才兼备的纪检监察人才。

第一，纪检监察学科培养专业人才应当以政治素质的提升为首要标准。习近平总书记强调："坚持把政治标准放在首位，做深做实干部政治素质考察，突出把好政治关、廉洁关。"②纪检监察学作为一门政治属性很强的学科，其重要目标之一是为党和国家输送一批高素质专业化的纪检监察人才。纪检监察机关本质上主要是政治机关，在工作领域的方方面面要旗帜鲜明讲政治。③这就要求对学生的培养要坚持政治素质和法治素养两手抓，并且突出政治素质的主导地位。概括而言，纪检监察人才培养所强调的政治素质要求在根本立场上做到忠诚于党、忠诚于纪检监察事业，敢于斗争、善于斗争的专业人才，能够自觉担负起推动纪检监察理论研究和实务发展的重要使命。作为马克思主义理论学科重要的组成部分，思想政治教育学二级学科以马克思主义为指导，服务于新时代中国特色社会主义建设、服务于培养担当民族复兴大任的时代新人，具有强烈的意识形态性。为此，"建设一支政治素质高、忠诚干净担当、专业化能力强、敢于善于斗争的纪检监察铁军"④，

---

① 《习近平在二十届中央纪委三次全会上发表重要讲话强调：深入推进党的自我革命　坚决打赢反腐败斗争攻坚战持久战》，《人民日报》2024年1月9日第1版。

② 习近平：《高举中国特色社会主义伟大旗帜为全面建设社会主义现代化国家而团结奋斗——在中国共产党第二十次全国代表大会上的报告》，北京：人民出版社，2022年版，第66页。

③ 谭宗泽：《纪检监察人才培养的政治素质论》，《新文科教育研究》2023年第2期。

④ 《习近平在十九届中央纪委五次全会上发表重要讲话强调：充分发挥全面从严治党引领保障作用　确保"十四五"时期目标任务落到实处》，《人民日报》2021年1月23日第1版。

就必须以马克思主义理论为引领，发挥思想政治教育在培养纪检监察人才政治素养过程中的重要作用，确保学生在政治立场、政治方向、政治原则、政治道路上自觉同党中央保持高度一致，成为"讲政治、有德行、守纪律、遵法治"的纪检监察专业人才。

第二，马克思人的发展思想有利于培养德才兼备的纪检监察人才。马克思主义是指引无产阶级政党不忘初心、牢记使命、奋勇前进的科学理论武器和强大的思想支撑。马克思人的发展思想是马克思主义理论体系的重要组成部分，立足于人的现实存在，以人的现实社会生活为基础，对于培养德才兼备的纪检监察人才具有重要作用。一是马克思人的发展思想强调了人的本质是社会关系的总和，这一观点有助于纪检监察人才深入理解人的复杂性和多样性。在纪检监察工作中，面对各种复杂的人际关系和社会现象，具备马克思人的发展思想的纪检监察人才能够更准确地把握问题的本质，从而更有效地开展工作。二是马克思人的发展思想对于人的价值和实践活动的关注，有助于纪检监察人才在工作中更加注重人的全面发展和实践活动的合理性。纪检监察工作不仅要求严格依法依规，更要求关注人的成长和发展，以及实践活动的正当性和公正性。三是马克思人的发展思想提供了丰富的思想资源和理论工具，有助于纪检监察人才提升自身的理论素养和思维能力。通过学习和研究马克思人的发展思想，纪检监察人才能够更深入地理解人的本质、价值和发展规律，提高分析和解决问题的能力，从而更好地履行纪检监察职责。

三、马克思主义理论学科引领纪检监察学学科发展的举措

科学理论的引领是推动社会进步的认识根源。中共中央办公厅印发的《国家"十四五"时期哲学社会科学发展规划》明确指出："要切实发挥马克思主义对哲学社会科学的引领作用。"中宣部、教育部印发的《面向2035高校哲学社会科学高质量发展行动计划》也明确要求，"要坚持马克思主义指

导地位，将马克思主义立场观点方法贯穿高校哲学社会科学体系全领域和发展全过程"①。纪检监察学一级学科的设置，反映了纪检监察一体化是新时代党政关系在反腐败治理领域的最佳表现形式。构建具有中国特色的纪检监察学学科体系是一项系统工程，要始终坚持以马克思主义为指导，把习近平新时代中国特色社会主义思想作为根本遵循和行动指南，坚守全面从严治党意识形态阵地，切实发挥马克思主义理论对纪检监察学学科的引领作用。

（一）构建马克思主义引领的纪检监察学科

马克思主义是我们立党立国的根本指导思想。马克思主义深刻揭示了自然界、社会和人类思维发展的一般规律，为人类认识世界提供了科学方法论，是观察世界、分析问题的"伟大的认识工具"和思想武器。习近平总书记指出："坚持以马克思主义为指导，是当代中国哲学社会科学区别于其他哲学社会科学的根本标志。"②科学思想理论指导是实践行动的前提，推进中国特色纪检监察学科建设要因势而为，坚持科学理论指导和先进思想引领。

第一，坚持运用马克思主义立场观点方法指导学科建设。马克思主义理论是一个丰富的思想宝库，纪检监察学与马克思主义理论是"流与源"的关系。党的纪律检查理论源自马克思主义权力监督思想，而纪检监察合署办公又源自列宁的制度设计与实践。③纪检监察学的特性决定了其学科建设应构筑在以马克思主义作为理论引领的逻辑之上。推进中国特色纪检监察学学科建设，就是要掌握马克思主义理论武器，提高马克思主义理论水平和思维能力，坚持运用马克思主义立场观点方法，观察分析纪检监察问题，深入钻研马克思主义的国家学说、政党理论和权力监督思想，将马克思主义权力监督理论同中国反腐败具体情况相结合、同中华优秀监察文化相结合，形成独

---

① 《中共中央宣传部、教育部联合印发〈面向 2035 高校哲学社会科学高质量发展行动计划〉》，http：//www. gov. cn/xinwen/2022–05/27/content_5692590. Html。

② 《十九届中央纪律检查委员会向中国共产党第二十次全国代表大会的工作报告》，2022 年 10 月 22 日中国共产党第二十次全国代表大会通过。

③ 舒绍福，李婷：《从党内监察到国家监察：建党以来监察制度变迁》，《新视野》2022 年第 1 期。

具中国特色的纪检监察知识体系。要充分发挥马克思主义理论的智识支撑作用，从马克思主义基本原理、马克思主义中国化、中共党史党建、思想政治教育等多角度发掘科学真理，将马克思主义权力监督理论同中国反腐败具体情况相结合，同中华优秀监察文化相结合，让马克思主义理论为纪检监察学的发展与完善源源不断地提供理论给养，进而形成体现中国特色、中国风格、中国气派的纪检监察学学科体系。

第二，坚持问题导向，在化解实践难题中实现理论创新。坚持问题导向是马克思主义的理论品格和根本要求。习近平总书记在党的二十大报告中指出："问题是时代的声音，回答并指导解决问题是理论的根本任务。"[①]"新兴学科是在实践需求的呼唤中产生的，也必然要在解决实践问题的经验和反思中成长，从实际出发、从问题入手的原始创新，是发展新兴学科的唯一选择。"[②]纪检监察学作为新兴学科，其建设的目的是回应纪检监察工作需要，破解中国权力监督难题和纪检监察实务难题，标本兼治推进党风廉政建设和反腐败斗争。正如恩格斯指出："马克思的整个世界观不是教义，而是方法。它提供的不是现成的教条，而是进一步研究的出发点和供这种研究使用的方法。"[③]作为一门中国特色鲜明的新设学科，纪检监察学学科建设应当坚持问题导向，始终将纪检监察实践中遇到的重难点问题作为出发点，充分发挥马克思主义理论的方法论作用，准确把握纪检监察工作的基本脉络，找到纪检监察工作的发展规律，以使理论在指导实践中发挥能动作用，实现质的飞跃。要坚持用马克思主义权力监督学说中国化时代化的最新成果来指导当代中国的纪检监察实践工作，系统总结新时代以来纪检监察工作的一系列实践成果，推动纪检监察学的理论创新，形成对纪检监察实践具有现实指导意义的理论成果。

---

① 习近平：《高举中国特色社会主义伟大旗帜　为全面建设社会主义现代化国家而团结奋斗——在中国共产党第二十次全国代表大会上的报告》，北京：人民出版社，2022年版，第20页。

② 张文显：《论建构中国自主法学知识体系》，《法学家》2023年第2期。

③《马克思恩格斯选集》（第四卷），北京：人民出版社，2012年版，第664页。

（二）坚持把习近平新时代中国特色社会主义思想作为行动指南，确保纪检监察学政治立场不移、政治方向不偏

习近平新时代中国特色社会主义思想是当代中国马克思主义、是 21 世纪马克思主义，实现了马克思主义中国化新的飞跃。这是中国共产党对习近平新时代中国特色社会主义思想历史地位的一个科学界定。纪检监察工作是党和国家事业的重要组成部分，只有在党的创新理论科学指引下，在党中央集中统一领导下，才能坚定有力、行稳致远。[①] 纪检监察学从本质上来讲属于纪检监察工作的一部分，是我们党自我革命、自我监督丰富实践的规律总结和理论升华，具有鲜明的政治属性、时代特征。[②] 纪检监察学之所以成为一级学科，有其独特的时代必然性。因此，纪检监察学学科建设，除了掌握马克思主义的基本原理外，还要坚持以习近平新时代中国特色社会主义思想为指导，紧紧围绕党风廉政建设和反腐败斗争这一核心议题展开，将纪检监察相关理论和实践学理化、规范化、体系化。

第一，坚持以习近平总书记关于纪检监察重要论述为指引。中国特色社会主义进入新时代，总结提炼中国经验，用中国理论解释中国问题是马克思主义引领哲学社会科学范式变革的必由之路。[③] 党的十八大以来，习近平总书记围绕纪检监察工作的本质属性、体制机制以及队伍建设等发表了一系列重要讲话，形成了习近平关于纪检监察工作的重要论述，为纪检监察学学科建设指明了方向。习近平总书记关于纪检监察工作的重要论述，以政治维度为逻辑引领，人民至上为最终旨归，时代维度为问题回应，主体维度为人才保障，开辟马克思主义权力监督学说中国化时代化新境界，是习近平新时代中国特色社会主义思想的有机组成部分。纪检监察学具有鲜明的中国政治

---

① 《十九届中央纪律检查委员会向中国共产党第二十次全国代表大会的工作报告》，2022年 10 月 22 日中国共产党第二十次全国代表大会通过。

② 马怀德：《设置纪检监察学科是加快构建中国特色哲学社会科学学科体系的重要成果》，《中国纪检监察报》2022 年 9 月 22 日第 8 版。

③ 韩喜平，王思然：《马克思主义引领哲学社会科学体系的内在逻辑》，《东南学术》2023年第 2 期。

特色，推动纪检监察学学科建设，要以习近平总书记关于纪检监察重要论述为指引，科学把握党中央精心设计的自我监督体制的政治内涵，深刻领会习近平总书记关于解决大党独有难题、党风廉政建设和反腐败斗争、坚持和完善党和国家监督体系、党的自我革命、一体推进"三不腐"等有关纪检监察工作的重要论述，不断增强理论阐释力和建构力。要进一步挖掘和剖析习近平新时代中国特色社会主义思想的丰富内涵，将党对依规治党依法治国的要求、对反腐败工作集中统一领导、对党和国家监督体系的规划体现到学科建设的方方面面，彰显学科建设政治性与学理性、价值性与规律性的有机统一。

第二，坚持以发展和完善党和国家监督体系为导向。党和国家监督体系是党在长期执政条件下实现自我净化、自我完善、自我革新、自我提高的重要制度保障。新时代以来，以习近平同志为核心的党中央着眼党和国家长治久安，从政治和全局高度建立自我监督、自我净化的有效机制，不断完善党统一指挥、全面覆盖、权威高效的监督体系。现行的纪检监察体制是在"政党—国家"政治框架下，建构的具有中国政治特色的监督体制，实现了马克思主义权力监督方式的迭代升级。从这个层面看，纪检监察学一级学科的设立是党的纪检监察事业发展的必然要求，是中国特色党和国家监督及其制度运行规律的理论总结。[①] 推进纪检监察学学科建设，要坚持以发展和完善党和国家监督体系为导向，紧紧围绕解决大党独有难题、党在长期执政条件下推进自我革命、永葆党的先进性和纯洁性、健全党和国家监督体系等重大理论和实践问题构建纪检监察学知识体系，解读和研究党内法规、国家法律等中国具体制度。同时，要关注党风廉政建设和反腐败斗争的新形势新任务，总结规律，提炼理论成果，为纪检监察实践提供指导。在学科研究中，要注重政治敏锐性和鉴别力的培养，善于从政治高度分析和把握问题，实现纪检监察工作实践成果的转化与升华，推进国家治理体系和治理能力现代化。

[①] 蔡志强：《纪检监察学一级学科建设的历史脉络、理论建构和发展前瞻》，《中共中央党校（国家行政学院）学报》2023年第2期。

（三）坚守全面从严治党意识形态阵地，筑牢纪检监察学思想政治防线

纪检监察体制改革的核心目标是加强党对反腐败工作的集中统一领导。从本质上来讲，纪检监察学属于全面从严治党战略部署的一个有机组成部分。这就决定了纪检监察学具有鲜明的意识形态属性。因此，要坚持党的领导，强化政治引领，自觉站稳意识形态立场，不断总结并系统阐述新时代有关全面从严治党的一系列新话语、新论断、新表述，筑牢纪检监察学思想政治防线，使纪检监察学成为一门致力于探究全面从严治党的中国特色社会主义学科。

第一，坚持党的领导。党的二十大报告强调："坚决维护党中央权威和集中统一领导，把党的领导落实到党和国家事业各领域各方面各环节。"[①] 党的十八大以来，党中央充分发挥纪检监察工作在全面从严治党中的作用，持续推动纪检监察工作高质量发展。反腐败事关党的生死存亡，是最彻底的自我革命，是健全全面从严治党体系的重要内容。中国共产党的领导是中国特色社会主义最本质的特征，决定了纪检监察学具有鲜明的政治特色。设立纪检监察学学科的直接目的是打击腐败，基本要求是坚持和加强党的全面领导，一切工作的开展都必须体现党中央精心设计的自我监督体制的政治考量和政治内涵，服务于以伟大自我革命引领伟大社会革命的战略全局。[②] 从这个意义讲，推进纪检监察学学科建设必须坚持党的领导，坚持全面从严治党各项制度要求，把依规治党与依法治国的价值要求有机融入其中，突出党的纪律和党内法规在纪检监察工作中的重要作用。高校党委领导要履行把方向、管大局、做决策、保落实的责任，增强学科建设发展的科学性、系统性和预见性，把党的教育方针转化为学科建设的实践力量。在学科建设、理论研究、人才培养、课程建设、学术研究等方面，要充分体现党的路线方针政

① 习近平：《高举中国特色社会主义伟大旗帜　为全面建设社会主义现代化国家而团结奋斗——在中国共产党第二十次全国代表大会上的报告》，北京：人民出版社，2022 年版，第 26 页。

② 王希鹏：《纪检监察学科建设前瞻》，《中国纪检监察报》2022 年 1 月 20 第 6 版。

策、体现党中央对依规治党和依法治国、党内监督和国家监察的整体谋划与集中统一领导，保证学科建设发展的方向正确、趋势准确、决策科学和保障有力。

第二，加强政治引领。习近平总书记在党的二十大报告中把"以党的政治建设统领党的建设各项工作"[①]作为过去10年党的建设的重要经验。纪检监察工作的政治属性，要求纪检监察学学科建设必须以党的政治建设为统领，始终坚守政治立场，确保学科建设的正确方向。要坚定为中国特色社会主义服务的方向，中央纪委国家监委等相关部门应建立健全学科建设工作机制，强化对学科建设政治方向的引导把关，确保学科建设始终与党中央的决策部署保持高度一致。在学科育人上，要旗帜鲜明讲政治，自觉坚持马克思主义在意识形态领域指导地位的根本制度，把握立德树人根本任务，围绕"培养什么人、怎样培养人、为谁培养人"这一根本问题定方向；在学科设置中，应明确纪检监察学学科的定位和特色，突出其政治性和纪律性。在教学内容上，要注重党的理论、路线、方针、政策的学习和宣传，引导学生坚定理想信念，增强"四个意识"，坚定"四个自信"，做到"两个维护"；在课程设置上，要将全面从严治党的要求贯穿始终，设置《党的建设理论与实践》《党的纪律学》《新时代党风廉政建设》《党内监督学》《马克思主义权力监督理论》等相关课程，增强学生的政治敏锐性和鉴别力。此外，鉴于纪检监察学学科鲜明的意识形态特征、特殊的学科专业知识体系，纪检监察专业的师资队伍必须具有高度的政治责任感和深厚的理论底蕴，能更好地担负起新时代纪检监察人才培养的指导者和引路人的职责。为此，要加强师德师风建设，通过举办多种形式的党性教育和政治理论教育，引导专业教师深刻理解和把握党的路线、方针、政策，打造一支政治素质过硬、业务能力强的师资队伍，为纪检监察学学科建设提供坚实的人才保障。

综上所述，马克思主义理论是一门从整体上研究马克思主义基本原理和

---

① 习近平：《高举中国特色社会主义伟大旗帜　为全面建设社会主义现代化国家而团结奋斗——在中国共产党第二十次全国代表大会上的报告》，北京：人民出版社，2022年版，第13页。

科学体系的学科。作为新时代中国特色哲学社会科学，纪检监察学与马克思主义理论是"流与源"的关系，纪检监察学的理论源头正是马克思主义。不管是党内纪检还是国家监察，它们都是以马克思主义权力监督学说为指导的公权力监督实践活动。创建纪检监察学学科是一条新赛道，纪检监察学学科的设立，为坚决打赢反腐败攻坚战持久战提供了智力支持和人才保障。纪检监察学作为深化纪检监察体制改革的重要成果，要始终坚持马克思主义理论的指导，吸收借鉴马克思主义理论学科的研究方法，让马克思主义理论为纪检监察学的发展与完善源源不断地提供理论营养，形成彰显中国特色、中国气派的纪检监察学学科体系、学术体系、话语体系。

第十篇

马克思主义理论学科引领
心理学学科发展

马克思主义的引领是心理学学科沿着正确方向前行的重要保障。马克思主义引领心理学发展是坚持马克思主义指导地位的需要，是坚持心理学为人民服务的需要，是防范和批判心理学领域中"环境决定论"的需要。建议马克思主义从加强和改善党对心理学学科的领导，构建具有中国特色的心理学学科体系，加强心理学学科队伍建设三方面进行引领。马克思主义理论学科需要借鉴心理学中心理疏导法和情感教育法以实现其自身发展。党的十八大以来，以习近平同志为核心的党中央高度重视哲学社会科学的繁荣发展，强调构建以马克思主义为指导的中国特色哲学社会科学。在党的二十大报告中，习近平总书记强调："加快构建中国特色哲学社会科学学科体系、学术体系、话语体系。"[①] 这集中反映了党中央站在新的历史方位上，对哲学社会科学发展作出宏观战略部署和顶层设计。心理学是哲学社会科学的重要组成部分，其要在马克思主义的引领之下才能沿着正确方向发展。坚持用辩证唯物主义和历史唯物主义的理论武器引领心理学的发展，是马克思主义理论学科的内在要求，也是心理学实现与时俱进发展的内在需要。

一、心理学学科发展现状

（一）心理现象

心理学是研究心理现象的科学。心理现象是多种多样的，也是非常复杂的。心理学既研究个体的心理现象，也研究群体的心理现象；既研究生理性的心理现象，也研究社会性的心理现象。从个体心理的动态—稳态维度，

---

① 习近平：《高举中国特色社会主义伟大旗帜　为全面建设社会主义现代化国家而团结奋斗——在中国共产党第二十次全国代表大会上的报告》，北京：人民出版社，2022年版，第43页。

可以区分为心理倾向、心理过程和心理特征；从个体心理能否直接观测到，可以区分为心理与行为；等等。心理倾向就是我们的心理活动在特定时间里的指向状态。平常说的关注、留意、向往、追求等，就是在表达某种心理倾向。如果再深究一下，其中一些是注意性的心理倾向，主要与我们的意识状态相关，是认知活动的伴随现象。另一些则是动机性的心理倾向，主要与我们的价值追求相关，带有强烈的情绪及意志色彩。心理过程指认知、情绪和意志过程。认知过程是指个人获取知识和运用知识的心智活动。它包括感觉、知觉、记忆、思维和想象等。个人对世界的认识始于感觉和知觉。眼、耳、鼻、嘴和皮肤是我们与外部世界保持接触的主要感觉系统。通过感觉我们获取事物个别属性的信息。通过知觉我们能认识事物的整体及事物之间的关系。感觉和知觉通常是同时发生的，因而合称为感知。感知过的经验能贮存在头脑中，必要时借助于记忆将有关信息提取出来。借助感觉系统认识周围世界的可能性是很有限的，它只能使我们认识到直接作用于感官的具体事物。我们了解世界的知识显然不是仅仅由感知提供的，我们还能通过象征、顿悟、问题解决等心智活动，认识事物的本质和规律，这要借助于思维和想象活动。感觉、知觉、记忆、思维、想象等都是一些使人获得知识的心理过程，因此统称为认知过程。当人认识周围世界的时候，他总是以某种态度来对待它们，内心会产生一种特殊的体验，或兴奋或沉醉，或愉悦或沮丧。我们通常所说的喜、怒、哀、惧，以及美感、理智感、自豪感、自卑感等，产生这些心理现象的历程称为情绪过程。人不仅能认识世界，对事物产生某种情绪体验，而且能在自己的活动中有目的、有计划地改造世界。人在自己的活动中设置一定的目的，按计划不断地排除各种障碍，力图达到该目的的心理过程称为意志过程。心理特征是指一个人的心理活动中经常表现出来的稳定特点。例如：有的人观察敏锐、精确，有的人观察粗枝大叶；有的人记得快、记得牢，有的人记得慢、忘得快；有的人思维灵活，有的人思维迟钝；有的人情绪稳定、内向，有的人情绪易波动、外向；等等。"世界上没有两片完全相同的叶子"，人与人也是各不相同。人与人之间的差异，有些会影响我们的活动效率，如智力高低，有些则体现为我们活动风格上的差异，如性格不同。苏联心理学习惯将这些称为个性心理特征，包含智力、气质、性格等内容，属于"个性"。而西方心理学习惯用"人格"一词，用以说明个人多种心理特征有机整合所显示出来的独特的精神面貌。人格主要包括先天的气质基础和后天的性格刻画，在内容上与智力相对。各种心理现象，包括心理倾向、心理过程和心理特征，以及认知、情绪和意志过程等都是密切联系着的。张朝在《心理学导论》中提到："心理是脑的机能，是客观现实的反映，人的心理是对客观现实的主观能动的反映。"[①] 其中"心理是对客观现实的反映"表明了鲜明的唯物主义立场，而"能动的反映"又强调了人的主观能动性和实践性。因此，心理学就其哲学基础来说，是坚持辩证唯物主义和历史唯物主义的，与马克思主义理论具有内在契合性。

（二）心理学学科的发展历程

心理学有着漫长的过去，却只有短暂的历史，是一门古老而年轻的科学。在心理学独立成为科学以前，有关"心灵""意识"和"欲望"等心理学问题，一直是古代哲学家、教育家共同关心的问题。心理学的英文为"psychology"，其词根"psycho"的意思是精神或心灵，后缀"logy"的意思是知识或规律。从字面意思理解，心理学就是关于心灵的学问。1879年德国著名心理学家冯特在德国莱比锡大学创建了第一个心理学实验室，开始对心理现象进行系统的实验室研究。在心理学史上，人们把这个实验室的建立，看成心理学脱离哲学怀抱、走上独立发展道路的标志。

从学科历史演进上来看，心理学学科体系和学术体系大部分是由西方国家的学者建构的。从1879年冯特创建第一个心理学实验室，使心理学成为一门独立的学科，到20世纪20年代，机能主义、精神分析、构造主义、行为主义等各心理学派林立。第一次世界大战之前，西欧心理学研究在理论、学术和应用等许多领域属于这个世界的佼佼者。但是到了20世纪30年代，美国和加拿大逐渐成为心理学研究的中心。其中，有经济方面的原

---

① 张朝：《心理学导论》，北京：清华大学出版社，2017年版，第27页。

因：美国本土没有发生军事战争，相比之下，美国的经济比卷入战火中的西欧国家要好，科学家考虑将美国和加拿大作为适宜定居和做研究的地方。也有社会方面的原因：西欧国家的政府对大学持续施压，强迫其成为顺从的机构。比如德国的反犹太主义官方政策，迫使很多教授离开了自己的国家去到能够提供学术资源的北美洲。21世纪认知行为科学蓬勃发展，其奠基人和代表人物均以美国为主。从我国心理学学科发展历史来看，我国学者最早使用中国哲学来理解和揭示人类的行为与经验，当时心理学并未从哲学中分化出来。1917年，北京大学创建了中国第一个心理学实验室。1920年，南京高等师范学院建立了中国第一个心理学系。20世纪30年代日本侵华战争爆发，我国心理学的发展不幸被中断。直到新中国成立，心理学学科的发展才逐渐恢复。改革开放以来，心理学迎来了蓬勃发展的时期。进入新时代，我国心理学研究者在世界一流期刊上发表论文数量明显增多，心理学人才培养的规模也在扩大，我国心理学研究在国际心理学学术界的地位也有很大提高。

科学心理学诞生150多年来，已经发展为数百个分支学科，既显示了心理学发展的繁荣，也凸显出了心理学理论基础的薄弱，这一缺陷在我国表现得尤为突出。我国理论心理学的发展先天不足，且一直以引进与消化国外心理学理论为主，背负着"原创性缺失"的包袱。习近平总书记在哲学社会科学工作座谈会上的讲话（以下简称"5·17"讲话）中提到："总的看，我国哲学社会科学还处于有数量缺质量、有专家缺大师的状况，作用没有充分发挥出来。"[1]

（三）中国心理学的现状

截至2022年6月，全国共有70余所本科高校开设心理学专业。本科心理学和应用心理学专业点共411个，心理学研究机构和高校心理学院系

---

[1] 习近平：《在哲学社会科学工作座谈会上的讲话》，《人民日报》2016年5月19日第2版。

有 350~380 个[1]，学科领域涵盖面广，涵盖了基础心理学、认知心理学、发展心理学、教育心理学等主要分支领域。2023 年 4 月，教育部展开新一轮普通高等学校本科专业设置和调整工作，正式公布了《普通高等学校本科专业目录（2023 年版）》。该目录在理学门类下设心理学类专业类（专业代码0711），涵盖心理学专业（专业代码 071101）和应用心理学专业（专业代码071102）两个本科专业。截至 2023 年 9 月，全国共有 119 所高等院校招收全日制心理学专业专硕，35 所院校招收心理学专业非全日制专硕，其中有26 所学校全日制和非全日制均有招收。

二、马克思主义引领心理学学科发展的必要性

提高我国心理学学科在国际心理学研究中的地位，增强我国心理学研究在心理学学科体系、学术体系中的影响力、感召力，构建具有中国特色的心理学学科体系，迫切需要发挥马克思主义在心理学领域的引领作用。习近平总书记在"5·17"讲话中指出："哲学社会科学是人们认识世界、改造世界的重要工具，是推动历史发展和社会进步的重要力量，其发展水平反映了一个民族的思维能力、精神品格、文明素质，体现了一个国家的综合国力和国际竞争力。"[2] 著名心理学家维果斯基吸收整合了马克思主义，创造性地提出文化中介的概念。皮亚杰的发生认识论中也蕴含着深刻的马克思主义思想。马克思主义致力于促进物的全面丰富和人的全面发展，最终实现全人类的解放，与心理学的研究目标即促进人们认识自己的心理与行为、促进身心健康、引导人们幸福快乐地生活有内在契合性，由此为马克思主义发挥引领作用提供了基础。

---

① 张洪亮，方方：《中国心理学学科的现状与未来》，《中国科学基金》2023 年第 3 期。
② 习近平：《在哲学社会科学工作座谈会上的讲话》，《人民日报》2016 年 5 月 19 日第 2 版。

（一）坚持马克思主义指导地位的需要

马克思主义是世界观，也是方法论，是人们观察世界、分析问题的有力思想武器，有深刻的思想性、学理性和系统性，也是强大的认识世界和改造世界的工具。马克思主义不仅是一种文本，更是一种实践。马克思主义是人类世界迄今为止最先进的理论，坚定地站在无产阶级立场上，致力于用理论掌握人民群众，提高人民群众辨别理论是非的能力。马克思主义作为一种实践运动，强调全部社会生活的本质是实践的，强调实际地改造世界的实践运动。历史和现实证明，在当今世界就其科学性和实践性而言，没有任何思想理论能与马克思主义处于同一高度。这是近百年来中国历史证明了的真理，也是从当代世界各种理论学说发展状况中得出的结论。马克思主义理论的先进性与鲜明的实践本性赋予了马克思主义生机活力，也赋予了马克思主义开放性和创造性。这就决定了马克思主义能够处于指导地位，能够指导中国共产党人承担中华民族伟大复兴的历史使命，并逐步实现人的全面发展和人类解放的伟大社会理想。

当今时代最现实、最鲜活的马克思主义就是习近平新时代中国特色社会主义思想。党的十八大以来，以习近平同志为核心的党中央，顺应时代发展，从理论和实践结合上系统回答了新时代坚持和发展什么样的中国特色社会主义、怎样坚持和发展中国特色社会主义这个重大时代课题，创立了习近平新时代中国特色社会主义思想。这一思想是当代中国马克思主义、21 世纪马克思主义，也是以中国式现代化推动中华民族伟大复兴实践的指导思想。这一思想既为哲学社会科学特别是心理学的发展提供了鲜明的无产阶级立场、牢固的唯物史观和唯物辩证法理论根基，也为心理学未来的发展指明了前进的方向。习近平总书记在"5·17"讲话中提到："我国广大哲学社会科学工作者要自觉坚持以马克思主义为指导，自觉把中国特色社会主义理论体系贯穿研究和教学全过程，转化为清醒的理论自觉、坚定的政治信念、科学的思维方法。"[①] 坚持马克思主义的指导地位，是心理学研究领域与时俱进

---

① 习近平：《在哲学社会科学工作座谈会上的讲话》，《人民日报》2016 年 5 月 19 日第 2 版。

的必然要求，是保持心理学生命力的必然要求，也是坚持马克思主义在意识形态领域指导地位的必然要求。如果不坚持以马克思主义为指导，心理学就会失去根基、失去前进方向、失去灵魂。习近平总书记指出："坚持以马克思主义为指导，是当代中国哲学社会科学区别于其他哲学社会科学的根本标志，必须旗帜鲜明加以坚持。"①虽然有些学校的心理学授予理学学位，但它是以人的心理过程、心理特征和行为为研究对象的，受到本国文化、文明发展程度的影响，受统治阶级思想的影响，有鲜明意识形态色彩。坚持马克思主义的指导地位，也就为心理学学科发展找到了发展的不竭动力、发展的根和魂。

（二）坚持心理学为人民服务的需要

我国是社会主义国家，社会主义制度在当代中国越来越显示出其优越性。进入新时代，国际格局"东升西降"的特征更加明显，科学社会主义在21世纪的中国焕发出更加蓬勃的生机，这更加坚定了中国人民的"制度自信"。社会主义制度的优越性来源于其人民性，马克思曾说道："过去的一切运动都是少数人的，或者为少数人谋利益的运动。无产阶级的运动是绝大多数人的，为绝大多数人谋利益的独立的运动。"②坚持为人民服务就是坚持为社会主义服务，两者是内在统一的。习近平总书记指出："为什么人的问题是哲学社会科学研究的根本性、原则性问题。"③

人民群众是历史的创造者，是社会实践的主体，是物质财富和精神财富的最终创造者，也应该是最终受益者。心理学领域的研究工作、教学工作以及面向来访者的心理咨询工作和心理治疗工作只有牢牢与广大人民群众的现实需要、与人民群众对美好生活的向往结合，才能取得重大科研成果，才能促进科研成果转化为人民在生活中能切实感受到的心理学所提供的服务和帮助。习近平总书记进一步指出："我国哲学社会科学要有所作为，就必须坚

---

① 习近平：《在哲学社会科学工作座谈会上的讲话》，《人民日报》2016年5月19日第2版。
②《马克思恩格斯文集》（第二卷），北京：人民出版社，2009年版，第42页。
③ 习近平：《在哲学社会科学工作座谈会上的讲话》，《人民日报》2016年5月19日第2版。

持以人民为中心的研究导向。脱离了人民，哲学社会科学就不会有吸引力、感染力、影响力、生命力。"[①]我国的心理学发展归根结底是为广大人民服务的，是为了阐释、分析和最终解决广大人民的社会心理困扰而存在的。人民的需要、时代的需求是心理学发展的动力。

进入新时代，我国经济高质量发展的同时，人民的各项心理困扰和心理疾病的终身患病率有上升趋势和年轻化趋势。人民的现实需要是心理咨询与心理治疗不断发展的根本动力，也是整个心理学学科发展的根本动力。据《2023 年度中国精神心理健康》统计，我国超 30% 的人口存在不同程度的心理健康问题。其中大学生抑郁风险达 21%，焦虑风险高达 44%，高中生的抑郁检出率高达 40%，初中生的抑郁检出率为 30%，而小学生的抑郁检出率更是高达 10%。其他心理疾病如焦虑、睡眠问题、自我伤害甚至于一些自杀意念等问题在大中小学生群体中也有上升趋势。大中小学生群体中需要进行心理疏导的人数大幅增加。除学生群体外，孕产妇、老人的心理健康问题同样不容忽视。孕产期不同阶段可疑抑郁或抑郁的总体阳性率为 20% ~ 28%；31% 的老年人处于抑郁状态中。由此看来，不同群体对精神心理健康服务的需要更加突出。这也对心理学的科学研究、成果运用、咨询有效性提升、学科队伍建设等方面提出了更高的要求。在党的领导下，我国精神心理健康服务体系不断丰富和完善，服务能力也得到有效提升，心理学学科队伍建设更加完善。各地开展多渠道心理健康科普宣传，在倡导大众科学认识心理问题和心理疾病对健康的影响和消除公众对心理疾病的病耻感上也有了长足进步。这些成果的取得为心理学工作进一步围绕人民真实需求展开奠定了牢固的基础，也提振了信心。

（三）防范和批判"环境决定论"的需要

英国空想社会主义者罗伯特·欧文主张"环境的科学"，设想设计一个完美的环境来建立美好社会。心理学领域中的"环境决定论"自 20 世纪初

---

① 习近平：《在哲学社会科学工作座谈会上的讲话》，《人民日报》2016 年 5 月 19 日第 2 版。

由约翰·华生提出，又经历了斯金纳的发展，对当今心理学学科发展产生了重大影响。但其以机械唯物主义为哲学基础，因此不可避免地具有局限性。

1.罗伯特·欧文"环境决定论"的主要观点

英国空想社会主义者罗伯特·欧文因受爱尔维修"环境决定论"的影响，设想通过改造环境教育、培养出新人，从而建立理想的社会。欧文的"环境决定论"思想在其早年就已经形成，他的一生都在试图实践这一理论。一开始，他将他在英国拥有的新纳拉克工厂作为实验场地。后来他在美国的"新和谐公社"中又继续实践这一思想。欧文"环境决定论"的根本命题是认为人的性格是靠教育塑造的，什么样的环境决定了什么样的人。他认为不存在任何"自由意志"，人的所有性格和行为都是环境决定的结果。他曾骄傲地说道："认识到人的性格不是由他自己形成而是外力为他形成的，另外还认识到采取什么样的切实措施就可以创造那种能够顺应自然规律而万无一失地产生你所说的那些成果的新环境——这两种认识结合在一起，确实是人类全部知识中最为重要的了。"① 欧文终其一生都在不厌其烦地反复强调人类之前的全部错误都是由于没有认识到这个道理。他将这个道理称为"环境的科学"，一旦掌握了"环境的科学"就会使"所有的人变得善良、明智和幸福"。他的空想社会主义学说正是希望通过设计一个完美的环境来根除人类社会所有的不幸和犯罪，建立起一个幸福和谐的完美共同体。

2.约翰·华生"环境决定论"的主要观点

1913年约翰·华生以一篇题为《一个行为主义者心目中的心理学》的论文，宣告行为主义心理学的诞生。他有一句名言："给我一打健全的婴儿和我可用以培养他们的特殊世界，我就可以保证随机选出任何一个，不问他的才能、倾向、本领和他父母的职业及种族如何，我都可以把他训练成为我所选定的任何类型的特殊人物，如医生、律师、艺术家、大商人或甚至乞丐、小偷。"② 这段话反映了他"环境决定论"的思想。他既否定了人类本能

①［英］罗伯特·欧文：《欧文选集》（第二卷），柯象峰等译，北京：商务印书馆，1981年版，第50页。

②李欧：《行为主义之父的跌宕人生》，《科学家》2015年第5期。

的存在，也否定了人的主观能动性。他认为人的一切行为、一切活动实际上是在适应环境时形成的反应，表现为有机体各种身体反应的组合。例如，"思维"是习得的"喉头习惯"，"情绪"是内脏和腺体的变化，"记忆"是某些习惯过了一段时间以后，给予刺激仍可以引起以往的反应，或使反应发生的频率增加或减少。[①] 约翰·华生的"环境决定论"出发点是"可以观察的事实，也即人类和动物都同样使自身适应其环境的事实"[②]。他认为心理学应该研究适应的行为，而不是研究意识内容。华生认为，心理学作为一门行为的科学，必须研究那些能够用刺激和反应的术语客观地加以描述的动作、习惯的形成等。所有的人类行为和动物行为都能用这些术语而不是心灵主义的术语来描述。约翰·华生认为，可以把适应性行为分解成一个个单元，那就是刺激—反应单元，给定有机体一个刺激，就能预测已知刺激引起的反应。反之，通过这种反应也能预测先前受到的刺激。因此，随着把行为降低到刺激—反应水平，人类与动物的行为就能得到有效理解、预测和控制。约翰·华生认为，"在心理学体系中，完全可以证实这一点：知道了反应就可以预测刺激，知道了刺激就可以预测反应"[③]。按照约翰·华生的观点，一个人最终成长为什么样的人完全是由周围环境决定的，即人等于人的行为，而人的行为完全是由人受到的刺激决定的。这种观点忽略了人的主观能动性，没有看到人的意识、意志在个人成长当中发挥的作用，具有一定的局限性。他把人与动物等同起来，把人贬低为没有意识的动物，把人对环境的反应看成机械式的反应。华生的观点是单向的人适应环境，环境决定人的机械决定论，没有看到人对环境的能动反作用。这种观点忽略了人的主观能动性，必然会过于吹嘘环境与教育对人的影响，鼓吹教育万能论。

3. 伯尔赫斯·弗雷德里克·斯金纳"环境决定论"的主要观点

在 20 世纪 20 年代以后大约 10 年中，由于华生刺激—反应公式过于简单，只能研究如感觉、动作等低级的心理过程，行为主义内部酝酿着一种变

---

① ［美］约翰·B. 华生：《行为主义》，李维译，北京：北京大学出版社，2012 年版，第 6 页。

② ［美］约翰·B. 华生：《行为主义》，李维译，北京：北京大学出版社，2012 年版，第 6 页。

③ ［美］约翰·B. 华生：《行为主义》，李维译，北京：北京大学出版社，2012 年版，第 7 页。

革，并于 20 世纪 30 年代初期正式形成新行为主义心理学，其代表人物为伯尔赫斯·弗雷德里克·斯金纳。斯金纳承认先天行为的存在，认为先天行为是遗传的产物。新行为主义者不再持"白板论"，表面上也不再持"环境决定论"的观点，这应算作是对旧行为主义的发展，可也并不意味着改变了华生所提出的环境决定行为的基本观点。新行为主义者同旧行为主义者都认为遗传对行为的决定作用是最小的，人类大部分行为是习得的。斯金纳分析了条件作用之下的两种行为：一种是应答性行为，即刺激—反应之间的联结；另一种是操作性行为，即受到强化而形成的，是操作的效果而引发的。① 斯金纳持第二种行为观，提出了操作性条件反射理论。他否认行为主体内在的某种意图，仅仅注重与行为发生密切关系的环境条件。斯金纳运用自己出色的手工能力，自制了很多供自己研究使用的实验装置。在处理实验产生的数据时，他又进一步创造出一种只基于经验事实和数据统计的研究方法，某种程度上推动了行为主义心理学的发展。他自制实验装置（后被称作"斯金纳箱"），从研究白鼠的行为到研究鸽子的行为，最终通过操纵喂食颗粒数塑造出了一只所谓"迷信的鸽子"。以此为出发点，他把行为的塑造推广到人，进一步发挥他手工的特长，自制了"教学机器"。他认为操作性条件的作用塑造了人类的过去和未来，而所谓"自由意志"只不过是一个人对刺激作出的反应。②

4. 马克思主义理论对"环境决定论"的批判

不论是华生的最初研究对象婴儿，还是斯金纳的早期研究对象白鼠、鸽子，都谈不上具有社会性。两位心理学家从不具有社会性的研究对象出发，把人当作高级动物来研究。这种把人的社会性本质刳除在外的出发点牢牢地印刻在了他们理论中，在其理论成熟后也无法完全脱离出来，最终不可避免地走向了忽视人社会性的"环境决定论"。把人当作高级动物，忽视人的社

---

① 乐国安：《从行为研究到社会改造——斯金纳的新行为主义》，武汉：湖北教育出版社，1999 年版，第 212 页。

② ［美］埃里克·希雷：《心理学史》，郑世彦等译，北京：机械工业出版社，2018 年版，第 275 页。

会性的研究固然能提出关于人的基础行为的生物性共性规律，但是无法达到对人的社会性本质的深度理解。生物性存在只不过是人的载体和物质依托，承载其上的是丰富多彩的人与人之间的社会关系。"环境决定论"对人的理解最多只能达到自然性、生物性的普遍。"环境决定论"过度研究抽象的人的片面行为，在这种抽象中又带有一丝贬低色彩（将人贬低成动物）。马克思和恩格斯在《德意志意识形态》中指出了人与动物的本质区别，即"当人开始生产自己的生活资料，即迈出由他们的肉体组织所决定的这一步的时候，人本身就开始把自己和动物区别开来"①。也就是说，人与动物的本质区别在于人能够主动进行生活资料的生产，而不是像动物一样只能进行本能的捕食、筑巢等。通过物质生活资料的生产，人能够迈出肉体组织的对人肉体存在的限制。马克思和恩格斯在《德意志意识形态》中进一步强调物质生产的重要性："个人物质资料的生产方式是他们表现自己生命的一定方式。个人怎样表现自己的生命，他们自己就是怎样。"② 因此，人是处于一定历史条件下、一定社会形态下、实际地从事着物质生产的人。马克思在《关于费尔巴哈的提纲》中指出："人的本质不是单个人所固有的抽象物，在其现实性上，是一切社会关系的总和。"③"在现实性上"是指人是现实中的、实际地进行物质生产活动的人。物质生产在创造物质生活资料，保证人的物质生活的同时也生产着人与人之间的社会关系。"社会关系"不仅包括人与人之间的自然关系、爱与友情的关系，更重要的是人们的生产关系、所有制关系以及由此形成的阶级关系。"总和"不是每个人与其他人的所有关系的简单加和，也不是各种各样的关系的简单相加，它强调的是人的本质是所有人的实践活动的产物。这意味着，人的本质不是存在于每个人身上等着被我们发现的，不是可以抽象提炼出来的，也不是单个人的行为反应塑造的，而是在同他人的共同活动中形成的，是在人们的实践活动中共同打造的，它因此不是静止的而是动态的，不是抽象的而是具体的。"环境决定论"只是从生物性的人

---

① 《马克思恩格斯选集》（第一卷），北京：人民出版社，2012 年版，第 147 页。
② 《马克思恩格斯选集》（第一卷），北京：人民出版社，2012 年版，第 147 页。
③ 《马克思恩格斯选集》（第一卷），北京：人民出版社，2012 年版，第 135 页。

出发而没有从社会性的人出发，从抽象的人出发而没有从具体的、历史的人出发去研究人本质。换言之，"环境决定论"没有研究在一定历史条件下，实际地从事物质资料生产的具体的、历史的人。该理论或可以抽象出一部分人类行为的普遍性，如本能的"食色"欲望，对安逸的爱好、怠惰和本能的趋利避害等。该理论至多可以研究或塑造出人在环境中的情绪反应（华生塑造的恐惧的小艾尔伯特），研究或塑造出基于人类的行为普遍性上的一些行为习惯。这些行为习惯、情绪反应只不过是人的肌肉裹着神经反射的程序性记忆而已。

在阶级社会中，人都归属于一定的阶级，没有人能超越阶级而存在。而每个人除了出身家庭所先天归属的阶级外，还有第二次主动选择内心所属于哪一阶级的机会。大部分人会把家庭所属的阶级也选作自身内心所属的阶级。这也显示了家庭环境对人的巨大影响。但是这一影响不是绝对的。马克思出身于律师家庭，恩格斯出身于大资产阶级家庭，但这两位伟人最终为无产阶级的解放奉献了自己的一生。人能超越家庭出身去选择内心的阶级归属是人发挥其主观能动性的结果。阶级属性这一对人的行为模式和思维方式影响深远的因素尚可扭转，心理学中强调的家庭环境、童年经历、社会环境等因素对人的影响也不是绝对无法改变的。因此，心理学中的"环境决定论"否定了人的主观能动性，其本质上是机械唯物主义的，需要旗帜鲜明地加以批判。

三、马克思主义引领心理学学科发展的举措

党的十八大以来，以习近平同志为核心的党中央面对社会主要矛盾的变化以及"两个大局"的历史性变革，在不断实践的基础上，创立了习近平新时代中国特色社会主义思想。在党的创新理论指导下，心理学学科也迎来了大有可为的历史机遇。

（一）加强和改善党对心理学学科的领导

党政军民学，东西南北中，党是领导一切的。党是最高政治领导力量，党的领导像一条向上拉拽心理学发展的绳索，不是一条束缚捆绑心理学四肢的绳索。2017年5月16日，党中央印发了《关于加快构建中国特色哲学社会科学的意见》。以习近平同志为核心的党中央指出了我国哲学社会科学领域中一些亟待解决的问题，深刻阐明了哲学社会科学的地位作用，也提出了中国特色哲学社会科学学科体系的构建的要求，为心理学学科繁荣发展指明了道路，提供了根本遵循。加强党的领导是心理学学科蓬勃发展的根本保证。坚持和加强党对心理学学科的全面领导，必须坚定不移地在思想上政治上行动上同以习近平同志为核心的党中央保持高度一致，把党的领导贯穿到心理学工作的全领域、全过程，确保心理学事业始终沿着正确方向不断前行。

第一，坚持正确政治方向。心理学发展方向的问题是事关长远、事关心理学学科生命力的重大问题，每一位心理学工作者必须作出正确抉择。心理学的繁荣发展必须坚持党对心理学学科发展的绝对领导，这样才能保证心理学始终沿着正确政治方向前进。只有坚持正确政治方向，心理学的专业知识才能真正发挥它的积极作用。知识要掌握在能够正确运用知识的人手中才能发挥积极作用；相反，如果政治方向不正确，心理学知识为一些具有错误的政治观点，错误的世界观、人生观和价值观的人所掌握，则知识越多，危害越大，越会危害党和人民的利益。党的领导为心理学的发展提供了分析问题、解决问题的正确政治方向。

第二，站稳人民立场。如果立场不对，心理学对问题的认识不可能正确，提出的心理学观点也不可能正确，更谈不上心理学方法的正确性。当前我国心理学学科体系以借鉴和引入以美国为首的西方资本主义国家的心理学学科体系为主。西方资本主义国家的心理学不可避免地受到西方意识形态的影响，说到底是为本国资产阶级服务的。而我国在借鉴西方心理学学科体系的同时，也会在不知不觉间受西方意识形态的影响。这就需要心理学工作者提高思想警惕，站稳人民立场，立足中国人民现实心理需要做工作。心理学工作者站稳人民立场最终体现在心理学为人民服务上来，这是中国当代心理学学科实现繁荣发展的必然要求，也是实现中国共产党为中国人民谋幸福、为中华民族谋复兴的初心使命的必然要求。在当代中国，心理学学科的教学和研究工作应该为千千万万中国人民的心理健康服务，这种服务无上光荣。如果心理学工作者缺少必要的担当意识，缺少为人民服务的意识，无视广大人民对心理健康服务的需要，只满足单纯的自身的需要，那么其自身的价值也无法充分实现。只有站稳人民立场，心理学学科观点的提出以及由此展开的心理学学科体系的建构才有正确的出发点和立足点。

第三，加强心理学学科队伍中党的组织建设。正确政治方向和站稳人民立场要靠党的组织建设来保证，这就需要加强心理学学科队伍中党的组织建设。心理学学科发展要依靠党的组织指引方向、凝聚力量。党的组织建设可以从心理学学科队伍内部选拔人才，保证"内行领导内行"。因此要着力培养"又红又专"的心理学专业人才。其中，"红"是指一颗红心，一颗听党话、跟党走的红心，这是党组织坚强有力领导的必然结果；"专"是要求心理学学科队伍有过硬的专业素养。

第四，将心理学学科工作和意识形态工作相结合。两者相结合是体现党对心理学学科领导的重要途径。世界上没有超越阶级而存在的纯而又纯的心理学，心理学是研究人的心理和行为规律的科学，具有意识形态属性。心理学内在的意识形态属性为两者的结合提供了现实可能。心理学学科意识形态属性的内在性甚至潜隐性决定了只有两者结合才能使潜隐性显化。意识形态关乎旗帜、关乎道路、关乎国家的前途命运。心理学学科工作与意识形态工作相结合、相互融入，甚至相互交织，形成"你中有我，我中有你"的工作格局，能最大限度地体现党的领导、保证党的领导。

（二）构建具有中国特色的心理学学科体系

心理学是哲学社会科学的重要支撑学科。构建有中国特色的心理学学科体系，应充分体现中国特色、中国风格、中国气派。没有原创性的理论，就不可能有中国特色的心理学学科体系。

第一，构建具有中国特色的心理学学科体系应体现原创性。原创性的根源在于"原"，重点在于"创"。这个"原"指的是原本、原来，亦有"源头"之意。而"创"即创新、创造。始于"原"，终于"创"，完成一次创新链条，再开始新的创新链条。"原"不是停留在原来的水平止步不前，而是要通过创新使心理学学科体系实现质的发展。从唯物史观的基本原理出发，认识事物要按照事物原本的样子去认识它、理解它。如果心理学的发展停留在翻译、引入西方的心理学学科体系，囿于西方建构的心理学理论框架，那么心理学学科体系的建设将离原创性的目标越来越远，甚至走上削足适履的道路。习近平总书记指出："如果不加分析地把外国学术思想和学术方法奉为圭臬，一切以此为准绳，那就没有独创性可言了。"[①] 心理学学科体系的构建要体现原创性就必须从中国实际出发研究中国人的心理与行为，紧密结合新时代以来中国人民的心理特点和行为特征，以原创性的心理学学科体系服务于中国式现代化建设的中心任务，服务于人民美好生活需要，服务于中华民族伟大复兴的历史伟业。

第二，构建具有中国特色的心理学学科体系应体现民族性。中华民族的民族性来源于悠久的历史和历久弥新的思想和文化。中华民族具有五千多年文明历史，是世界上唯一一个文明从未中断过的民族。构建具有中国特色的心理学学科体系要充分体现民族性。习近平总书记指出："强调民族性并不是要排斥其他国家的学术研究成果，也不是一味强调'本土性'而放弃与外界进行交流的机会，而是要在比较、对照、批判、吸收、升华的基础上，使民族性更加符合中国和世界的发展要求。"[②] 中华优秀传统文化流动于中华民族的生活方式之中，凝聚于儒墨道法诸子百家经史子集的经典著作之中。中华优秀传统文化是构建具有中国特色的心理学学科体系的十分宝贵、不可多得的资源。党的二十大报告指出："中华优秀传统文化源远流长、博大精深，是中华文明的智慧结晶，其中蕴含的……天人合一、自强不息、厚德载

---

① 习近平：《在哲学社会科学工作座谈会上的讲话》，《人民日报》2016 年 5 月 19 日第 2 版。
② 习近平：《在哲学社会科学工作座谈会上的讲话》，《人民日报》2016 年 5 月 19 日第 2 版。

物、讲信修睦、亲仁善邻等，是中国人民在长期生产生活中积累的宇宙观、天下观、社会观、道德观的重要体现。"①中华优秀传统文化中蕴含的丰富哲学思想、人文精神和心理学思想对我国当前开展心理学研究和教学工作，构建具有中国特色的心理学学科体系具有重要启示意义。在中国先秦时代，儒、墨、道、法等各派著名思想家如孔子、墨子、孟子、荀子等都讨论过天人关系、身心关系、人的本性以及知行关系等，提出过一系列重要的心理学思想。例如，荀况在《天论》中提出"形具而神生"，认为精神现象是依赖于形体而存在的。他还称"好、恶、喜、怒、哀、乐谓之情也"，对人的情绪进行了分类。魏晋南北朝时期刘劭在《人物志》中讨论了"才""性"的关系，对人的才能和性格进行了系统的分类。明代心学创始人王阳明提出了"知行合一"的观点，详细阐述了知行之间的关系。继承和弘扬中华优秀传统文化，挖掘出其内在的心理学思想观点并与现有心理学学科体系有机结合，是构建具有中国特色的心理学学科体系的重要方式。心理学工作者只有从中华优秀传统文化中汲取丰富养料，推动中华优秀传统文化创造性转化、创新性发展，才能构建出能够体现民族性的心理学学科体系。

（三）加强心理学学科队伍建设

人才队伍是心理学发展的第一资源。习近平总书记强调："构建中国特色哲学社会科学，要从人抓起，久久为功。"②100年来，我国心理学学科队伍实现了由小到大、由弱到强的发展。但就目前来看，心理学人才队伍的总体规模不大，不能满足国家对心理学人才的需求。因此要加强学科队伍的建设，着力培养一批有深厚马克思主义理论素养、学贯中西的心理学家；要着力培养一批理论功底扎实、勇于开拓创新的心理学学科带头人；要着力培养一批年富力强、锐意进取的中青年学术骨干，构建学历高、视野宽、活力

---

① 习近平：《高举中国特色社会主义伟大旗帜　为全面建设社会主义现代化国家而团结奋斗——在中国共产党第二十次全国代表大会上的报告》，北京：人民出版社，2022年版，第18页。

② 习近平：《在哲学社会科学工作座谈会上的讲话》，《人民日报》2016年5月19日第2版。

强、梯队衔接的心理学人才队伍。心理学学科队伍既包括高层次人才心理学家、心理学学科带头人及中青年心理学骨干，也包括大范围的一线人才，如教育系统中的大中小学各级各类学校专（兼）职心理健康教育教师、学生辅导员、医疗系统中的精神心理科医师、心理治疗师以及个人心理工作坊的从业心理咨询师。心理学人才队伍是一个相互依存的有机整体，为着相同的目标即为人民心理健康服务而聚集在一起。高层次人才应发挥"心脏"的作用，为一线心理工作者提供心理学理论和方法的助力和滋养。一线心理工作者应发挥"毛细血管"的作用，使心理健康服务深入广大人民群众生活中去，深入人民群众的现实心理需求中去。最终，带有广大人民现实问题的新鲜血液重新回到"心脏"那里，得到高层次人才在理论层面的解决。

心理学学科队伍是进行心理学教育的主体，作为教育者他们总是要先受教育的。而最关键的教育就是带有鲜明意识形态色彩的马克思主义理论教育。要用马克思主义理论武装心理学学科队伍这一关键群体，增强其马克思主义理论素养，厚植其爱国情怀。教育引导心理学学科队伍担负起为党育才、为国育人的使命任务。在对待受教育者方面，要培养心理学人才队伍对其发自内心的真实情感；要以马克思主义基本原理和心理学理论作为对受教育者情感的理性依托。在此基础上，教育引导心理学人才队伍以人为本、尊重学生人格、关爱学生，形成一种"以心换心""以情换情"的良性双向互动模式。加强心理学学科队伍建设，为加快构建具有中国特色的心理学学科体系源源不断地提供可堪大用的栋梁之材。

四、马克思主义学科对心理学研究方法的借鉴

习近平总书记指出："对一切有益的知识体系和研究方法，我们都要研究借鉴，不能采取不加分析、一概排斥的态度。"[①] 马克思主义理论学科是以

---

① 习近平：《习近平著作选读》（第一卷），北京：人民出版社，2023年版，第481页。

自然界、人类社会、人类思维发展规律为研究对象，说到底是研究人的学科。而心理学学科以人心为研究对象。研究对象上的相通性为马克思主义学科借鉴心理学学科研究方法提供了基础。

（一）借鉴心理学学科中的心理疏导法

所谓心理疏导，就是教育者与受教育者在建立良好关系的基础上，围绕心理问题，相互理解、沟通、引导，达到消除心理障碍、促进身心健康的一种方式。[①] 马克思主义理论学科借鉴心理疏导法主要是对人思想观念层面上的疏通和引导，是指以心理学的工作理念、原则和方式介入马克思主义理论学科，特别是思想政治教育学科。心理疏导法关注整体的人，关注人一切外显的行为模式、情绪特征、语言表达等全方位的信息，以尊重人、关心人、帮助人为出发点，达到对人思想疙瘩的疏通，达到对人心灵的调整、关照甚至于拯救。心理疏导法常采用已经成熟的心理咨询技术，如积极关注式、说理分析式、辩论式、共情式、引导反思式等方法，使人们心悦诚服接受心理疏导，从而提高教育效果。疏通与引导既互为表里，又相互渗透，疏通是为了正确地引导，是引导的前提，没有疏通，人的思想没有彻底敞开，就不能正确地加以引导；引导是疏通的目的，是疏通的必要继续，不引导，只疏通，各种不正确的思想言论就会放任自流。疏通离不开引导，引导也离不开疏通，两者是辩证统一的关系，要在疏通中引导，在引导中疏通，把两者紧密结合起来。[②]

（二）借鉴心理学学科中的情感教育法

情感教育法是以情感作为中介的一种教育手段，也是易于为人所接受、易于取得良好教育效果的一种方法。情感是一种长期稳定地对对象的关心、爱护的体验和愿望。相对于情绪的暂时性、直接性和生物性，情感更具有稳

---

① 郑永廷：《思想政治教育学原理》，北京：高等教育出版社，2018 年版，第 219 页。
② 谢晓娟，王东红：《多学科视角下的思想政治教育研究》，北京：中国书籍出版社，2015 年版，第 74 页。

定性和社会性，更能体现人之为人的温度。"感人心者，莫先乎情"，情感是了解人、关心人、凝聚人的要素，是沟通心灵的桥梁和打开心扉的钥匙。要发挥马克思主义学科理论体系所具有的感染力和说服力，就需要教育者既完善马克思主义相关学科的理论知识储备，又注重提高自身的情感素质。情感素质的核心在于真挚，真挚的情感总是最能打动人心。在马克思主义理论学科的教学工作中借鉴情感教育法，将理论知识与真挚情感有机融合在一起，做到情理交融，能大幅提高教学效果。这要求马克思主义理论工作者既要有用"情"的愿望，又要有用好"情"的能力，坚持"以理育情"。"情"与"理"之间存在着相互制约、相互促进的关系，动之以情方能晓之以理，而晓之以理也能激发感情。马克思主义理论学科的发展，需要借鉴情感教育法，培养马克思主义理论工作者对马恩主义理论学科的真挚热爱，对受教育者真心关怀。

（三）借鉴心理学学科中的心理分析法

心理分析既是一种临床心理治疗的实践活动，也是一种关于人们精神世界的一套理论体系，包括精神世界的发展及其在各种活动和关系中的表现。[①]如果说心理疏导法是把造成人心中拥堵的堵塞物搬开，情感教育法就像是给人盖上温暖的被子，心理分析法则是剖析拥堵物形成、人心缺少温暖的深层次原因，是深入"冰山之下"，深入意识之外的潜意识中进行工作。心理分析法认为深层次的原因是无意识的冲突，通常情况下很难被意识察觉到。这种冲突在行为上表现为各种防御机制，如压抑、投射、退行、反向形成等。心理分析师通过潜意识的冲突意识化来让来访者察觉到防御机制的存在，进而打破防御机制以减少内在心理冲突所导致的痛苦。要发挥马克思主义理论学科对人内心深层次体悟、理解、共情和最终塑造的作用，就需要借鉴心理分析法。心理分析法的核心在于对人深层次意识与潜意识冲突形成原

---

① ［美］米歇尔·刘易斯·伯克等：《社会科学方法论百科全书》（第二卷），沈崇麟等译，
　　重庆：重庆大学出版社，2017 年版，第 1066 页。

因进行分析，提高调节内心意识与潜意识之间矛盾的能力，进而推动人自觉适应自身内驱力和社会约束提出的合理要求。马克思主义理论学科的发展需要借鉴心理分析法，培养马克思主义理论工作者对受教育者"冰山之下"内心的深度理解能力和对受教育者社会适应性行为的塑造能力。

参 考 文 献

［1］马克思恩格斯列宁斯大林著作中共中央编译局．马克思恩格斯选集：第1-4卷［M］．北京：人民出版社，2012.

［2］马克思恩格斯列宁斯大林著作中共中央编译局．马克思恩格斯文集：第1卷［M］．北京：人民出版社，2009.

［3］马克思恩格斯列宁斯大林著作中共中央编译局．马克思恩格斯文集：第2卷［M］．北京：人民出版社，2009.

［4］马克思恩格斯列宁斯大林著作中共中央编译局．马克思恩格斯文集：第4卷［M］．北京：人民出版社，2009.

［5］马克思恩格斯列宁斯大林著作中共中央编译局．马克思恩格斯文集：第5卷［M］．北京：人民出版社，2009.

［6］马克思恩格斯列宁斯大林著作中共中央编译局．马克思恩格斯文集：第9卷［M］．北京：人民出版社，2009.

［7］马克思恩格斯列宁斯大林著作中共中央编译局．马克思恩格斯文集：第10卷［M］．北京：人民出版社，2009.

［8］马克思恩格斯列宁斯大林著作中共中央编译局．马克思恩格斯全集：第2卷［M］．北京：人民出版社，2005.

［9］马克思恩格斯列宁斯大林著作中共中央编译局．马克思恩格斯全集：第3卷［M］．北京：人民出版社，2002.

［10］邓小平文选：第2卷［M］．北京：人民出版社，1994.

［11］习近平谈治国理政：第1卷［M］．北京：外文出版社，2018.

［12］习近平谈治国理政：第2卷［M］．北京：外文出版社，2017.

［13］习近平谈治国理政：第3卷［M］．北京：外文出版社，2020.

［14］习近平著作选读：第1卷［M］．北京：外文出版社，2023.

［15］习近平著作选读：第2卷［M］．北京：外文出版社，2023.

［16］习近平.高举中国特色社会主义伟大旗帜　为全面建设社会主义现代化国家而团结奋斗：在中国共产党第二十次全国代表大会上的报告［M］．北京：人民出版社，2022.

［17］陈万柏，张耀灿.思想政治教育学原理［M］．北京：高等教育出版社，2015.

［18］邱仁富.思想政治教育话语论［M］．上海：上海交通大学出版社，2013.

［19］王惠岩.当代政治学基本理论［M］．天津：天津人民出版社，1998.

［20］本书编写组.政治学概论［M］．北京：高等教育出版社，2011.

［21］孙正聿.哲学通论［M］．上海：复旦大学出版社，2005.

［22］本书编写组.习近平总书记教育重要论述讲义［M］．北京：高等教育出版社，2020.

［23］中共中央纪律检查委员会，中华人民共和国国家监察委员会，中共中央党史和文献研究院.习近平关于坚持和完善党和国家监督体系论述摘编［M］．北京：中央文献出版社、中国方正出版社，2022.

［24］柳海民.教育学原理［M］．北京：高等教育出版社，2019.

［25］张朝. 心理学导论［M］. 北京：清华大学出版社，2017.

［26］谢晓娟，王东红. 多学科视角下的思想政治教育研究［M］. 北京：中国书籍出版社，2015.

［27］［美］米歇尔·刘易斯·伯克，等. 社会科学方法论百科全书：第二卷［M］. 沈崇麟，等，译. 重庆：重庆大学出版社，2017.

［28］张耀灿. 中国共产党思想政治教育史论［M］. 北京：高等教育出版社，2006.

后　记

　　本书是辽宁省社会科学规划基金重点建设学科项目"马克思主义理论学科引领哲学社会科学其他学科发展研究"（课题编号：L21ZD043）的最终成果。

　　本书受全国思政课名师工作室（辽宁大学）资助。

　　本书由朝阳师范学院党委书记孙士国教授、辽宁大学马克思主义学院谢晓娟教授撰写提纲、序言、后记，并对整本书稿进行审校。辽宁大学纪检监察学院高祥、辽宁科技大学马克思主义学院张怡婷参与书稿编写并进行了校对。参加编写的作者还有：辽宁大学马克思主义学院冯岩、辽宁大学高等教育研究所李侠、辽宁大学马克思主义学院李晓珍、沈阳师范大学马克思主义学院刘家希、辽宁大学马克思主义学院王曼琳、中国医科大学马克思主义学院马宁康、辽宁大学继续教育学院纪长伟、辽宁大学马克思主义学院蔡思宁、辽宁大学纪律检查委员会金建龙、辽宁大学创新创业学院田忠智。

　　本书在写作过程中，借鉴了专家学者的观点，在此一并表示感谢。

　　由于水平有限，本书的缺点和错误在所难免，恳请读者批评指正。

作者

2024 年 6 月